高等职业技术教育规划教材——土木工程类

铁路工程测量

（第二版）

主编　肖　利　王海生

西南交通大学出版社

·成　都·

内容简介

本书共分4篇14章。第一篇测量基本知识，介绍常规仪器的使用方法，熟悉我国测量的规范和标准，学会运用测量基本理论解决工程实际问题；第二篇简单介绍平面控制测量和高程控制测量的相关知识以及地形图的测绘；第三篇介绍施工测量的几种常规方法，以及在铁路中的应用，并根据高铁测量的实际需要，特增加了高速铁路施工测量这一内容；第四篇主要介绍测量仪器的日常维护以及检验和校正的基本方法。

图书在版编目（CIP）数据

铁路工程测量 / 肖利，王海生主编. —2版. 成都：西南交通大学出版社，2014.8（2021.7重印）
高等职业技术教育规划教材. 土木工程类
ISBN 978-7-5643-3319-5

Ⅰ. ①铁… Ⅱ. ①肖… ②王… Ⅲ. ①铁路测量－高等职业教育－教材 Ⅳ. ①U212.24

中国版本图书馆CIP数据核字（2014）第191984号

高等职业技术教育规划教材——土木工程类
铁路工程测量
（第二版）
主编 肖 利 王海生
*
责任编辑 孟苏成
封面设计 墨创文化
西南交通大学出版社出版发行
四川省成都市金牛区二环路北一段111号西南交通大学创新大厦21楼
邮政编码：610031 发行部电话：028-87600564
http: //www.xnjdcbs.com
成都蓉军广告印务有限责任公司印刷
*
成品尺寸：185 mm × 260 mm 印张：15.25
字数：378千字
2014年8月第2版 2021年7月第7次印刷
ISBN 978-7-5643-3319-5
定价：37.00元

《铁路工程测量》

编 委 会

主 编	肖 利	王海生	
参编人员	刘东菊	蒋远兰	王 猛
	雷 雨	王霏涵	尹陈艳
	徐 成	王建明	马 强
	张春艳		
主 审	倪星航		

再版前言

随着科学技术的不断发展，在测量领域中新技术被广泛采用，为了使高职、中职学生在面向社会方面有更大的发展余地，测量教材的内容亟待改革更新。《铁路工程测量（第二版）》的编写正是基于此目的。本书是在第一版的基础上，紧密结合当前铁路工程测量最新方法和工程实际修订而成的。本书的系统性、实用性很强，注重深入浅出，理论联系实际，并增加了高速铁路测量相关知识，具有很强的现实性。为便于学生学习、复习、应用及实践，专门针对本书编写了配套的习题与实习指导。本书为高等、中等职业教育教材，也可作为测绘专业及相关专业的基础教材。

本书共分 4 篇 14 章。第一章到第六章为第一篇，以测量基本知识为主，分别介绍了常规仪器与全站仪等电子仪器的使用方法，通过对这篇的学习，学生可熟悉我国的测量规范和标准，学会运用测量基本理论解决工程实际问题；第七章与第八章为第二篇，以控制测量为主，简单介绍平面控制测量和高程控制测量以及地形图测绘的相关知识；第九章到第十三章为第三篇，以铁路工程测量知识为主，分别了介绍施工测量的几种常规方法，施工测量在铁路中的应用，根据高铁测量的实际需要，特增加了高速铁路测量这一内容；第十四章为第四篇，主要介绍测量仪器的日常维护以及检验和校正的基本方法。

本书由肖利、王海生主编。第一章、第十一章由刘东菊编写；第二章由蒋远兰、张春艳编写；第三章由王猛编写；第四章、第六章由雷雨编写；第五章由肖利编写；第七章由王霏涵编写；第八章由尹陈艳编写；第九章由徐成编写；第十章由王建明、张春艳编写；第十二章、第十三章由王海生编写；第十四章由马强编写。全书由中国石油工程设计有限公司西南分公司倪星航工程师主审。

本书在编写过程中参阅了大量的文献，引用了同类书刊中的一些资料，在此，谨向这些文献和资料的作者表示谢意。

本书在编写过程中，得到了西南交通大学出版社、成都铁路工程学校领导的热心帮助和指导，在此表示衷心的感谢。

由于编者水平有限，加之时间仓促，书中不妥和疏漏在所难免，恳请读者批评指正。

编　者

2014年6月

目　录

第一篇　测量基础知识和基本工作

第二篇　控制测量和地形测量

第三篇　铁路工程测量

第四篇 测量仪器的维护和检校

第一篇

测量基础知识和基本工作

第一章　绪　论

第一节　测量学的任务、分类及作用

测量学是研究如何测定地面点的平面位置和高程，将地球表面的地形及其他信息测绘成图（含地图和地形图），以及研究地球的形状和大小等的一门科学。

测量学应用范围很广，测量对象由地球表面扩展到空间星球，由静态发展到动态，现按照研究范围和对象的不同，可分为以下几个分支学科：

（1）大地测量学：研究在较大区域或全球建立三维大地控制网、重力网，测定地球形状、大小和地球重力场及其变化的理论、技术和方法的学科，可分为常规大地测量学和卫星大地测量学。

（2）摄影测量与遥感学：研究利用摄影或遥感技术获取被测物体的形状、大小和空间位置（影像或数字形式），进行分析处理，绘制地形图或获得数字化信息的理论和方法的学科。

（3）地图制图学：它是研究地图的信息传输、空间认知、投影原理、制图综合和地图的设计、编制、复制以及建立地图数据库等的理论和技术的学科。

（4）海洋测绘学：研究海洋定位、测定海洋大地水准面和平均海面、海底和海面地形、海洋重力、磁力、海洋环境等自然和社会信息的地理分布，及编制各种海图的理论和技术的学科。

（5）普通测量学：研究地球表面小范围测绘的基本理论、技术和方法，不顾及地球曲率的影响，把地球局部表面当做平面看待，是测量学的基础。

（6）工程测量学：研究工程建设和自然资源开发中在勘测设计、施工、竣工和运营管理各个阶段所进行的控制测量、地形测绘、施工放样、变形监测及建立相应信息系统的理论和技术的学科。其任务概括起来有三个方面：

① 将地球表面或地球表面局部区域的形状和大小测绘成地形图——由实地到图纸（测图或称测定）。

② 将图纸上设计好的工程建筑物，采用一定的仪器和方法标定到实地——由图纸到实地（放样或称测设）。

③ 对正在建设中及竣工后的建筑物，进行定期的形变监测——变形观测。

主要内容有：工程控制网的建立、地形图测绘、施工放样、设备安装测量、竣工测量、变形观测和维修养护测量的理论、技术和方法。

工程测量按工程建设的对象分为：建筑、水利、铁路、公路、桥梁、隧道、矿山、地质、城市、国防工程测量等。

（7）地籍测绘学：研究调查和测定地籍要素、编制地籍图、建立和管理地籍信息系统的技术的学科。

（8）测绘仪器学：研制为测绘工作设计制造的数据采集、处理、输出等仪器和装置的学科。

测量技术是了解自然和改造自然的重要手段，也是国民经济建设中一项基础性、前期和超前期的工作，应用十分广泛。它能为城镇规划、市政工程、土地与房地产开发、农业、防灾等领域提供各种比例尺的地形图或专用图等测绘资料；能按照规划设计部门的要求，进行道路规划定线、拨地测量以及各种土木工程的勘察测量，直接为建设工程项目的设计与施工服务；在工程施工过程和运营管理阶段，对高层、大型建（构）筑物进行沉降、位移、倾斜等变形观测，可以确保建（构）筑物的安全，并为建（构）筑物结构和地基基础的研究提供多种可靠的测量数据。所以，测量工作将直接关系到工程的质量和预期效益的实现，是我国现代化建设不可缺少的一项重要工作。

此外，测绘科学在国防建设和科学研究中也发挥着十分重要的作用：军事地图的制作、空间武器和人造卫星的发射，都必须依靠准确和全面的测绘与计算；空间科学技术的研究、地壳的形变、地震预报及地极周期性运动的研究等，都要应用测绘资料。随着测绘科技的发展和新技术的研究开发与应用，各个行业必将得到更多、更好、更及时的信息服务与准确、适用的测绘成果。

第二节 地球的形状和大小

地球表面的构成：71% 是海洋，29% 是陆地，最高峰是珠穆朗玛峰（8 844.43 m），海洋最深处是太平洋西北的马里亚纳海沟（－11 022 m），如图 1.1 所示。

珠穆朗玛峰（8 844.43 m）

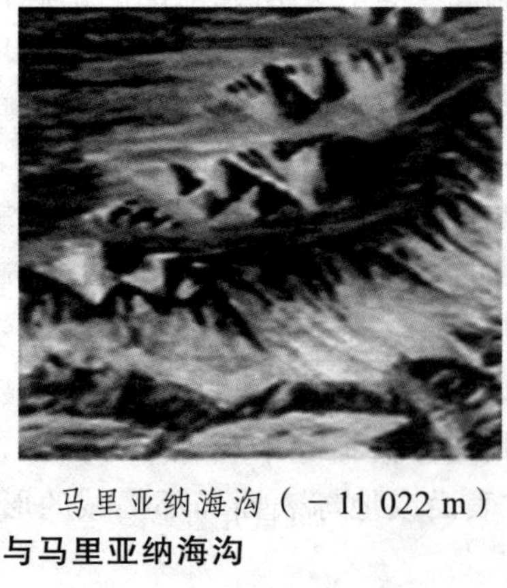

马里亚纳海沟（－11 022 m）

图 1.1 珠穆朗玛峰与马里亚纳海沟

地球上任一质点在静止状态下都同时受到两个作用力，即离心力和地球引力，其合力的作用线，称铅垂线。处于静止状态的水面，称水准面，其特点是表面处处与铅垂线垂直。与水准面相切的平面，叫水平面。设想全球海洋水面平静下来，取一个平均海水面，穿过大陆、岛屿而形成的闭合曲面，称为大地水准面，并以此代表整个地球的实际形体。地球内部质量不均匀，引起铅垂线产生不规则变化，使得大地水准面形成有微小起伏的、不规则的、很难用数学方程表示的复杂曲面。将地球表面上的物体投影到大地水准面上，计算起来非常困难。通常选择一个与大地水准面非常接近的、能用数学方程表示的椭球面作为测量工作计算和绘图的基准面，这个椭球面是由一个椭圆绕其短轴旋转而成的旋转椭球，称为参考椭球，其表面称为参考椭球面，如图 1.2 所示。在适当地面上选定一点 P（P 点称为大地原点），令 P 点的铅垂线与椭球面上相应 P_0 点的法线重合，并使该点的椭球面与大地水准面相切，而且使本国范围内的椭球面与大地水准面尽量接近。

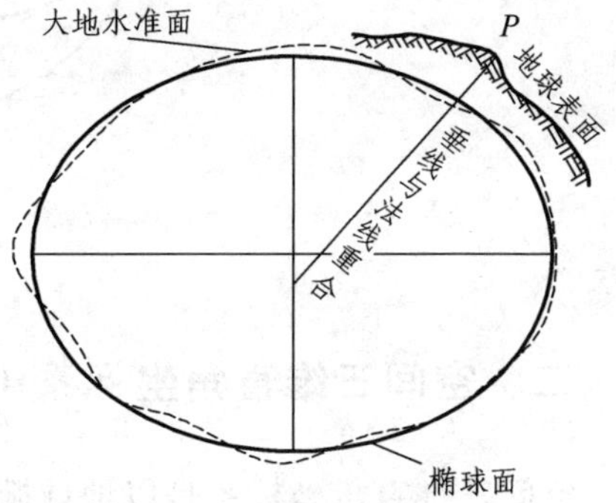

图 1.2 参考椭球

图中： 长轴 $a = 6\ 378\ 137$ m

短轴 $b = 6\ 356\ 752$ m

扁率 $f = \dfrac{a-b}{a} = 1:298.257$

对于高程测量，以大地水准面作为投影面；对于高精度、大区域的控制测量，以旋转椭球体面作为投影面；对于一般的地形测量及普通工程测量，由于地球椭球的扁率甚小，当测区范围不大时，可以采用与地球相近似的圆球面作为投影面，其半径可近似取

$$R = \frac{1}{3}(a+a+b) = 6\ 371\ \text{km}$$

（旋转椭球体积的计算公式为 $V = \dfrac{4}{3}\pi ba^2$，圆球体积的计算公式为 $V = \dfrac{4}{3}\pi R^3$，以旋转椭球与圆球体积相等为条件，可求得 $R^3 = ba^2$，即 $R = \sqrt[3]{a^2 b} \approx \dfrac{1}{3}(a+a+b) = 6\ 371\ \text{km}$。）

第三节 地面点位置的确定

测量工作的基本任务是确定地面点的位置。地面点的空间位置须用三维坐标来表示。在测量工作中，一般将点的空间位置用球面或平面位置（二维）和高程（一维）来表示，它们分别属于大地坐标系、平面直角坐标系和高程系统。

一、大地坐标系

大地坐标系又称“地理坐标系”，是用大地经度 L、纬度 B 表示该点的水平位置，用地面点到地球椭球面上投影点的法线距离表示该点的大地高程（H），如图 1.3 所示。

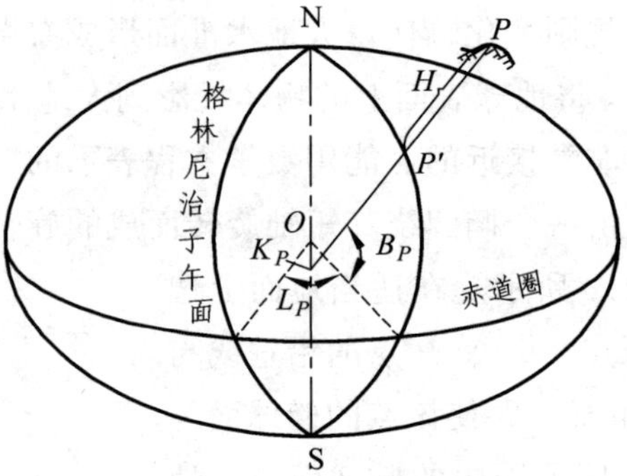

图 1.3 大地坐标系

二、空间三维直角坐标系（地心坐标系）

空间三维直角坐标系是以地球椭球的中心（即地球质心）O 为坐标原点，起始子午面与赤道平面的交线为 X 轴，地球自转轴为 Z 轴，Y 轴与 X、Z 轴构成右手坐标系，如图 1.4 所示。

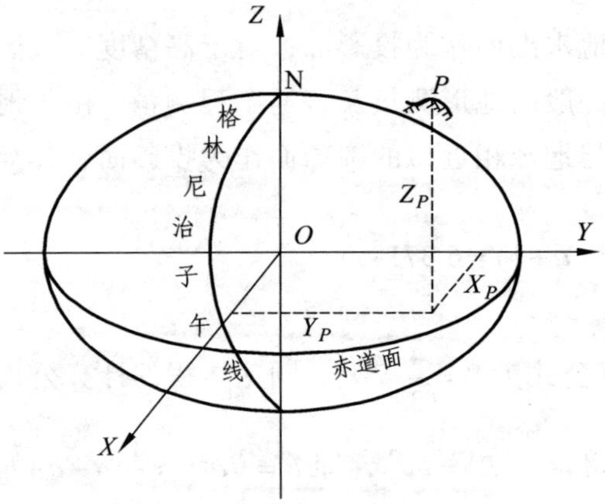

图 1.4 空间三维直角坐标系

三、地区平面直角坐标系

当测区范围（如半径不大于 10 km）较小时，可把测区的地表一小块球面当做平面看待。将坐标原点选在测区西南角，使测区内各点的坐标均为正值，如图 1.5 所示，以该地区中心的子午线作为纵轴 x 轴，且向北为正；横轴为 y 轴，且向东为正。象限名称按顺时针方向编号。

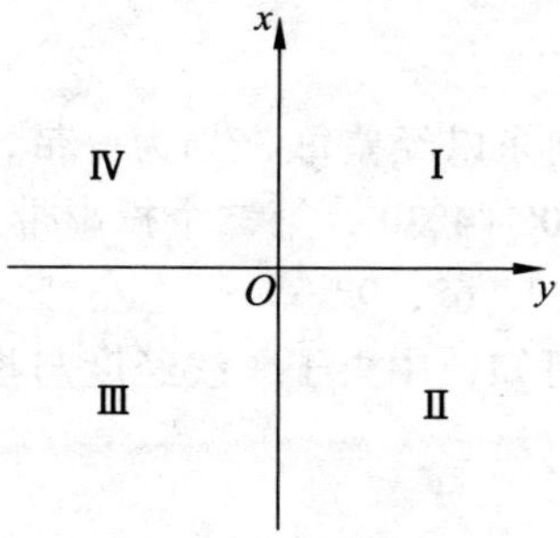

图 1.5　独立平面直角坐标系

四、高斯平面直角坐标系

当测区面积较大，就不能把水准面当做水平面，测量工作中，此时常采用高斯投影法。在高斯投影面上，把中央子午线作为 x 轴，赤道作为 y 轴，交点为坐标原点，这样便形成了高斯平面直角坐标系，如图 1.6 所示。

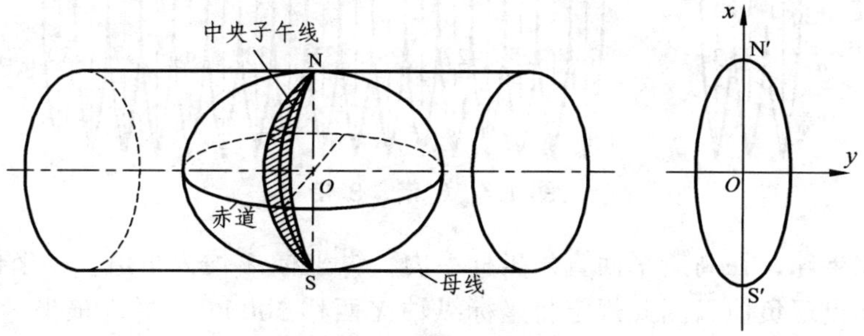

图 1.6　高斯投影

为了将高斯投影的变形限制在一定允许范围之内，可以将投影区域限制在中央子午线两侧的狭长区域内，这就是分带投影的思想。投影宽度以两条中央子午线间的经差来划分，有 6°带和 3°带两种，如图 1.7 所示。

1. 6°投影带的划分方法

从首子午线起，自西向东以经差每 6°划为一带，将全球划分为 60 个投影带，即第一个投影带为经度（东经）0° ~ 6°，第二个投影带为经度（东经）6° ~ 12° ……则各带的中央子午线经度（东经）分别为 3°、9°、15° ……

根据等差数列的第 n 项公式：

$$a_n = a_1 + (n-1)d \tag{1.1}$$

可知，中央子午线经度与投影带带号的关系为：

$$L_6^o = 6N_6 - 3 \tag{1.2}$$

我国境内的 6°投影带的带号为：13 ~ 23 带，共 11 个投影带。

6°投影带主要用于 1∶50 万、1∶20 万、1∶10 万、1∶5 万、1∶2.5 万比例尺地形图的投影计算。

2. 3°投影带的划分方法

从东经1.5°子午线起，自西向东以经差每3°划为一带，将全球划分为120个投影带，即第一个投影带为经度（东经）1°30′~4°30′，第二个投影带为经度（东经）4°30′~7°30′……则各带的中央子午线经度分别为3°、6°、9°……

根据等差数列的第 n 项公式可知，中央子午线经度与投影带带号的关系为：

$$L_3^o = 3N_3 \tag{1.3}$$

我国境内的3°投影带的带号为：25~45带，共21个投影带。

3°投影带主要用于1∶1万或更大比例尺地形测图的投影计算。

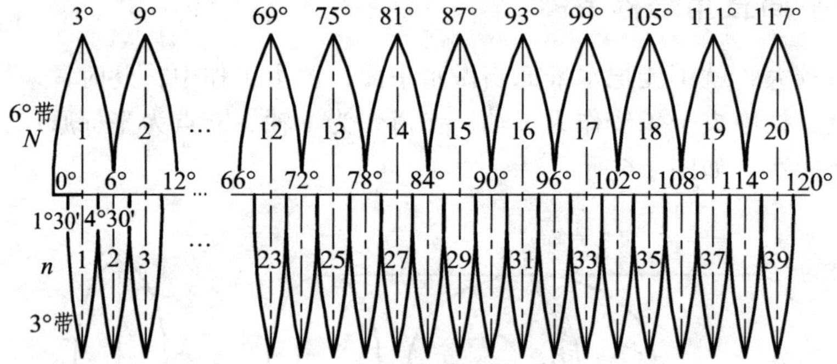

图1.7 6°带、3°带

我国位于北半球，在高斯平面直角坐标系内，纵坐标 X 均为正值，横坐标 Y 有正有负。为了避免横坐标出现负值，因此规定将坐标纵轴 X 西移500 km，并在横坐标 Y 前标注带号。

例：p 点在19带的高斯平面直角坐标为：$X_p = 346\ 216.985$ m；$Y_p = 286\ 755.433$ m；那么 p 点的国家统一坐标为：$X_p = 346\ 216.985$ m；$Y_p = 19\ 786\ 755.433$ m。

五、高程系

地面点到大地水准面的铅垂距离，称为绝对高程（简称高程，又称海拔）。如图1.8中 A，B 两点的高程分别为 H_A、H_B。

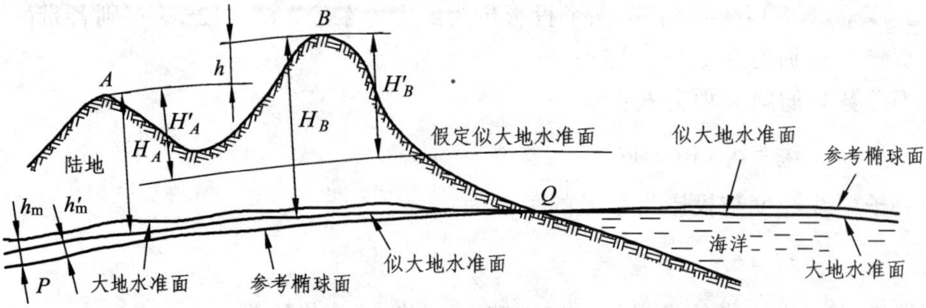

图1.8 高程和高差

由于受潮汐、风浪等影响，海水面是一个动态的曲面，它的高低时刻在变化，通常是在海边设立验潮站，进行长期观测，取海水的平均高度作为高程零点。我国的验潮站设立在青岛，并在观象山建立了水准原点，如图 1.9 所示。1956 年经过多年观测后，得到从水准原点到验潮站的平均海水面高程为 72.289 m。这个高程系统称为“1956 年黄海高程系统”，全国各地的高程都是以水准原点为基准得到的。

20 世纪 80 年代，我国根据验潮站多年的观测数据，又重新推算了新的平均海水面，由此测得水准原点的高程为 72.260 m，称为“1985 年国家高程基准”。

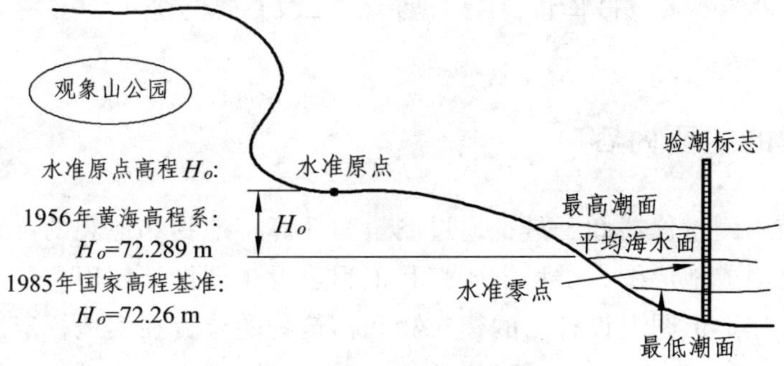

图 1.9　青岛验潮站示意图

（1）绝对高程：地面点沿铅垂线方向至大地水准面的距离称为该点的绝对高程或海拔，以 H 表示。

（2）相对高程：地面点沿铅垂线方向至某一假定水准面的距离称为该点的相对高程，亦称假定高程，以 H'表示。

（3）地面上两点间绝对高程或相对高程之差称为高差，用 h 表示。如图 1.10 中，A，B 两点间的高差为：

$$h_{AB} = H_B - H_A = H'_B - H'_A \tag{1.4}$$

注意：h_{AB} 与 h_{BA} 应是绝对值相等而符号相反。

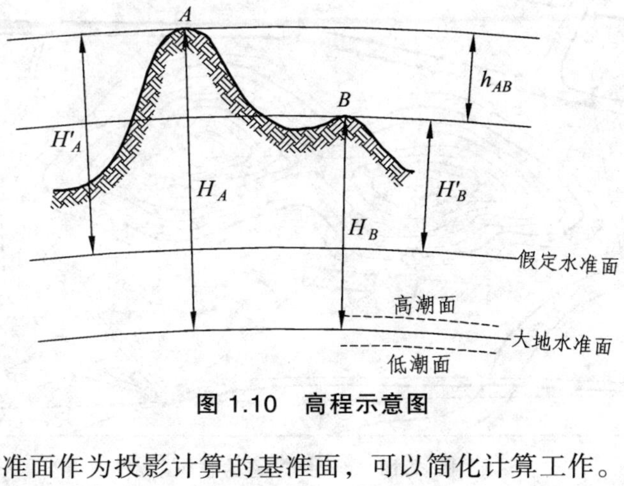

图 1.10　高程示意图

用水平面代替水准面作为投影计算的基准面，可以简化计算工作。但是，其使用的前提条件是：必须保证必要的精度。实践总结：

（1）在半径 10 km 范围内，对距离的影响可以忽略不计。

（2）对于在面积 100 km^2 区域内的多边形，水平面与水准面间的误差对水平角的影响只在最精密的角度测量中考虑，一般测量工作是不必考虑的。

（3）在高程测量中，即使距离很短也应考虑地球曲率的影响。

第四节 测量工作概述

一、测量学的主要内容

（1）测定：使用测量仪器和工具，通过测量和计算将地物和地貌的位置按一定比例尺、规定的符号缩小绘制成地形图，供科学研究和工程建设规划设计使用。

（2）测设：将在地形图上设计出的建筑物和构筑物的位置在实地标定出来，作为施工的依据。

（3）监测：在铁路运营及使用管理过程中，需要监视工程建筑物的变形情况，尤其是大型建筑物和高路堤或地质不良地段，需要经常地观测它们的变化状况，以便采取相应的措施，确保工程质量和行车安全。

1. 测图过程

先精确地测量出少数点的位置（1，2，…，6），这些点在测区中构成一个骨架，起着控制的作用，可以将它们称为控制点，测量控制点的工作称为控制测量。然后以控制点为基础，测量它周围的地形，也就是测量每一控制点，周围各地形特征点的位置，这一工作称为碎部测量，如图 1.11 所示。

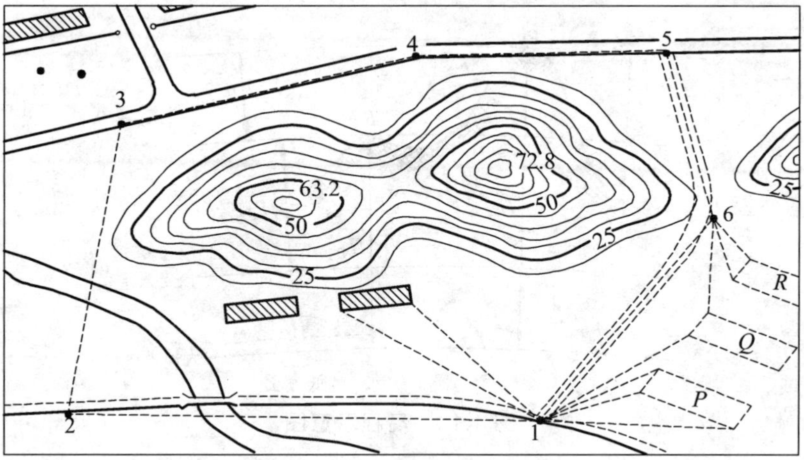

图 1.11 碎步测量示意图

2. 测设过程

设图 1.12 是已测绘出来的地形图。根据需要，设计人员已经在图纸上设计出了 P、Q、R 三幢建筑物，可用极坐标法将它们的位置标定到实地。

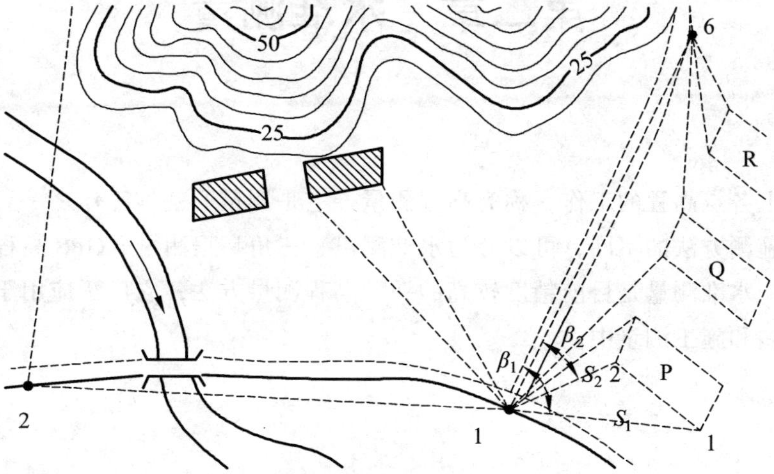

图 1.12　地形图

二、测量工作的基本原则

测量工作的首要任务，就是真实、准确地测定和采集基础数据。工作中，应严肃、认真，严格执行规范及工程设计任务书中的相关规定，按照正规程序进行内、外业的作业，工作中应按规范要求步步进行检核，对不符合规范要求的观测成果，必须重测。

（1）从整体到局部。

（2）从高级到低级（指从精度高的控制网到精度低的控制网）。

（3）先控制后碎部。

（4）步步检核。测绘工作的每一个过程，每一项成果都必须检核，否则前面一项成果出错，会导致后面数据全部作废。如：地形图测绘工作中，控制点展绘错误导致碎部测量成果不合格。

测量的三个基本工作：高程测量、水平角测量、距离测量。

三个基本元素：高差、水平角、距离。

本课程学习应掌握的内容如下：

（1）准确掌握测绘学的基本概念、基本理论（含误差基本理论）。

（2）熟练掌握常规测量仪器的正规使用方法，掌握小区域图根控制测量的内、外业，基本掌握大比例尺地形图的测绘方法以及地形图的阅读与应用方法。

上述内容，具体地说包括如下五项基本技能：测、记、算、绘、用。

测——仪器使用和观测的正规操作方法。

记——正规的记录方法。

算——准确地按正规格式进行内业计算或应用计算机编程进行计算。

绘——绘制地形图方法。

用——地形图的阅读与应用方法。

第二章　水准测量

测量地面上各点高程的工作，称为高程测量。它是测量的基本工作之一。高程测量按所使用的仪器和施测方法的不同，可以分为水准测量、三角高程测量、GPS 高程测量和气压高程测量等方法。水准测量是目前精度较高的一种高程测量方法，它广泛应用于国家高程控制测量、工程勘测和施工测量中。

第一节　水准测量原理

一、基本原理

水准测量的目的：确定地面点的高程，即确定地面点到大地水准面的铅垂距离。

水准测量的基本原理：用水准仪建立一条与高程基准面平行的视线，借助于水准尺来测定地面两点间的高差，然后根据其中已知点的高程和两点的高差推算未知点的高程。

如图 2.1 所示，在地面上有 A、B 两点，若已知 A 点高程 H_A，欲测 B 点的高程 H_B，在 A、B 两点上各竖立一把水准尺，并在两尺之间安置水准仪，利用水准仪提供的一条水平视线在 A 点水准尺上截取读数 a，在 B 点水准尺上截取读数 b，利用图中几何关系可以求出 A 点至 B 点的高差为：

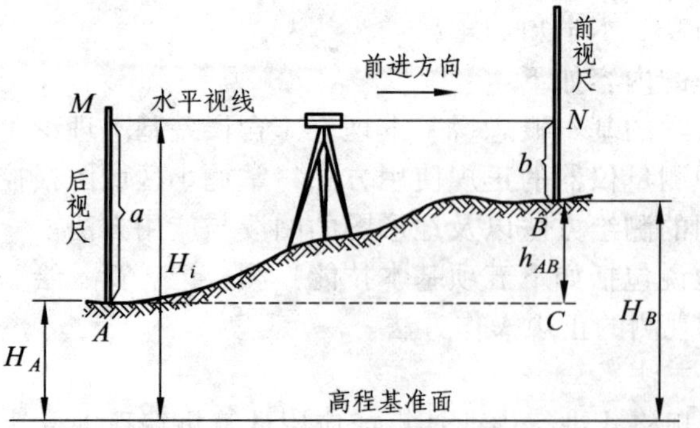

图 2.1　水准测量原理

A—后视点；a—后视读数；B—前视点；b—前视读数

$$h_{AB}=a-b \tag{2.1}$$

（1）若 $a>b$，h_{AB} 为正值，表示 B 点比 A 点高。

（2）若 $a<b$，h_{AB} 为负值，表示 B 点比 A 点低。

如图 2.1 所示，若水准测量的前进方向为从已知高程点 A 测至待求高程点 B，则称 A 点为后视点，其水准尺读数 a 为后视读数；称 B 点为前视点，其水准尺读数 b 为前视读数。

根据图中几何关系可知，B 点高程可由以下两种方法求得：

（1）高差法（直接利用高差 h_{AB} 计算 B 点高程），即：

$$H_B=H_A+h_{AB} \tag{2.2}$$

（2）仪高法（利用水平视线高程 H_i 计算 B 点高程），即：

水平视线高程　$H_i=H_A+a$　（2.3）

B 点高程　$H_B=H_i-b$　（2.4）

式中　H_i——水平视线（仪器）高程。

当安置一次仪器，利用一个后视读数测若干个前视点高程时，用仪高法计算较方便。

水准测量须注意：

（1）水准测量的方向性：

h_{AB} 表示 B 点相对于 A 点的高差；h_{BA} 表示 A 点相对于 B 点的高差。

（2）h_{AB} 与 h_{BA} 大小相等，符号相反（如 $h_{AB}=+1.888\text{ m}$，则 $h_{BA}=-1.888\text{ m}$）。

（3）高差等于后视读数减去前视读数，不能颠倒。

【例 2.1】　如图 2.1 所示，若已知 A 点高程 $H_A=100.000\text{ m}$，A 点后视读数 $a=1.586\text{ m}$；待求高程点 B 的前视读数 $b=1.006\text{ m}$，求 B 点高程 H_B。

解：（1）高差法：$h_{AB}=a-b=1.586-1.006=0.580\text{ m}$

$H_B=H_A+h_{AB}=100.000+0.580=100.580\text{ m}$

（2）仪高法：$H_i=H_A+a=100.000+1.586=101.586\text{ m}$

$H_B=H_i-b=101.586-1.006=100.580\text{ m}$

二、连续水准测量

当地面上两点的距离较远，或两点的高差太大，安置一次仪器难以测得两点高差时，就需要分段测量，在各小段中间安置仪器，分别测出各小段高差，再根据已知点高程和各段高差计算未知点高程。

如图 2.2 所示，A、B 两点相距较远，安置一次水准仪不能测得两点之间的高差，可沿 A 至 B 的水准路线增设若干个必要的临时立尺点，将路线分成若干段进行分段测量，根据水准测量的原理，依次测定相邻两点间的高差，求和得到 A、B 两点间的高差值，有：

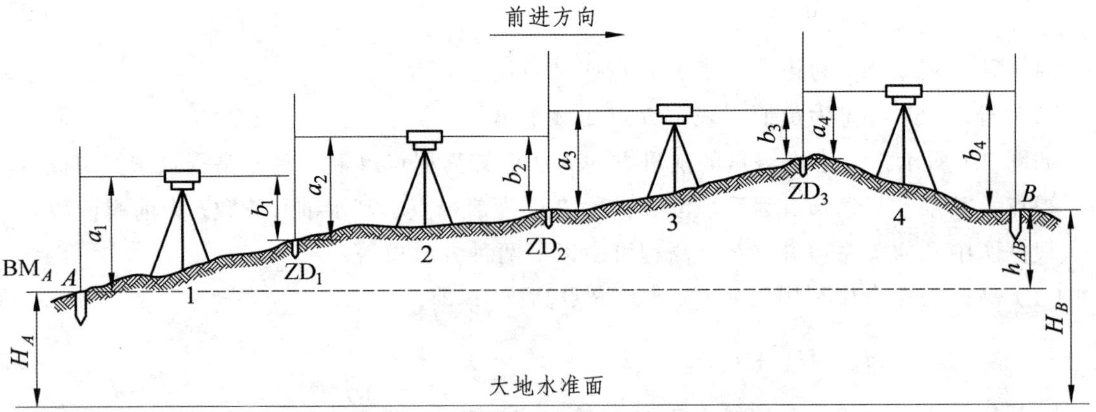

图 2.2 连续水准测量示意图

第一段 $h_1 = a_1 - b_1$

第二段 $h_2 = a_2 - b_2$

⋮

第 n 段 $h_n = a_n - b_n$

则 $h_1 + h_2 + \cdots + h_n = (a_1 - b_1) + (a_2 - b_2) + \cdots + (a_n - b_n)$

即 $\sum h = \sum a - \sum b$

所以 A、B 点间高差：

$$h_{AB} = h_1 + h_2 + h_3 + \cdots + h_n = \sum h = \sum a - \sum b \tag{2.5}$$

由此根据式（2.2）可得 B 点高程：$H_B = H_A + h_{AB}$

可见，当两点相距较远时进行水准测量，必须经过某种“路线”（例如图 2.2 中的 ZD_1、ZD_2…各点）才能求出未知点高程。在水准测量过程中经过的路线称水准路线。其中，在水准路线上安置仪器的位置称为测站，位于水准路线起点和终点之间的中间立尺点称为转点（如 ZD_1、ZD_2）。可以说，水准测量进行的过程就是通过转点将高程从已知点传递到未知点的过程。

由图 2.2 还可以看出，在一条水准路线中：

（1）起点只有后视读数，没有前视读数。

（2）终点只有前视读数，没有后视读数。

（3）转点起传递高程作用，转点上既有后视读数又有前视读数。

第二节 DS_3 水准仪及其使用

水准测量所使用的仪器为水准仪，水准仪为进行水准测量提供水平视线，工具有水准尺和尺垫。

我国的水准仪按仪器精度分为 DS_{05}、DS_1、DS_3 等型号。其中 D、S 分别为“大地测量”和“水准仪”汉语拼音的第一个字母，数字下标为该类仪器每千米水准测量的全中误差，以 mm 计。DS_{05}、DS_1 为精密水准仪，主要用于国家一、二等水准测量和精密工程测量；DS_3 为普通水准仪，主要用于国家三、四等水准测量和常规工程建设测量。本节主要介绍 DS_3 微倾式水准仪的构造及其使用。“微倾式”是指仪器上安置了微倾螺旋和符合棱镜系统，使用微倾螺旋并借助符合棱镜系统，可使望远镜微小仰俯，以达到使仪器快速提供水平视线的目的。

一、DS_3 微倾式水准仪

如图 2.3 所示，DS_3 微倾式水准仪由望远镜、水准器和基座三部分组成。

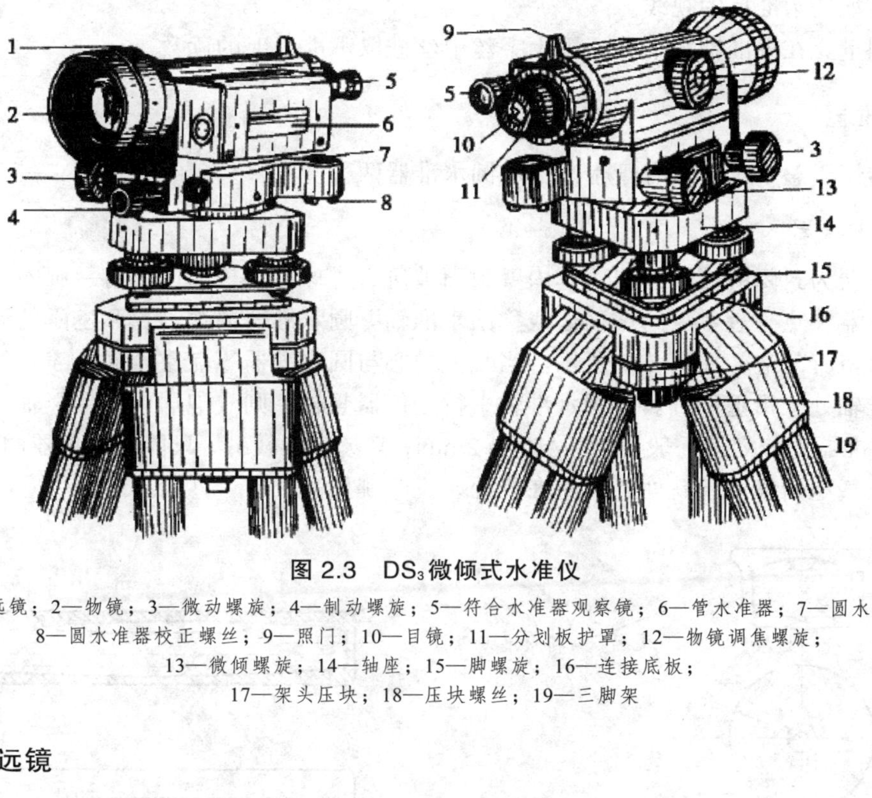

图 2.3　DS_3 微倾式水准仪

1—望远镜；2—物镜；3—微动螺旋；4—制动螺旋；5—符合水准器观察镜；6—管水准器；7—圆水准器；8—圆水准器校正螺丝；9—照门；10—目镜；11—分划板护罩；12—物镜调焦螺旋；13—微倾螺旋；14—轴座；15—脚螺旋；16—连接底板；17—架头压块；18—压块螺丝；19—三脚架

1. 望远镜

望远镜具有成像和扩大视角的功能，是测量仪器观测目标的主要部件。其作用是看清不同距离的目标和提供照准目标的视线。

如图 2.4 所示，它主要由物镜、目镜、十字丝分划板和调焦透镜组成。物镜、调焦透镜、目镜为复合透镜组，分别安装在镜筒的前、中、后三个部位，三者共光轴组成一个等效光学系统。通过转动物镜调焦螺旋，调焦透镜便沿着光轴方向前后移动，改变等效光学系统的主焦距，从而可看清不同远近的目标，使目标影像落在十字丝平面上。

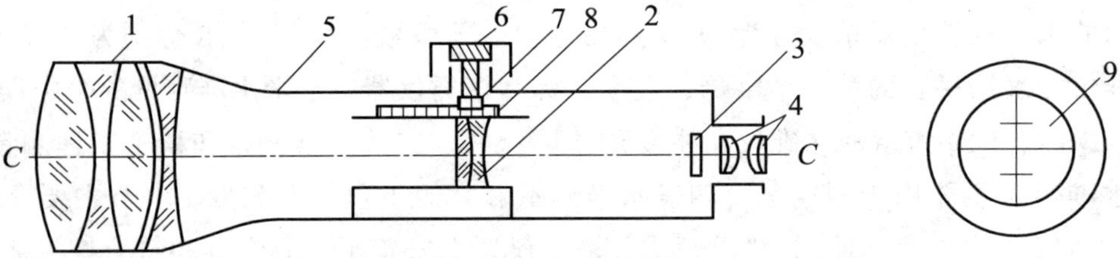

图 2.4 测量望远镜

1—物镜；2—物镜调焦透镜；3—十字丝分划板；4—目镜；5—物镜筒；
6—物镜调焦螺旋；7—齿轮；8—齿条；9—十字丝影像

十字丝用于瞄准目标和读取水准尺上读数，转动目镜调焦螺旋，可以使十字丝清晰。

十字丝分划板上有相互垂直的纵、横细丝，竖直的细丝称竖丝（纵丝），中间的长横丝称为中丝，上、下两条较短的横丝分别称为上丝、下丝（总称为视距丝，用以测量距离）。

十字丝交点与物镜光心的连线，称为望远镜的视准轴（*CC*）。视准轴的延长线就是通过望远镜瞄准远处水准尺的视线。

水准测量要在视准轴水平时，用十字丝中丝截取水准尺上的读数。

2. 水准器

水准器用于整平仪器，有管水准器和圆水准器两种。

1）圆水准器

圆水准器为封闭的玻璃容器，其内壁顶面被研磨成球面，顶面中心有一圆圈，圆圈中心就是圆水准器零点。过零点的球面法线称圆水准轴。圆水准器内装酒精和乙醚的混合溶液，加热融封后留有气泡，如图 2.5 所示。当气泡中心与圆水准器零点重合时，表示气泡居中，此时圆水准轴处于铅垂位置。若圆水准轴平行于仪器竖轴，则气泡居中时，竖轴也处于铅垂位置。圆水准器的分划值一般为 (5′ ~ 10′) / 2 mm，其灵敏度较低，只能用于仪器的粗略整平。

特性：气泡始终位于高处，气泡在哪处，说明哪处高。

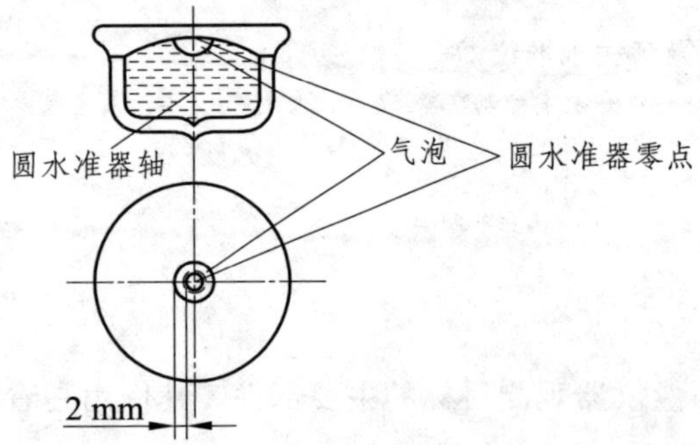

图 2.5 圆水准器

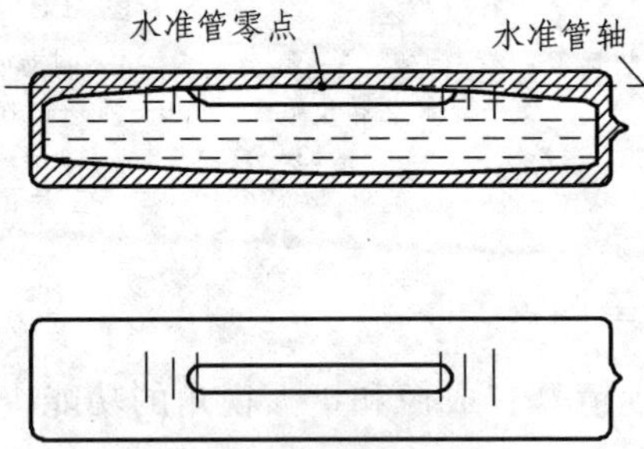

图 2.6 管水准器

2）管水准器

管水准器又叫水准管，是封闭的玻璃圆管，一般的水准管是将其内壁研磨成一定半径的圆弧，管内注满酒精和乙醚的混合溶液，加热融封，冷却后形成气泡，气泡较液体轻，故气泡总是位于管内的最高处。如图 2.6 所示，水准管内壁顶面纵向圆弧的中点称为水准管零点。

过零点与水准管内壁圆弧相切的纵向直线，称为水准管轴。当气泡中心与水准管的零点重合时，称为气泡居中，这时水准管轴处于水平位置。若水准管轴平行于视准轴，则水准管气泡居中时，视准轴也处于水平位置。

为了提高目估水准管气泡居中的精度，在微倾式水准仪的水准管上方，装有符合棱镜，借助棱镜的反射作用，气泡两端的影像反映在望远镜旁边的气泡观察窗内，如图 2.7（a）所示。当气泡两端的影像相互错开，表示气泡不居中，如图 2.7（b）所示；当气泡两端的影像符合成一个圆弧时，表示气泡居中，如图 2.7（c）所示。

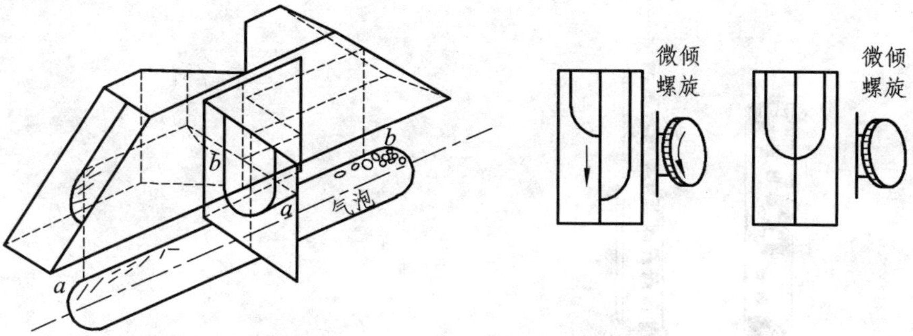

（a）　　（b）　　（c）

图 2.7　管水准器符合棱镜系统

3）基　座

基座的作用是支承仪器上部，并通过连接螺旋与三脚架连接。基座主要由轴座、脚螺旋和连接板构成。调节三个脚螺旋可使圆水准器气泡居中，使仪器粗略置平。

水准仪除了上述三个主要部分外，还装有控制望远镜水平转动的制动、微动螺旋，可使望远镜连同水准管一起沿水平面转动。拧紧制动螺旋，望远镜不能转动，此时转动微动螺旋可使望远镜在水平面作微小转动，以利于精确照准水准尺。制动螺旋制动后，微动螺旋才起作用。微倾螺旋可调节望远镜在竖直面内作微小仰俯，以达到视准轴水平的目的。

二、水准尺和尺垫

1. 水准尺

水准尺有双面水准尺和塔尺，一般式样如图 2.8 所示。

塔尺一般由三节尺段套接而成，长度一般为 5 m，可以伸缩。尺底以零起算，尺面黑白格相间，每格宽度为 1 cm 或 5 mm，在每 1 dm（分米）处注有数字，表示分米值。分米数值上的红点表示米数，例如，$\dot{5}$表示 1.5 m，$\ddot{4}$表示 2.4 m，$\dddot{2}$表示 3.2 m。塔尺虽然携带方便，但接头处容易产生误差，一般仅用于等外水准测量。塔尺拉出使用时，一定要注意接合处的卡簧是否卡紧，数值是否连续。

双面水准尺尺长为 3 m，两根尺为一对，两面刻划均为 1 cm，每分米处均有注字。一面为黑白格相间的黑面尺，称为基本分划面，尺底起点刻划为 0；另一尺面为红白格相间的红面尺，称为辅助分划面，尺底起点不为 0，与黑面相差一个常数 K（称为零点常数）。同一高

度两面读数相差 K，供红黑面读数检核之用。双面水准尺用于等级水准测量，两根尺组成一对，一只 $K = 4.687$ m，另一只 $K = 4.787$ m，红面起点读数差（称为零点差）恰为 ± 100 mm。

2. 尺　垫

尺垫是配合水准尺工作的一种工具，由钢板或铸铁制成。如图 2.9 所示，尺垫上面中央有一突起的半球，用于放置水准尺，下方有三个尖脚，可以踏入土中稳固，防止观测过程中水准尺下沉。在水准测量中，为使高程得到可靠的传递，转点在前后视中不能位移，故常用尺垫做转点。

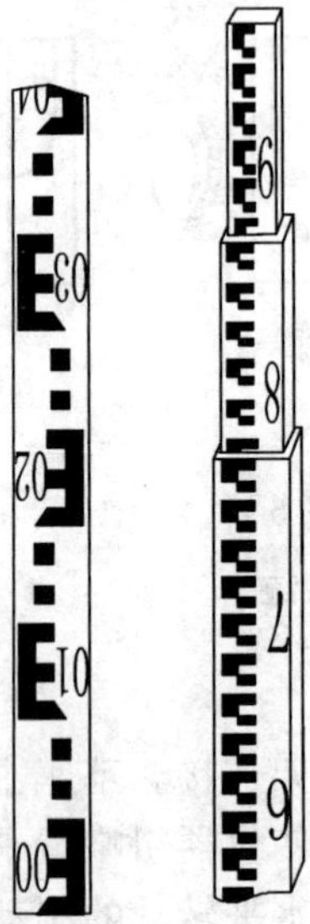

图 2.8　两种水准尺图

图 2.9　尺垫

三、水准仪的使用

使用水准仪的基本操作程序主要包括：安置仪器—粗平—瞄准—精平—读数。

1. 安置仪器

目的：将仪器脚架快速、稳定地安置到测站位置，并使高度适中、架头粗平。

操作：① 旋松脚架架腿三个伸缩固定螺旋，抽出活动腿至适当高度（大致与肩平齐），拧紧固定螺旋；② 张开架腿使脚尖大致呈等边三角形，摆动一架腿（圆周运动）使架头大致水平，踏实脚架；③ 将仪器用中心连接螺旋固定在脚架上，并使基座连接板三边与架头三边对齐；④ 在斜坡上安置仪器时，应注意使三脚架的两个架腿在下坡一侧，另一个架腿在上坡一侧。

2. 粗平（粗略整平）

目的：使圆水准气泡居中，将仪器竖轴 VV 置于铅垂位置，视准轴 CC 大致置平。

操作：

1）利用脚架使圆水准气泡大致居中

先固定两个架腿，移动一条架腿使圆气泡大致居中。如图 2.10 所示，气泡随架腿的移动方向而运动。

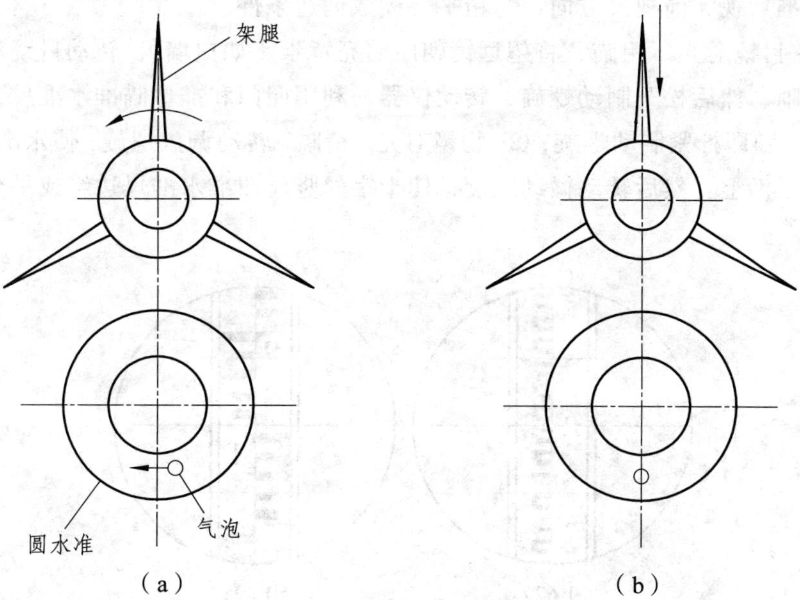

图 2.10

2）仔细调整圆水准气泡居中

如图 2.11 所示，如果圆水准气泡不居中，无论圆水准器在任何位置：① 先对向转动任意两个脚螺旋，如脚螺旋 1、2，使气泡移至过圆水准器零点且与这两个脚螺旋连线相垂直的方向上，如图 2.11（a）所示，气泡由 $a \to b$；② 然后单独转动脚螺旋 3，如图 2.11（b）所示，使气泡居中；③ 如仍有偏差可重复进行。操作要领：

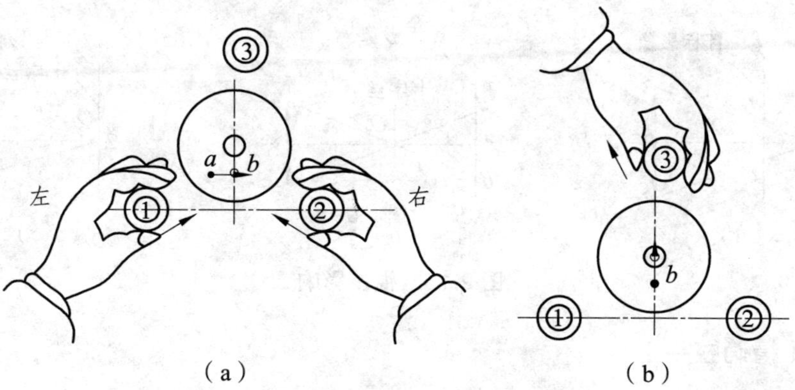

图 2.11　圆水准器整平

（1）先旋转两个脚螺旋，然后旋转第三个脚螺旋。

（2）旋转两个脚螺旋时必须作相对地转动，即旋转方向应相反。

（3）气泡移动的方向始终和左手大拇指移动的方向一致。

3. 瞄　准

目的：瞄准后视、前视尺方向，为精平、读数创造条件。

操作：① 目镜对光、粗瞄，将望远镜朝向明亮背景（如白墙），转动目镜对光螺旋，使十字丝影像清晰，然后松开制动螺旋，转动仪器，利用照门和准星瞄准水准尺，使水准尺进入望远镜视场，随即拧紧制动螺旋；② 物镜对光、精瞄，转动调焦螺旋，使水准尺影像清晰，并落在十字丝平面上，然后转动微动螺旋，使十字丝竖丝照准水准尺边缘或平分水准尺，如图 2.12 所示。

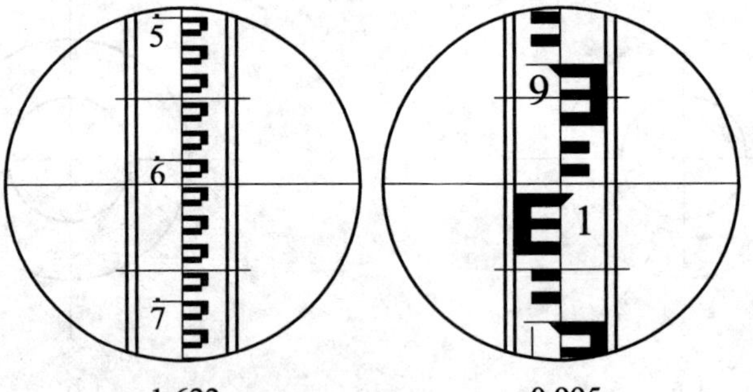

1.622　　　　0.995

图 2.12　望远镜视场与水准尺读数

上述对光，如不仔细进行，就会导致水准尺的影像与十字丝影像不共面，二者的影像不能同时看清，这种现象称为视差，如图 2.13 所示。检查视差的方法是：眼睛在目镜处上下微微移动，若二者的影像产生相对运动，则视差存在。

消除视差的方法是：反复、仔细、认真地进行目镜、物镜对光，直到二者影像无相对运动为止。视差对瞄准、读数均有影响，务必加以消除。

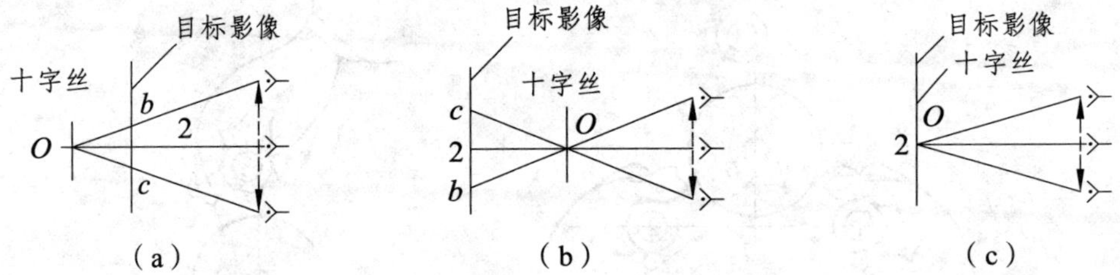

（a）　　　（b）　　　（c）

图 2.13　视差影响

4. 精平（精确整平）

目的：将照准方向的视线精密置平。

操作：调节微倾螺旋，使符合水准器气泡两半弧影像符合成一光滑圆弧，如图 2.14（a）所示，这时视准轴在瞄准方向处于精密水平。

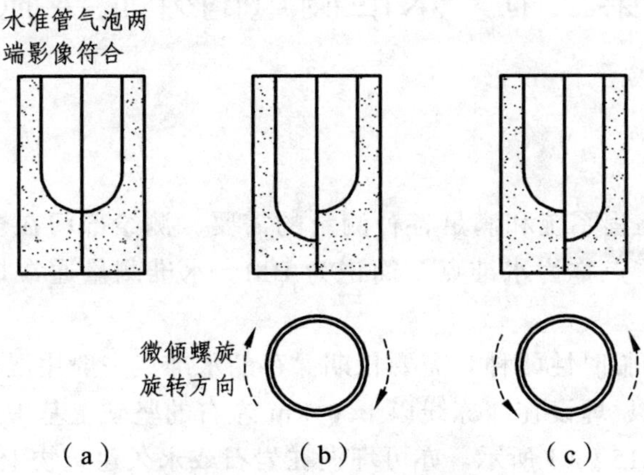

图 2.14　水准管气泡符合

5. 读　数

目的：在标尺竖直、气泡居中、方向正确的前提下读取中横丝截取的尺面数字。

操作：读数前应判明水准尺的注记、分划特征和零点常数，以免读错。读数时以“dm”注记为参照点，先读出注记的“m”数和“dm”数（如 1.6 m），再数读出“cm”数（如 2 cm），最后估读不足 1 cm 的“mm”数（如 2 mm），综合起来即为 4 位的全读数（如 1.622 m）。读数时，水准尺的影像无论倒字还是正字，一律从小向大的方向读数，读足 4 位，不要漏 0（如 1.005 m，1.050 m），不要误读（如将 6 误读为 9）。如图 2.12（a）、图 2.12（b）所示标尺读数分别为 1.622、0.996。另外，精平后应马上读数，速度要快，以减少气泡移动引起的读数误差。

四、扶尺和搬站

1. 扶　尺

目的：将水准尺立于测点上，并处于铅垂线位置。

操作：水准尺左右倾斜容易在望远镜中发现，可及时纠正。当水准尺前后倾斜时，观测员难以发现，导致读数偏大。所以扶尺员应站在尺后，双手握住把手，两臂紧贴身躯，借助尺上水准器将尺铅直立在测点上。使用尺垫时，应事先将尺垫踏紧，将尺立在半球顶端。使用塔尺时，要防止尺段下滑造成读数错误。

2. 搬　站

目的：将仪器顺利、安全地转移到下一测站。

操作：搬站时，先检查仪器中心连接螺旋是否可靠，将脚螺旋调至等高，然后收拢架腿，一手扶着基座，一手斜抱着架腿夹在腋下，安全搬站。如果地形复杂，应将仪器装箱搬站。严禁将仪器扛在肩上搬站，防止发生仪器事故。

第三节 水准测量的外业实施

一、水准点

为了统一全国的高程系统和满足各种测量的需要，测绘部门在全国各地埋设并测定了很多高程控制点，这些点称为水准点，简记为 BM。水准测量通常是从水准点引测其他点的高程。

水准点有永久性和临时性两种。需要长期保存的水准点一般用混凝土或石头制成标石，中间嵌半球形金属标志，埋设在冰冻线以下 0.5 m 左右的坚硬土基中，并设防护井保护，称永久性水准点，如图 2.15（a）所示。亦可埋设在岩石或永久建筑物上，如图 2.15（b）所示。使用时间较短的，称临时水准点，一般用混凝土标石埋在地面，如图 2.15（c）所示，或用大木桩顶面加一帽钉打入地下，并用混凝土固定，如图 2.15（d）所示，亦可在岩石或建筑物上用红漆标记。

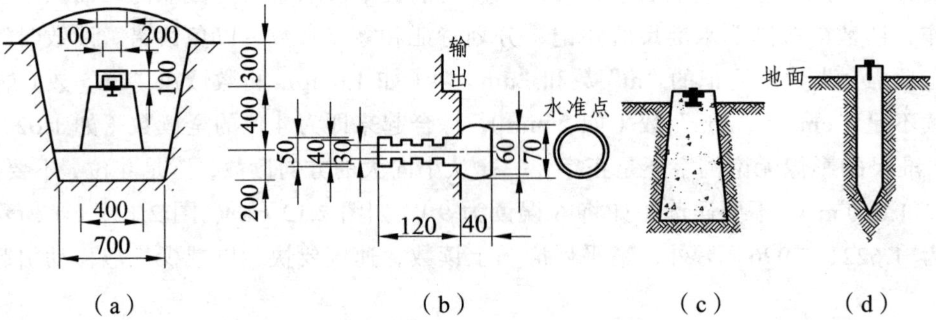

图 2.15 水准点埋设

水准点按精度分为不同等级。国家水准点分一、二、三、四等四个等级，埋设永久性标志，其高程为绝对高程。为满足工程建设测量工作的需要，建立低于国家等级的等外水准点，埋设永久或临时标志，其高程应从国家水准点引测，引测有困难时，可采用相对高程。

二、水准路线

水准路线根据测区情况和工作需要，可布设成以下形式：

1. 闭合水准路线

如图 2.16（a）所示，从一已知高程点 BM_A 出发，沿线测定待定高程点 1、2、3…的高程后，最后闭合在 BM_A 上。这种水准测量路线称闭合水准（路线）。多用于面积较小的块状测区。

2. 附合水准路线

如图 2.16（b）所示，从一已知高程点 BM_A 出发，沿线测定待定高程点 1、2、3…的高程后，最后附合在另一个已知高程点 BM_B 上。这种水准测量路线称附合水准（路线）。多用于带状测区。

3. 支水准路线

如图 2.16（c）所示，从一已知高程点 BM_A 出发，沿线测定待定高程点 1、2、3…的高程后，既不闭合又不附合在已知高程点上。这种水准测量路线称支水准（路线）或支线水准。多用于测图水准点加密。

4. 水准网

如图 2.16（d）所示，由多条单一水准路线相互连接构成的网状图形称水准网。其中 BM_A、BM_B 为高级点，C、D、E、F 等为结点。多用于面积较大测区。

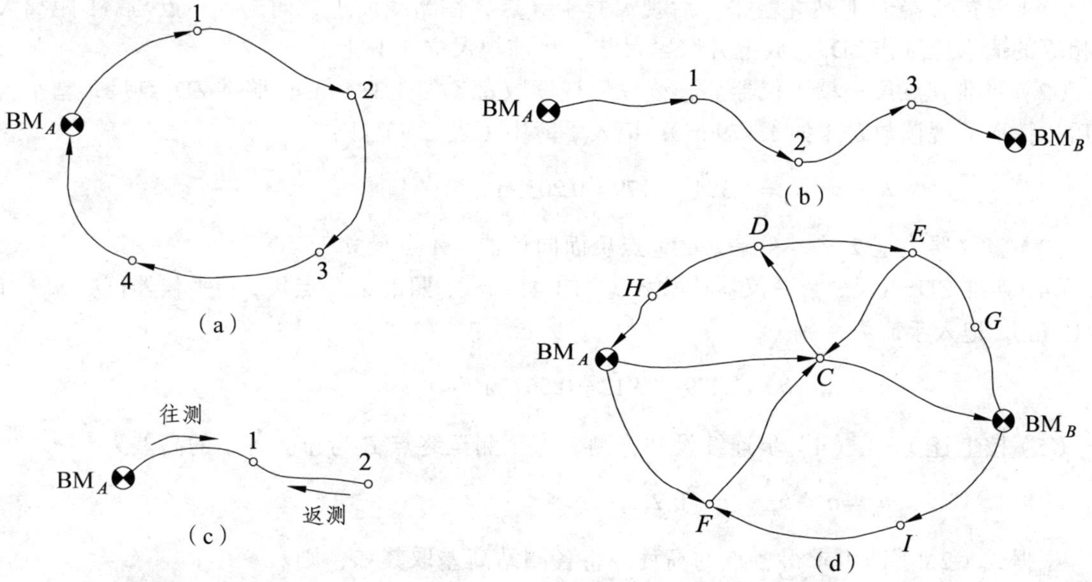

图 2.16　水准路线

三、水准测量外业的实施

1. 一般要求

作业前应选择适当的仪器、标尺，并对其进行检验和校正。等级水准测量的仪尺距、路线长度等必须符合规范要求。测量应尽可能采用中间法，即仪器安置在距离前、后视尺大致相等的位置。

2. 施测程序

如图 2.17 所示，设已知水准点 BM_A（为描述方便以下简称 A 点）的高 $H_A = 40.685$ m，现从 BM_A 测至 B 点的高差 h_{AB} 的施测程序如下。

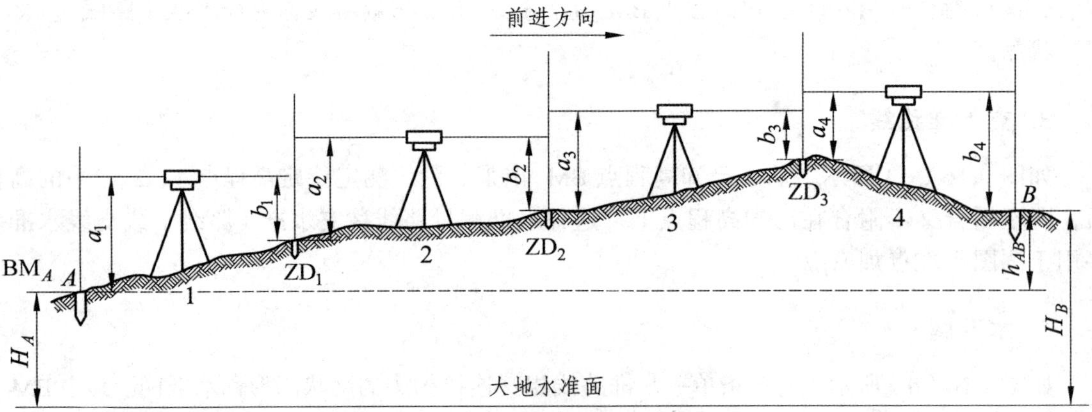

图 2.17 水准测量外业实施

（1）安置仪器于 1 站并粗平，后视尺立于 A 点，在路线前进方向选择一点与 A1 距离大致相等的适当位置作 ZD$_1$，放上并踏紧尺垫，将前视尺立于其上。

（2）照准 A 点尺，精平仪器后，读取后视读数 a_1（如 1.384 m）；照准 ZD$_1$ 点尺，精平仪器后，读取前视读数 b_1（如 1.179 m），记入手簿中（表 2.1）。则

$$h_1 = a_1 - b_1 = 1.384 - 1.179 = 0.205\ \text{m}$$

（3）将仪器搬至 2 站，粗平，ZD$_1$ 点尺面向仪器，A 点尺立于 ZD$_2$。

（4）照准 ZD$_1$ 点尺，精平仪器读数 a_2（如 1.479 m）；照准 ZD$_2$ 点尺，精平仪器读数 b_2（如 0.912 m），记入手簿中。则

$$h_2 = a_2 - b_2 = 1.479 - 0.912 = 0.567\ \text{m}$$

（5）按上述（3）、（4）步连续设站施测，直至测至终点 B 为止。各站的高差为

$$h_n = a_n - b_n \quad (n = 1, 2, 3, \cdots)$$

根据式（2.2）即可求得各点的高程。将各测站高差取其和，则

$$h_{AB} = h_1 + h_2 + h_3 + \cdots + h_n = \sum h = \sum a - \sum b$$

施测全过程的高差计算和检核，均在水准测量记录手簿（表 2.1）中进行。

表 2.1 水准测量记录手簿

仪器编号：2008888　　仪器型号：DS$_3$　　观测：　　计录：
观测日期：2010.5.8　　天气：晴　　记算：　　复核：

<table>
<tr><th rowspan="2">测点</th><th colspan="2">水准尺读数/m</th><th colspan="2">高差/m</th><th rowspan="2">高程/m</th><th rowspan="2">备注</th></tr>
<tr><th>后视</th><th>前视</th><th>+</th><th>−</th></tr>
<tr><td rowspan="2">BM$_A$</td><td rowspan="2">1.384</td><td rowspan="2"></td><td></td><td></td><td>40.683</td><td rowspan="6">已知 $H_{\text{BM}_A} = 40.683$ m</td></tr>
<tr><td rowspan="2">0.205</td><td rowspan="2"></td><td rowspan="2"></td></tr>
<tr><td rowspan="2">ZD$_1$</td><td rowspan="2">1.479</td><td rowspan="2">1.179</td></tr>
<tr><td rowspan="2">0.567</td><td rowspan="2"></td><td rowspan="2"></td></tr>
<tr><td rowspan="2">ZD$_2$</td><td rowspan="2">1.498</td><td rowspan="2">0.912</td></tr>
<tr><td></td><td></td><td></td></tr>
</table>

续表 2.1

测点	水准尺读数/m		高差/m		高程/m	备注
	后视	前视	+	−		
			0.912			
ZD_3	0.873	0.586				
				0.791		
ZD_4	1.236	1.664				
				0.188		
B		1.424				
$\sum$	6.470	5.765	1.684	0.979		
辅助计算	$\sum a-\sum b=6.470-5.765=0.705$ m $\sum h=1.684-0.979=0.705$ m　（$\sum a-\sum b=\sum h$，计算无误）					

注：表 2.1 未涉及高差闭合差平差计算，具体平差详见第四节。

四、测站检核

每站水准测量时，为保证观测数据的正确性，通常采用双仪高法或双面尺法进行测站检核。不合格者，不得搬站。

1. 双仪高法（又称变更仪器高法）

在一个测站上，观测一次高差 $h_1=a_1-b_1$ 后，将仪器升高或降低 10 cm 左右，再观测一次高差 $h_2=a_2-b_2$。当两次高差之差（称为较差）满足

$$\Delta h=h_1-h_2\leqslant\Delta h_{容}\tag{2.6}$$

取平均值，即 $h_{平均}=\dfrac{h_1+h_2}{2}$ 作为本站高差；否则应重测，直到满足式（2.6）为止。式中 $\Delta h_{容}$ 称为容许值，在相应的规范中查取。

2. 双面尺法

在一个测站上，用同一仪器高分别观测水准尺黑面和红面的读数，获得两个高差 $h_{黑}=a_{黑}-b_{黑}$ 和 $h_{红}=a_{红}-b_{红}$，若满足

$$\Delta h=h_{黑}-h_{红}\pm100\ \text{mm}\leqslant\Delta h_{容}\tag{2.7}$$

取平均值作为结果；否则应重测。

五、计算检核

为保证计算结果的正确，应进行计算检核。如表 2.1 手簿中计算的高差应满足

$$\sum a-\sum b=\sum h \tag{2.8}$$

否则，高差计算有错，应查明原因予以纠正。计算检核在手簿辅助计算栏中进行。

第四节　水准测量的内业工作

一、成果检核

计算检核只能检查是否存在计算错误，外业观测中测站检核也只能检查一个测站上的读数是否正确，但并不能排除仪器误差、估读误差、转点位置变动、外界条件等诸多因素导致的错误或误差超限。这些检核都不能说明观测成果的质量。为了确认观测成果是否达到规定的精度要求，还必须进行成果检核。

检核的方法是：将路线的观测高差值与路线的理论高差值相比较，用其差值的大小来评定路线成果的精度是否合格。

观测高差值与理论高差值之差，称为高差闭合差，用 f_h 表示。

即
$$f_h=\sum h_{测}-\sum h_{理} \tag{2.9}$$

如果有
$$f_h \leqslant f_{h容} \tag{2.10}$$

表示测量成果符合精度要求，可以应用；否则必须重测。式中 $f_{h容}$ 称为容许高差闭合差，在相应的规范中有具体规定。《工程测量规范》(GB 50026—93）规定见表 2.2。

表 2.2

等　　级	容许高差闭合差/mm	
	平　地	山　地
三等	$f_{h容}=\pm 12\sqrt{L}$	$f_{h容}=\pm 4\sqrt{n}$
四等	$f_{h容}=\pm 20\sqrt{L}$	$f_{h容}=\pm 6\sqrt{n}$
图根	$f_{h容}=\pm 40\sqrt{L}$	$f_{h容}=\pm 12\sqrt{n}$
铁路	$f_{h容}=\pm 30\sqrt{L}$	$f_{h容}=\pm 8\sqrt{n}$

注：① 表中 L 为水准线路单程长度，以 km 计。
② n 为单程测站数，当每 km 测站数多于 15 站时，用山地的公式计算高差闭合差。
③ $f_{h容}$ 以 mm 计。
④ 表中图根通常指普通（或等外）水准测量

二、高差闭合差 f_h 的计算

1. 闭合水准路线

由于路线的起点与终点为同一点，其高差理论值应为 0，即 $\sum h_{闭理}=0$，代入式（2.9）得

$$f_h = \sum h_{测} \tag{2.11}$$

2. 附合水准路线

由于路线的起、终点为高程已知点，两点间高差理论值应为 $\sum h_{附理} = H_{终} - H_{起}$，代入式（2.9）得

$$f_h = \sum h_{测} - (H_{终} - H_{起}) \tag{2.12}$$

3. 支水准路线

由于路线进行往返观测，$\sum h_{往理} = -\sum h_{返理}$，高差的理论值 $\sum h_{支理} = \sum h_{往理} + \sum h_{返理} = 0$，代入式（2.9）得

$$f_h = \sum h_{往测} + \sum h_{返测} \tag{2.13}$$

三、高差闭合差 f_h 的调整与高程计算

1. 附合水准路线

1）高差改正数 v_i 计算

对于闭合水准和附合水准，在满足 $f_h \leqslant f_{h容}$ 条件下，允许对各测段高差观测值施加改正数 v_i，使之符合理论值。改正的原则是：将 f_h 以相反的符号按与测程 L 或测站数 n 成正比分配到各段高差中。

则各测段改正数（按测程）　$$v_i = \frac{-f_h}{\sum L} \cdot L_i \tag{2.14}$$

或各测站改正数（按测站数）　$$v_i = \frac{-f_h}{\sum n} \cdot n_i \tag{2.15}$$

式中　v_i——第 i 段的高差改正数；

L_i——第 i 段的水准路线长度（以 km 计）；

$\sum L$——路线总长（以 km 计）；

n_i——第 i 段测站数；

$\sum n$——测站总数.

改正数凑整至 mm，并按下式进行验算

$$\sum v_i = -f_h \tag{2.16}$$

若改正数的总和不等于闭合差的相反数，则表明计算有错，应重算。如因凑整引起的微小不符值，则可将它分配在任一测段上。

2）调整后高差计算

各测段实测高差加上相应的改正数，得改正后高差，即

$$h_{i改} = h_{i测} + v_i \tag{2.17}$$

式中 $h_{i改}$——第 i 段改正后高差；

$h_{i测}$——第 i 段实测高差。

改正后各测段高差的代数和应等于路线高差的理论值，即 $\sum h_{改} = \sum h_{理}$，以此作为检核。

3）高程计算

设第 i 测段起点的高程为 H_{i-1}，则终点高程 H_i 应为

$$H_i = H_{i-1} + h_{i改} \tag{2.18}$$

从而可求得各测段终点的高程，并推算至到已知点进行检核。具体计算过程详见【例 2.2】。

【例 2.2】 某平地图根附合水准路线，BM_A、BM_B 为已知高程水准点，各测段的实测高差及测段路线长度如图 2.18 所示。该水准路线成果处理计算见表 2.3 。

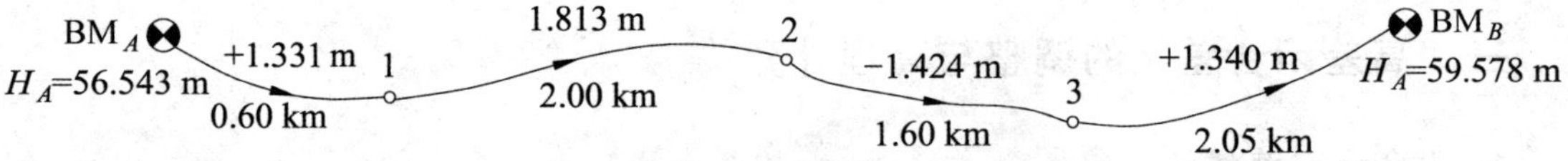

图 2.18 附合水准路线计算图

表 2.3 附合水准路线测量成果计算表

测点	路线长度 L_i/km	实测高差 $h_{i测}$/m	改正数 v_i/mm	改正后高差 $h_{i改}$/m	高程 H_i/m	备注
BM_A					56.543	已知 $H_A = 56.543$ m $H_B = 59.578$ m
	0.60	+1.331	−2	+1.329		
1					57.872	
	2.00	+1.813	−8	+1.805		
2					59.677	
	1.60	−1.424	−7	−1.431		
3					58.246	
	2.05	+1.340	−8	+1.332		
BM_B					59.578	
$\sum$	6.25	+3.060	−25	+3.035		
辅助计算	$f_h = \sum h_{测} - (H_{终} - H_{起})$ $= 3.060 - (59.578 - 56.543)$ $= 3.060 - 3.035$ $= +0.025$ (m) $= +25$ (mm)		$f_{h容} = \pm 40\sqrt{L}$ $= \pm 40\sqrt{6.25}$ $= \pm 100$ (mm) $f_h \leqslant f_{h容}$ 符合精度要求		$\sum v_i = -25\ \text{mm} = -f_h$ $\sum h_{改} = 3.035\ \text{m} = \sum h_{理}$ 且由 BM_A 高程推算至 BM_B 点高程与 BM_B 原有高程相等 计算无误	

2. 闭合水准路线

闭合水准路线高差闭合差调整与高程计算的原理与附合水准路线基本相同。具体计算过程详见【例 2.3】。

【例 2.3】 如图 2.19 所示，为一闭合水准路线的图根水准测量观测成果，试计算各水准点的高程。

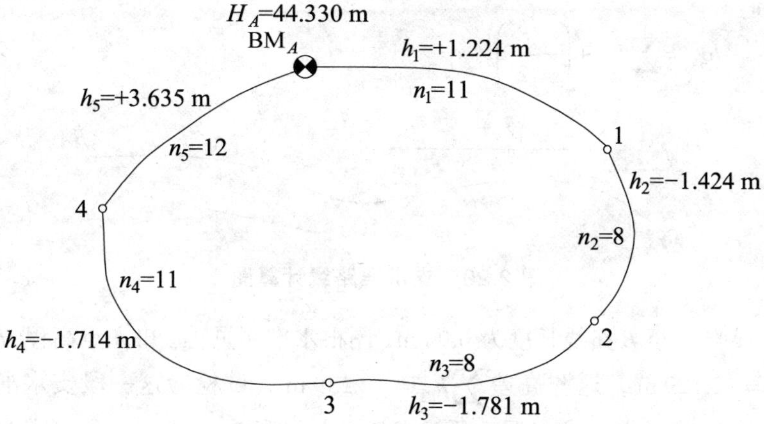

图 2.19　闭合水准路线计算图

表 2.4　闭合水准路线测量成果计算表

测点	测站数 n_i	实测高差 $h_{i测}$/m	改正数 v_i/mm	改正后高差 $h_{i改}$/m	高程 H_i/m	备注
BM_A					44.330	已知 $H_{BM_A}=44.330$ m
	10	+1.224	+12	+1.236		
1					45.566	
	8	−1.424	+10	−1.414		
2					44.152	
	8	−1.781	+10	−1.771		
3					42.381	
	11	−1.714	+13	−1.701		
4					40.680	
	12	+3.635	+15	+3.650		
BM_A					44.330	
$\sum$	49	−0.060	+60	0		
辅助计算	$f_h=\sum h_{测}=-0.060\ (\text{m})=-60\ (\text{mm})$ $f_{h容}=\pm 12\sqrt{49}=\pm 84\ (\text{mm})$ $f_h \leqslant f_{h容}$ 符合精度要求			$\sum v_i=+60\ (\text{mm})=-f_h$ $\sum h_{改}=0=\sum h_{理}$ 且由 BM_A 高程推算至点 BM_A 高程与 BM_A 原有高程相等 计算无误		

3. 支水准路线

支水准路线往返测的路线长度相同，因此，应将闭合差平均分配在往返测高差观测值上，如图 2.20 所示，设调整后 A 至 B 点高差为 h_{AB}，则

$$h_{AB}=\sum h_{往}+\left(-\frac{f_h}{2}\right) \tag{2.19}$$

$$h_{BA}=\sum h_{返}+\left(-\frac{f_h}{2}\right) \tag{2.20}$$

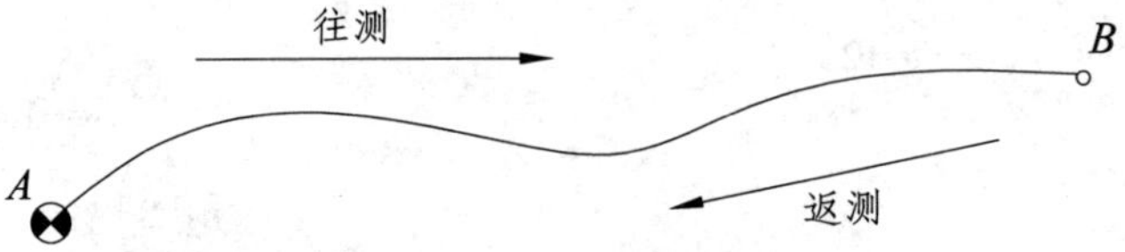

图 2.20 支水准路线计算图

【例 2.4】 设自 A 至 B 路线长度为 0.9 km，图根水准测量，已知 A 点高程 $H_A=576.508$ m，往测高差 $\sum h_{往}=-2.129$ m，返测高差 $\sum h_{返}=+2.139$ m，试检验这一段支水准测量是否符合规范要求，如在合格范围内，求出调整后 A、B 两点间高差 h_{AB}、h_{BA} 和 B 点高程 H_B。

解：

高差闭合差 $f_h=\sum h_{往}+\sum h_{返}=-2.129+2.139=+0.010\text{ m}=+10\text{ mm}$

允许高差闭合差 $f_{h容}=\pm 40\sqrt{L}=\pm 40\sqrt{0.9}=\pm 38\text{ mm}$

$f_h \leqslant f_{h容}$，观测合格。

$$h_{AB}=\sum h_{往}+\left(-\frac{f_h}{2}\right)=-2.129+\left(-\frac{0.010}{2}\right)=-2.134\text{ m}$$

$$h_{BA}=\sum h_{返}+\left(-\frac{f_h}{2}\right)=+2.139+\left(-\frac{0.010}{2}\right)=+2.134\text{ m}$$

$h_{AB}=-h_{BA}$，计算无误。

$$H_B=H_A+h_{AB}=576.508+(-2.134)=574.374\text{ m}$$

第五节 自动安平水准仪简介

自动安平水准仪（见图 2.21）是在望远镜内安装一个自动补偿器代替水准管。仪器经粗平后，由于补偿器的作用，无需精平即可通过中丝获得视线水平时的读数。简化了操作，提高了观测速度，同时还补偿了如温度、风力、震动等对测量成果一定限度的影响，从而提高了观测精度。

图 2.21　DSZ3 型自动安平水准仪

一、自动安平水准仪（compensator level）

如图 2.22 所示，视线水平时的十字丝交点在 A 处，读数为 a。当视准轴倾斜一个角值 α 后，十字丝交点由 A 移至 A'，十字丝通过视准轴的读数为 a'，a' 不是水平视线的读数。为了使水平视线能通过 A' 而获得读数 a，在光路上安置一个补偿器，让视线水平的读数 a 经过补偿器后偏转一个 β 角，最后落在十字丝交点 A'。这样，即使视准轴倾斜一定角度（一般为±10′），仍可读得水平视线的读数 a，因此达到了自动安平的目的。由于 α 角和 β 角都是很小的角值，如能满足下列条件：

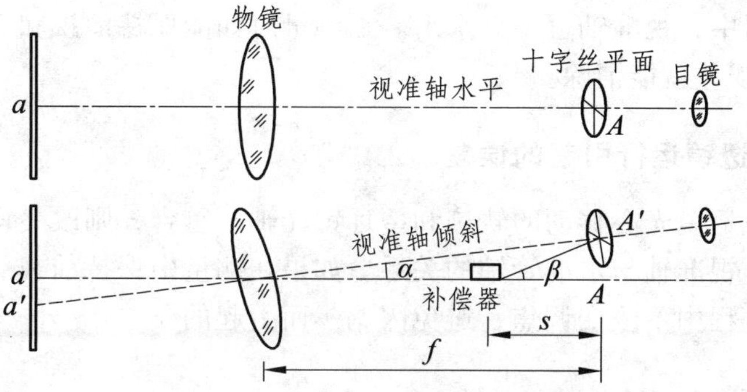

图 2.22　自动安平水准仪的原理

$$f\alpha = s\beta \tag{2.21}$$

即能达到补偿的目的。

式中　f——物镜到十字丝的距离（物镜等效焦距）；

　　　s——补偿器到十字丝交点的距离。

二、自动安平的使用

自动安平水准仪的操作方法和一般水准仪的操作方法一样。当自动安平水准仪经过圆水准器的粗平后，观测者在望远镜内观察警告批示窗是否全部呈绿色，若没有全部呈绿色，不能对水准尺读数，必须再调整圆水准器，直到警告批示窗全部呈绿色后，即视线在补偿器范围内，方可进行测量。

自动安平水准仪长期未使用，则在使用前应检查补偿是否失灵。可以转动脚螺旋，如果警告批示窗两端能分别出红色，反转脚螺旋红色消除，并由红转绿，说明补偿器摆动灵敏，阻尼器没有卡死，可以进行水准测量。

第六节 水准测量误差及注意事项

测量工作中由于仪器、人、环境等各种因素的影响，使测量成果中都带有误差。为了保证测量成果的精度，需要分析研究产生误差的原因，并采取措施消除和减小误差的影响。测量误差主要来源于仪器误差、观测误差和外界环境因素影响三个方面。水准测量也不例外。

一、仪器误差

1. 视准轴与水准管轴不平行引起的误差

仪器虽经过校正，但 i 角（视准轴和水准管轴之间的夹角）仍会有微小的残余误差，使得即使水准管气泡居中，视准轴也不会水平。在测量时如能保持前视和后视的距离相等（中间水准测量），这种误差就能消除。

2. 望远镜调焦透镜运行引起的误差

当调焦时，调焦透镜光心移动的轨迹和望远镜光轴不重合，则改变调焦就会引起视准轴的改变，从而改变了视准轴与水准管轴的关系。如果在测量中保持前视后视距离相等，就可在前视和后视读数过程中不改变调焦，避免因调焦而引起的误差。

3. 水准尺的误差

水准尺的误差包括分划误差和尺身构造上的误差，构造上的误差如零点误差和塔尺的接头误差，所以使用前应对水准尺进行检验。水准尺的主要误差是每米真长的误差，它具有积累性质，高差越大误差也越大。对于误差过大的应在成果中加入尺长改正。

二、观测误差

1. 水准管气泡居中误差

视线水平是以气泡居中或符合为根据的，但气泡的居中或符合都是凭肉眼来判断，不能绝对准确。气泡居中的精度也就是水准管的灵敏度，它主要决定于水准管的分划值 τ 。一般认为水准管居中的误差约为 $\pm0.15\tau$ ，它对水准尺读数产生的误差为：

$$m_\tau = \pm \frac{0.15\tau''}{2\rho''} D \tag{2.22}$$

式中　τ——水准管的分划值；

ρ''——$\rho'' = 206\ 265''$；

D——视线长。

为了减小气泡居中误差的影响，应对视线长加以限制，观测时应使气泡精确地居中或符合。

2. 估读水准尺分划的误差

观测者用望远镜在标尺上估读不足分划值的微小读数,产生的估读误差与人眼的分辨率、望远镜的放大率及视线的长度有关。通常在望远镜中十字丝的宽度为厘米分划宽度的十分之一时，能准确估读出毫米数。所以在各种等级的水准测量中，对望远镜的放大率和视线长的限制都有一定的要求。此外，在观测中还应注意消除视差，并避免在成像不清晰时进行观测。

3. 水准尺竖立不直的误差

水准尺没有扶直，无论向哪一侧倾斜都使读数偏大。这种误差随尺的倾斜角和读数的增大而增大。例如尺有 3°的倾斜，读数为 1.5 m 时，可产生 2 mm 的误差。为使尺能扶直，水准尺上最好装有水准器。没有水准器时，可采用摇尺法，读数时把尺的上端在视线方向前后来回摆动，当视线水平时，观测到的最小读数就是尺扶直时的读数（见图 2.23）。这种误差在前后视读数中均可发生，所以在计算高差时可以抵消一部分。

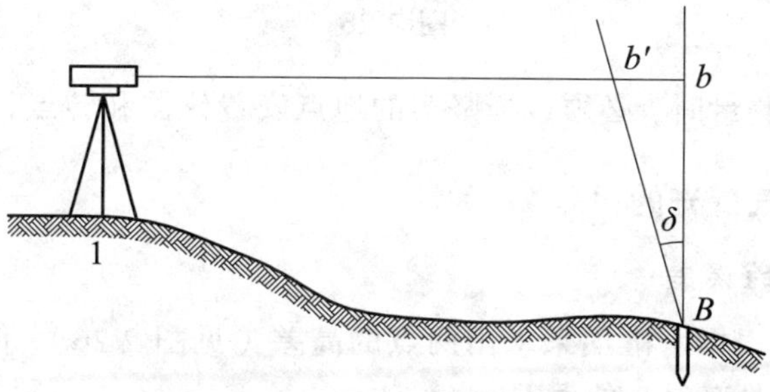

图 2.23

由上述可知，观测误差对测量成果影响较大，而且是不可避免的偶然误差。因此，观测者应按操作规程认真操作，快速观测，准确读数，借助标尺的水准器立直标尺。同时仔细调焦，消除视差，以尽量减小观测误差的影响。

三、外界环境的影响

1. 仪器下沉和水准尺下沉的误差

1）仪器下沉的误差

在读取后视读数和前视读数之间若仪器下沉了Δ,由于前视读数减少了Δ从而使高差增大了Δ（见图 2.24）。在松软的土地上，每一测站都可能产生这种误差。当采用双面尺或两次仪器高时，第二次观测可先读前视点 B，然后读后视点 A，则可使所得高差偏小，两次高差的平均值可消除一部分仪器下沉的误差。用往测、返测时，亦因同样的原因可消除部分的误差。

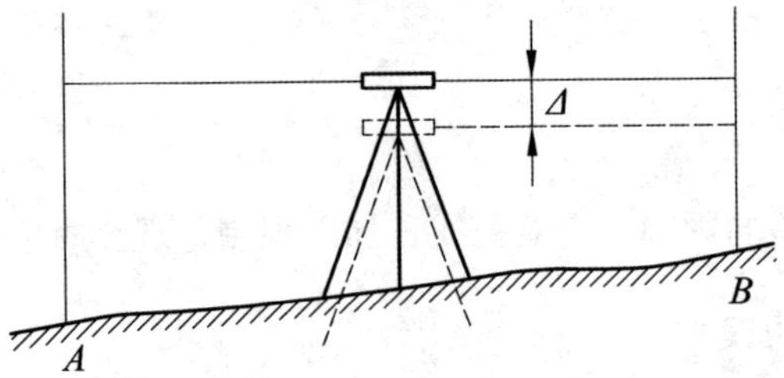

图 2.24

2）水准尺下沉的误差

在仪器从一个测站迁到下一个测站的过程中，若转点下沉了Δ，则使下一测站的后视读数偏大，使高差也增大Δ（见图 2.25）。在同样情况下返测，则使高差的绝对值减小。所以取往返测的平均高差，可以减弱水准尺下沉的影响。

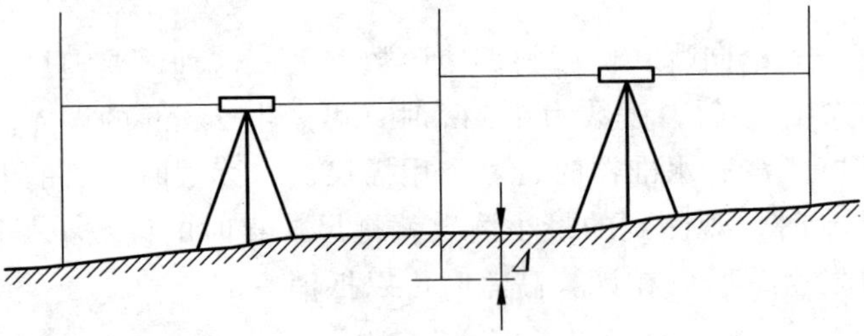

图 2.25

当然，在进行水准测量时，必须选择坚实的地点安置仪器和转点，避免仪器和尺的下沉。

2. 地球曲率和大气折光的误差

1）地球曲率引起的误差

理论上水准测量应根据水准面来求出两点的高差（见图 2.26），但视准轴是一直线，因此使读数中含有由地球曲率引起的误差 p：

$$p=\frac{s^2}{2R} \tag{2.23}$$

式中 s——视线长；

R——地球的半径。

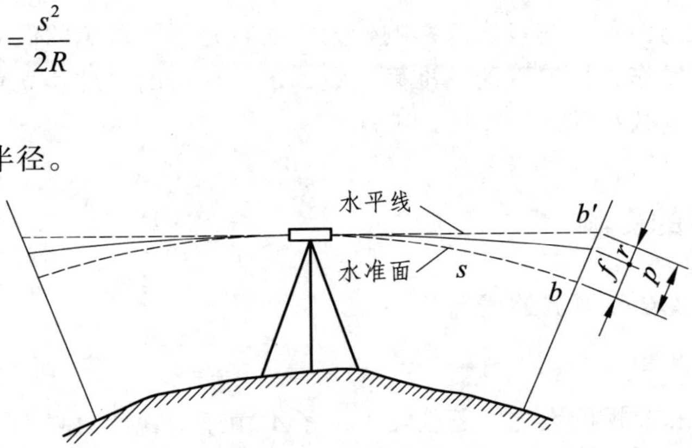

图 2.26

2）大气折光引起的误差

水平视线经过密度不同的空气层被折射，一般情况下形成一向下弯曲的曲线，它与理论水平线所得读数之差，就是由大气折光引起的误差 r（见图 2.26）。实验得出：大气折光误差比地球曲率误差要小，是地球曲率误差的 K 倍，在一般大气情况下，$K=\frac{1}{7}$，故

$$r=K\frac{S^2}{2R}=\frac{S^2}{14R} \tag{2.24}$$

所以水平视线在水准尺上的实际读数位于 b'，它与按水准面得出的读数 b 之差，就是地球曲率和大气折光总的影响值 f：

$$f=p-r=0.43\frac{S^2}{R} \tag{2.25}$$

故当前视后视距离相等时，这种误差在计算高差时可自行消除。但是离近地面的大气折光变化十分复杂，在同一测站的前视和后视距离上就可能不同，所以即使保持前视后视距离相等，大气折光误差也不能完全消除。由于 f 值与距离的平方成正比，所以限制视线的长可以使这种误差大为减小，此外使视线离地面尽可能高些，也可减弱折光变化的影响。

3. 气候的影响

除了上述各种误差来源外，气候的影响也给水准测量带来误差。如风吹、日晒、温度的变化和地面水分的蒸发等。所以观测时应注意气候带来的影响。为了防止日光曝晒，仪器应打伞保护。无风的阴天是最理想的观测天气。

四、水准测量的注意事项

上述对水准测量误差做了较详细的分析，虽然很多微小误差对一般工程测量影响不大，但了解这些误差的性质及其对成果的影响，是很有必要的，特别是呈系统性的误差，虽然就单个测站来说微不足道，但累积的结果却是不可忽视的。掌握这些规律，就可以很好地指导我们操作，获得优质的成果。

在整个测量过程中，只要有一个测站稍不注意，出现差错，将导致整个测段内的成果不合格。而要做到每个测站都正确无误，测量的每个环节上的每个工作人员都必须紧密配合，认真细致地做好扶尺、观测、记录、计算等每一项工作。现将最基本的注意事项列出如下：

1. 扶尺“四要”

1）尺子要检查

测量前要检查标尺、刻划是否准确，塔尺衔接处是否严密，工作中随时检查套接处是否有自行滑下的现象。尺底和尺垫顶上不要粘有泥土。

2）转点要牢固

转点最好用尺垫，选在土质较好处，并踩实在地面上。如在硬化地面和多石地区，可不

用尺垫，但转点要设在坚实稳固而又有凸棱的点（相似于尺垫突起部）上。保证转点在两个测站的前、后视中不改变位置。

3）扶尺要直

标尺如有横向倾斜，观测者易于发现，应指挥扶尺员纠正，若标尺前后倾斜则不易发现，造成读数偏大。故扶尺时，身体要站正，双手扶尺（但不要掩尺面），保证把尺竖直立好，尺上有水准器时，可使气泡居中。

4）要用同一的尺

由于标尺底部的磨损或包铁松动，将使标尺零点位置不准，为了消除其影响，在同一个测段内要用同一个尺，且测站数为偶数。

2. 观测“六要”

1）仪器要检校

测量前把仪器校正好，使各轴线间满足应有的几何条件。

2）仪器要安稳

中心螺旋连接要稳妥可靠，松紧适当，架腿尖踩牢至土中，观测时不得扶压和骑跨腿架。观测完后视点转为观测前视点时仪器不能产生位移。

3）前、后视线要等长

前、后视线等长的水准测量叫中间水准测量，中间水准测量可以消除 i 角误差以及地球曲率的影响，地面坡度不大，较平坦地区还可以消除大气折光的影响。最大视线长度不能超过 150 m，视线不要靠近地面，最好不小于 0.3 m。

4）视线要严格水平

读数前气泡像要符合，为避免匆忙读数之差错，读数后再一次检查气泡是否符合。烈日下要打伞，观测时间以早晚为好，夏日中午应停止测量。

5）读数要准确

精心对光，消除视差，是读准数的前提。读数时不要将视距丝当成中横丝；要认清标尺刻划特点，由于分米注字因尺而异，特别要分清分米的准确位置，每次读数和记录要够四个数码，这样可以避免将分米误读成厘米，或将厘米误读成毫米之错。

6）迁站要慎重

未读前视读数时，不得匆忙搬动仪器，以免使水准路线中间“脱节”，造成段落返工；中途停测时，应将前视点选在容易找的固定点上，并做好标志，列入记录，记下位置特征，以便下次续测。

3. 记录“四要”

1）要复诵

读数列入记录时，边记边复诵，避免听错记错。如观测者兼做记录时，记完后可再看一下标尺读数，以资复核。

2）记录要清楚

按规定格式填写，字迹清晰端正，字高为横格高的$\frac{2}{3}$，不要挤满格子。点号要记清，前后视读数不得遗漏，不得颠倒。

3）要原始记录

当场用硬铅笔将数据填写在记录手簿中，不得眷抄，以免转抄错误。写错了字，应在错字处画一横线，将正确的数字写在上方，不得用橡皮擦改。

4）计算要复核

记录者及时根据读数算出高差，记入记录簿，并做计算的验算，再由另一人复核，并签名以明确责任。

第三章　角度测量

角度测量是确定地面点点位的工作之一，它包括水平角测量和竖直角测量。测量水平角是为了确定地面点的平面位置；测量竖直角是为了间接测定地面点的高程或将斜距化为平距。

第一节　角度测量原理

一、水平角测量原理

地面上一点到两个目标的方向线在水平面上的投影所夹的角度称为水平角，一般用“β”表示。角值范围为 0°～360°，没有负值。

如图 3.1 所示，A、O、B 为地面上任意三点，过 OA、OB 分别作竖直面与水平面相交，交线为 O_1A_1、O_1B_1，其间的夹角就是 OA、OB 两个方向之间的水平角。

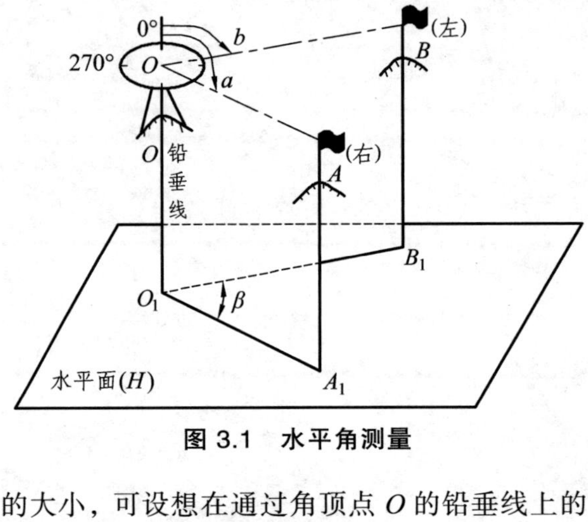

图 3.1　水平角测量

为了测量水平角β的大小，可设想在通过角顶点 O 的铅垂线上的 O'处，设置一个刻有角度分划的水平圆盘，圆盘的中心在 O 点的铅垂线上，OA 与 OB 方向线的投影在水平度盘上的读数为 a 与 b，则 OA、OB 两方向间的水平角值为：

$$\beta = b - a \tag{3.1}$$

这就是水平角的测量原理。

二、竖直角测量原理

在同一竖直面内，观测方向线与水平视线之间的夹角称为竖直角，一般用“α”表示。观测方向线在水平视线以上时，竖直角α为仰角，符号为正，取值范围为0°~90°。观测方向线在水平视线以下时，竖直角α为俯角，符号为负，取值范围为0°~－90°。竖直角与水平角一样，其角值也是两个方向读数之差，只不过是其中有一个方向是固定的。同一竖直面内由天顶方向（即铅垂线的反方向）转向目标方向的夹角则称为天顶距，用符号Z表示，其取值范围为0°~180°（无负值）。全站仪的角度测量中常以天顶距测量代替竖直角测量。

为了测量竖直角的大小，同样可以设想在角顶O点处竖直地设置一个具有角度刻划的圆盘，如图3.2所示。当观测到不同高度的各点时，通过在水平（或竖直）方向上固定的一条指标线，测量出观测方向线的竖直角。

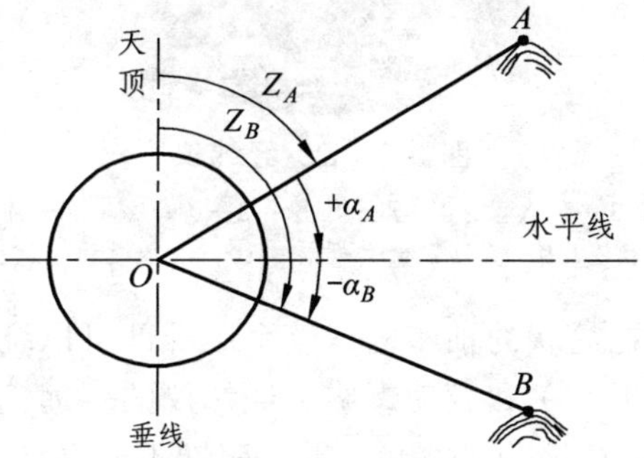

图 3.2　竖直角测量

第二节　光学经纬仪的构造与使用

经纬仪按构造原理的不同分为光学经纬仪和电子经纬仪；按其精度由高到低又分为DJ_{07}，DJ_1，DJ_2和DJ_6等级别，其中“D”为大地测量仪器的总代码，“J”为经纬仪汉语拼音的第一个字母，后面的数字07，1，2，6是指该经纬仪所能达到的一测回方向观测中误差（单位为秒）。本节主要介绍DJ_6型光学经纬仪。

一、光学经纬仪的组成

各种光学经纬仪的组成基本相同，以DJ_6型光学经纬仪为例，外形如图3.3所示，其构造主要由照准部、水平度盘和基座三部分组成。

1. 照准部

照准部是经纬仪上部可以旋转的部分，主要有竖轴、望远镜、竖直度盘、水准器、读数系统和光学对中器等部件。

图 3.3　DJ_6经纬仪

1—望远镜；2—光学对中器；3—配盘器；4—圆水准器；5—脚螺旋；6—瞄准器；7—望远镜制动螺旋；8—度盘读数窗目镜；9—望远镜微动螺旋；10—水平微动螺旋；11—固定螺旋

竖轴在照准部下面，插在筒状的轴座内，整个照准部可以绕竖轴在水平方向上转动，所以设有水平制动螺旋（制动扳手）和微动螺旋。经纬仪的望远镜与水准仪的望远镜构造基本相同，不同之处是：经纬仪望远镜为了测角，需要照准不同高低的目标，它可以随横轴作上、下转动，因此设有望远镜制动螺旋（制动扳手）和微动螺旋。竖直度盘是由光学玻璃制成，呈圆环状，盘上按 0°～360°顺时针（或逆时针）刻划，每格为 1°或 30′。竖盘固定在横轴的一端，随望远镜一起转动。竖直度盘是用来测量竖直角的。照准部水准器分为圆水准器和水准管两种，是用来整平经纬仪的。有的还装置竖直度盘指标水准管，是用来判断竖盘指标是否处于正确位置的。读数系统由一系列光学棱镜组成，用于通过读数显微镜对同时显示在读数窗中的水平度盘和竖直度盘影像进行读数。光学对中器则用于安装仪器使其中心和测站位于同一铅垂线上。

2. 水平度盘

水平度盘是用光学玻璃制成的圆环，圆周边缘按顺时针方向刻有 0°～360°的分划线，当仪器整平后，水平度盘就构成水平投影面，用来量测水平角。水平度盘的轴是空心的，又称外轴。外轴套在度盘旋转轴套之外，可以绕旋转轴套旋转。水平度盘和照准部是分离的，当照准部转动时，它固定不动，但可通过旋转水平度盘变换手轮（或复测扳手）使其改变所需的位置。

3. 基　座

基座是支承整个仪器的底座，起连接和调节作用。基座上有定平用的脚螺旋和连接三脚架的连接垫板，另外在基座侧面有一个固定螺旋，它是连接仪器和基座的螺旋，没有必要时，禁止松动这个螺旋，以免仪器分离掉下摔坏。

二、光学经纬仪的读数方法

1. DJ_6型光学经纬仪的分微尺读数方法

DJ_6型光学经纬仪的读数系统中装有一分微尺，水平度盘和竖直度盘的格值都是 1°，而分微尺的整个测程正好与度盘分划的一个格值相等，又分为 60 小格，每小格 1′估读至 0.1′。分微尺的零线为指标线。读数时，首先读取分微尺所夹的度盘分划线之度数，再依该度盘分划线在分微尺所指的小于 1°的分数，二者相加，即得到完整的读数。如图 3.4 所示，读数窗中上方 H 为水平度盘影像，读数为：

$$134° + 53' = 134°53'00''$$

读数窗中下方 V 为竖直度盘影像，读数为：

$$87° + 58.5' = 87°58'30''$$

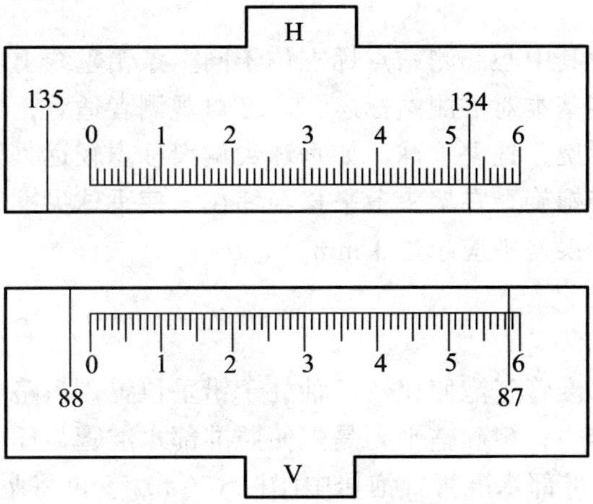

图 3.4　DJ_6经纬仪读数窗口

2. DJ_2型光学经纬仪的对径分划线符合读数法

DJ_2型光学经纬仪的水平度盘和竖直度盘的格值为 20′，秒盘的测程和度盘格值的一半即 10′相对应，分为 600 小格，每小格 1″，可估读至 0.1″。读数系统通过一系列棱镜的作用，将水平度盘和竖直度盘的影像分别投影到读数窗中（运用换像手轮使其轮换显示），又各自分为三个小窗（图 3.5）。上为度盘数字窗，左下为秒盘数字窗，右下为度盘对径两端相差 180°的分划线影像符合窗。图 3.5（a）所示为对径分划线符合前的影像，图 3.5（b）所示为对径分划线符合后的影像。当旋转测微轮手轮，使对径分划线由不符合[图 3.5（a）]过渡到符合[图 3.5（b）]之后，便可在其上方小窗内读到度盘上的读数（凹槽上的大数字）和 10′的倍数（凹槽内的小数字），在其左下方小窗内读到秒盘上的个位分数和秒数（水平度盘和竖直度盘的读数方法相同）。图 3.5（b）所示为 $65° + 5 \times 10' + 4'03.2'' = 65°54'03.2''$。

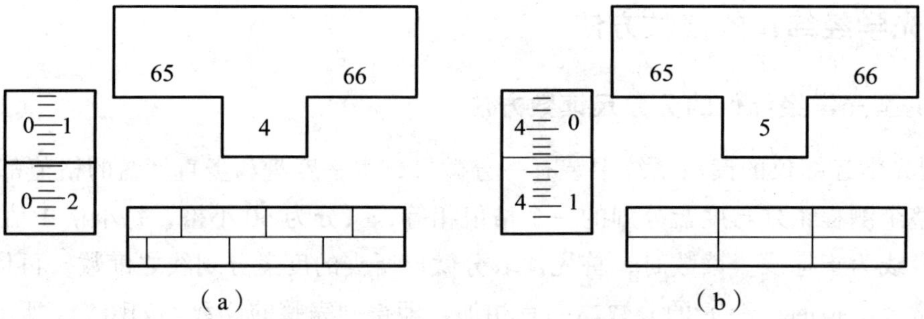

图 3.5 DJ_2经纬仪读数窗口

三、光学经纬仪的使用

在测站上安置经纬仪进行角度测量时，其使用分为对中、整平、照准、读数四个步骤。

1. 对 中

对中就是安置仪器使其中心和测站点标志位于同一条铅垂线上。可以利用垂球对中，先安放脚架，使其中心连接基本对准测站标志，高度对观测者适宜，架头大致水平，然后安上经纬仪，旋上中心连接螺旋，挂上垂球。如垂球尖偏离标志较远，则平移脚架，使垂球尖靠近标志，再稍松中心连接螺旋，在架头上平移经纬仪，使垂球尖准确对准标志中心，再旋紧中心连接螺旋。仪器对中误差不应超过 1 mm。

2. 整 平

整平就是通过调节水准管气泡使仪器竖轴处于铅垂位置。粗略整平就是安置经纬仪时挪动架腿，使圆水准气泡居中；精确整平则是先使照准部水准管与任两脚螺旋的连线平行，按照“左手法则”旋转使照准部水准管气泡居中[图 3.6（a）]，再将照准部旋转 90°，旋转第三个脚螺旋，使气泡均居中为止。仪器整平一般不应使气泡偏离中心超过 1/4 格。

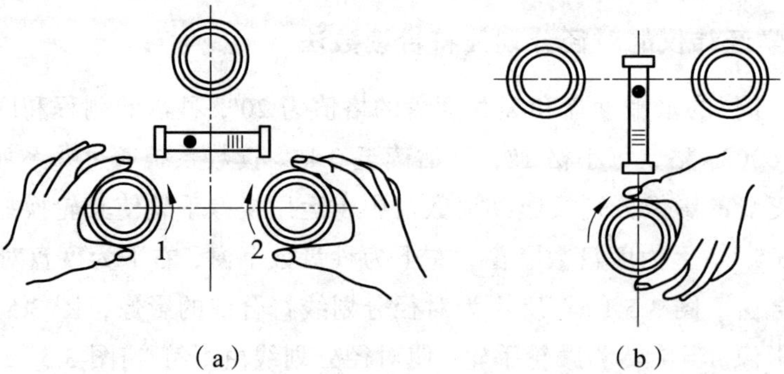

图 3.6 整平示意图

新型的光学经纬仪装有对中器，其视线经棱镜折射后与仪器的竖轴中心相重合。操作时，可以使仪器的对中和整平同时进行。先将仪器初步整平，中心大致对准测站点，旋转对中器目镜调焦螺旋，使分划板小圆圈清晰，再伸缩对中器小镜筒，使测站点标志清晰。通过旋转脚螺旋使测站点标志进入小圆圈中间。此时若再旋转脚螺旋调节水准管气泡在相互垂直的方向上均居中，即达到同时对中和整平的目的。

3. 照　准

先松开照准部和望远镜的制动螺旋，将望远镜对向明亮的背景或天空，旋转目镜调焦螺旋，使十字丝清晰，然后转动照准部，用望远镜上的瞄准器对准目标，再通过望远镜瞄准，使目标影像位于十字丝中央附近，旋转对光螺旋，进行物镜调焦，使目标影像清晰，消除视差，最后旋转水平和望远镜微动螺旋，使十字丝单丝与较细的目标精确重合，或双丝将较粗的目标夹在中央。测量水平角时，应尽量照准目标的底部；测量竖直角时，应以中横丝与目标的顶部标志相切（图 3.7）。

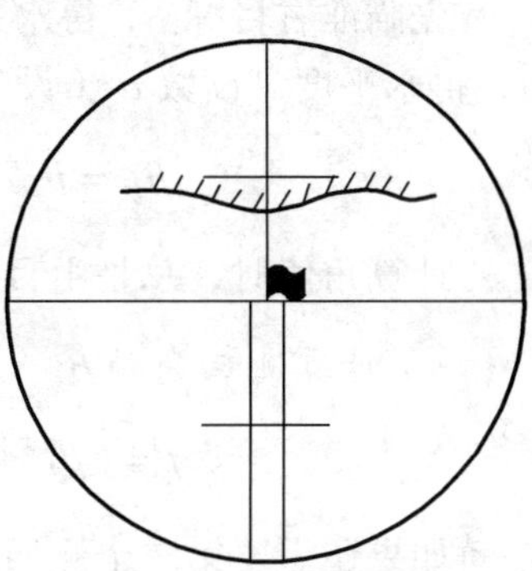

图 3.7　瞄准目标

4. 读　数

调节反光镜的角度，旋转读数显微镜调焦螺旋，使读数窗影像明亮而清晰，按上述经纬仪的读数方法，对水平度盘或竖直度盘进行读数。在对竖直度盘读数前，应旋转指标水准管微动螺旋，使竖盘指标水准管气泡居中。

第三节　水平角的测量方法与记录计算

水平角测量常用的方法有两种，即测回法和方向观测法（又称全圆测回法）。前者适用于 2 ~ 3 个方向，后者适用于 3 个以上方向。一个测回由上、下两个半测回组成。上半测回用盘左，即将竖盘置于望远镜的左侧，又称正镜；下半测回用盘右，即倒转望远镜，将竖盘置于望远镜的右侧，又称倒镜。之后将盘左、盘右所测角值取平均，目的是为了消除仪器的多种误差。

一、测回法

测回法是观测水平角的一种基本方法，通常用以观测两个方向间所夹的水平角，设 A、O、B 为地面三点，为测定 OA、OB 两个方向之间的水平角 β，在 O 点安置经纬仪（图 3.8），采用测回法进行观测。

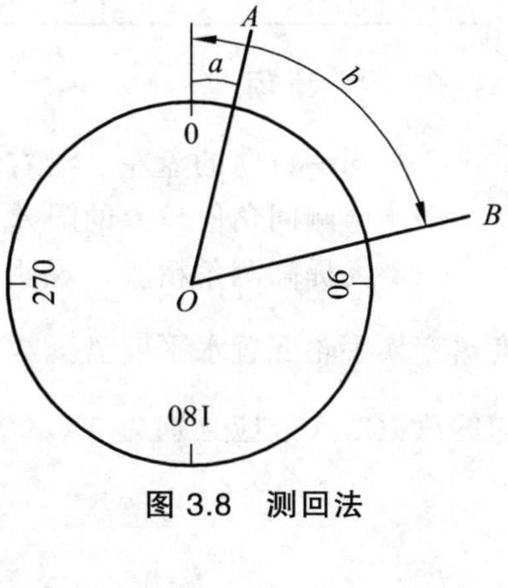

图 3.8　测回法

1. 观测步骤

1）上半测回（盘左）

先瞄准左目标 A，得水平度盘读数 a_1，设为 0°02′06″，旋松水平制动螺旋，顺时针转动照准部瞄准右目标 B，得水平度盘读数 b_1（设为 68°49′18″），将两读数记入手簿（见表 3.1），并算得盘左角值：

$$\beta_{左} = b_1 - a_1 = 68°49'18'' - 0°02'06'' = 68°47'12''$$

接着再旋松水平制动螺旋，倒转望远镜，由盘左变为盘右。

2）下半测回（盘右）

先瞄准右目标 B，得水平度盘读数 b_2（设为 248°49′30″），逆时针转动照准部瞄准左目标 A，得水平度盘读数 a_2（设为 180°02′24″），将两读数记入手簿，并算得盘右角值：

$$\beta_{右} = b_2 - a_2 = 248°49'30'' - 180°02'24'' = 68°47'06''$$

计算角值时，总是由目标读数 b 减去左目标读数 a，若 $b<a$，应加 360°。

3）计算测回角值 β

$$\beta = (\beta_{左} + \beta_{右})/2 = (68°47'12'' + 68°47'06'')/2 = 68°47'09''$$

如果还需要第二个测回，则观测顺序同上，记录和计算见表 3.1。

表 3.1 水平角观测手簿（测回法）

日期 仪器 观测

天气 地点 记录

测站	目标	竖盘位置	水平度盘读数 /(° ′ ″)	半测回角值 /(° ′ ″)	一测回角值 /(° ′ ″)	各测回均值 /(° ′ ″)
O（Ⅰ）	A	左	0 02 06	68 47 12	68 47 09	68 47 06
	B		68 49 18			
	B	右	248 49 30	68 47 06		
	A		180 02 24			
O（Ⅱ）	A	左	90 01 36	68 47 06	68 47 03	
	B		158 48 42			
	B	右	338 48 48	68 47 00		
	A		270 01 48			

2. 注意事项

（1）同一方向的盘左、盘右读数大数应相差 180°。

（2）半测回角值较差的限差一般为 ±30″。

（3）为提高测角精度，观测 n 个测回时，在每个测回开始即盘左的第一个方向，应旋转度盘变换手轮配置水平度盘读数，使其递增 $\frac{180°}{n}$。如 $n=2$，各测回递增 90°，即盘左起始方向的读数之大数应分别为 0°，90°。各测回平均角值较差的限差一般为 ±24″。

二、方向观测法（又称全圆测回法）

设在测站 O 点安置仪器，以 A、B、C、D 为目标，测定 O 点至每个目标的方向值及相邻方向之间的水平角，可采用方向观测法进行观测（图 3.9）。

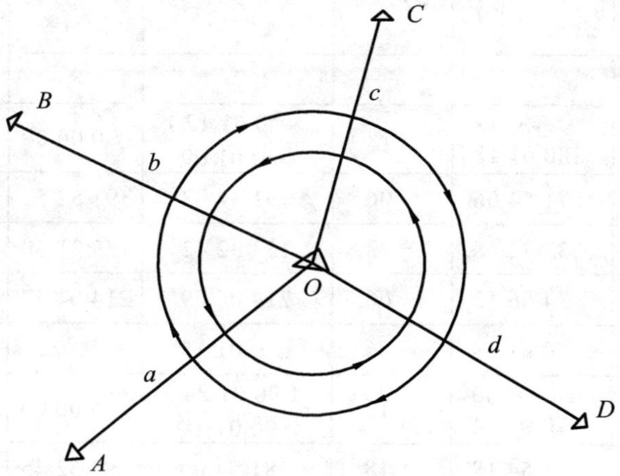

图 3.9 全圆测回法

1. 操作步骤

（1）上半测回（盘左）。

选定零方向（例如为 A），将水平度盘配置在稍大于 0°00′的读数处，按顺时针方向依次 观测 A、B、C、D、A 各方向，分别读取水平度盘读数，并由上而下依次记入表 3.2 第 4 栏。观测最后再回到零方向 A（称为归零）。由于方向数较多，产生碰动仪器等粗差的可能性也较大，通过“归零”可以检查观测过程中水平度盘的位置有无变动。接着倒转望远镜，由盘左变为盘右。

（2）下半测回（盘右）。

按逆时针方向依次观测 A、B、C、D、A 各方向（即仍要归零），读取水平度盘读数，并由下而上依次记入表 3.2 第 5 栏。

如果需要观测 n 个测回，同样应在每个测回开始即盘左的第一个方向，配置水平度盘读数使其递增 $\frac{180°}{n}$，其后仍按相同的顺序进行观测、记录（表 3.2）。

（3）分别对上、下半测回中零方向的两个读数进行比较，其差值称为半测回归零差，该值的限差列于表 3.3。若两个半测回的归零差均符合限差要求，便可进行以下计算工作。

2. 计算步骤

1）计算两倍视准轴误差（$2c$）

$$2c = 盘左读数 - (盘右读数 \pm 180°) \tag{3.2}$$

每个方向的 $2c$ 值填入表 3.2 第 6 栏。如果所算 $2c$ 值仅为仪器的视准轴误差，则不同方向的 $2c$ 值应相等。如果第 6 栏所示的 $2c$ 互差较大，说明含有较多的观测误差，因此不同方向 $2c$ 的互差大小，可用于检查观测的质量。如其互差超限（限差见表 3.3），则应检查原因，予以重测。

表 3.2　水平角观测手簿（方向观测法）

日期　　　　　　仪器　　　　　　观测

天气　　　　　　地点　　　　　　记录

测回数	测站	照准点	盘左读数 /（° ′ ″）	盘右读数 /（° ′ ″）	$2c$ /（″）	$\frac{L+R\pm180°}{2}$（° ′ ″）	一测回归零方向值 /（° ′ ″）	各测回归零方向平均值 /（° ′ ″）	角值 /（° ′ ″）
1	2	3	4	5	6	7	8	9	10
1	*O*	*A*	06 0 01 00	18 180 01 18	−18	（0 01 12） 0 01 09	0 00 00	0 00 00	
		B	91 54 00	271 54 06	−06	91 54 03	91 52 51	91 52 48	91 52 48
		C	153 32 36	333 32 48	−12	153 32 42	153 31 30	153 31 33	61 38 45
		D	214 06 06	34 06 12	−06	214 06 09	214 04 57	214 05 00	60 33 27
		A	0 01 12	180 01 18	−06	0 01 15			
2	*O*	*A*	18 90 01 12	30 270 01 24	−12	（90 01 24） 90 01 18	0 00 00		
		B	181 54 00	1 54 18	−18	181 54 09	91 52 45		
		C	243 32 54	63 33 06	−12	243 33 00	153 31 36		
		D	304 06 18	124 06 36	−18	304 06 27	214 05 03		
		A	90 01 24	270 01 36	−12	90 01 30			

表 3.3　水平角方向观测法限差

仪器级别	半测回归零差	一测回内 $2c$ 互差	同一方向值各测回互差
DJ_2	8″	13″	10″
DJ_6	18″	（无此项要求）	24″

2）计算各方向的平均读数

$$平均读数=\{盘左读数+（盘右读数\pm180°）\}/2 \qquad (3.3)$$

计算结果记入第 7 栏。因一测回中零方向有两个平均读数，应将该两数字再取平均，作为零方向的平均方向值，填入该栏上方的括号内，如表 3.2 中第 1 测回（0°01′12″）和第 2 测回的（90°01′24″）。

3）计算归零后的方向值

将各方向的平均读数减去括号内的零方向平均值，即得各方向的归零方向值（以零方向 0°00′00″为起始的方向值），填入第 8 栏。

4）计算各测回归零后方向值之平均值

同一方向在每个测回中均有归零后的方向值，如其互差小于限差（表 3.3），则取其平均值作为该方向的最后方向值填入表 3.2 第 9 栏。

5）计算相邻目标间的水平角

将表 3.2 中第 9 栏相邻两方向值相减，即得各相邻目标间的水平角值，填入表 3.2 第 10 栏。

第四节　竖直角的测量方法与记录计算

前已述及，竖直角（简称竖角）是同一竖直面内目标方向和水平方向之间的角值α，其绝对值为 0°~90°。目标方向可通过竖直度盘（简称竖盘）读取数字，而水平方向的读数已刻在竖盘上。竖盘固定在横轴一端，随望远镜一道转动，竖盘指标线受竖盘指标水准管控制。过竖盘指标线水准管圆弧表面零点的纵向切线称为竖盘指标水准管轴，指标水准管轴应垂直于竖盘指标线。在此前提下，当指标水准管气泡居中时，水平方向读数盘左为 90°，盘右为 270°（图 3.10）。

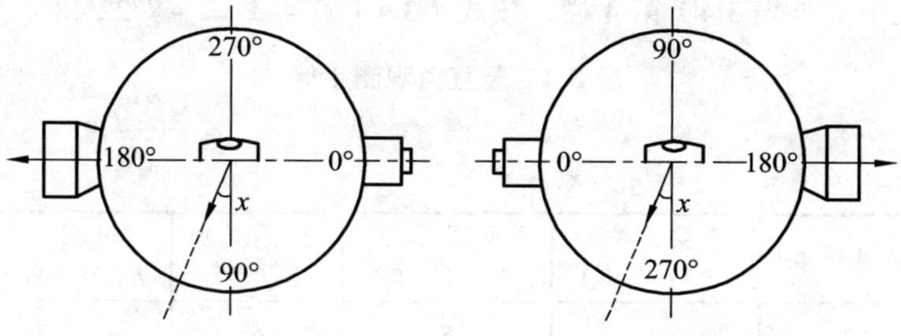

（a）盘左　　（b）盘右

图 3.10　竖盘示意图

一、竖直角的计算与观测

1. 竖直角的计算

由于竖直角测量只需对目标方向进行观测、读数，而水平方向读数为竖盘所固有，因此就需要通过公式将目标的竖直角计算出来。

设目标方向在水平方向之上，盘左、盘右的竖盘读数分别为 L（小于 90°）和 R（大于 270°）（图 3.11），而水平方向读数分别为 90°和 270°（图 3.10），由于此时竖角为仰角（即 $\alpha>0$），可知其计算公式为：

盘左：$$\alpha_L = 90° - L \tag{3.4}$$

盘右：$$\alpha_R = R - 270° \tag{3.5}$$

其平均值为：$$\alpha = \frac{\alpha_R + \alpha_L}{2} \tag{3.6}$$

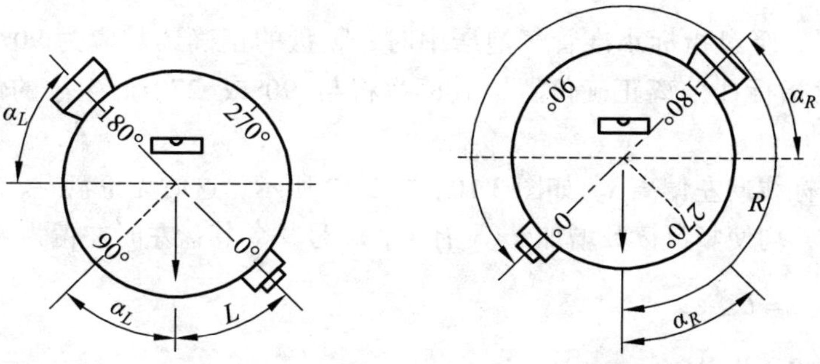

（a）　　（b）

图 3.11　竖直角测量

如目标方向在水平方向之下，盘左、盘右的竖盘读数必然为 $L>90°$和 $R<270°$，代入式（3.4）~式（3.6）即为竖角的计算公式。

2. 竖直角的观测

设 A 点安置经纬仪，测定 B 目标的竖角，其步骤如下：

（1）盘左瞄准目标 B，以十字丝横丝与目标预定观测的标志（或高度）相切（参见图 3.7）。

（2）旋转竖盘指标水准管螺旋，使指标水准管气泡居中，读取盘左的竖盘读数 L（设为 82°37′12″），记入手簿（表 3.4）第 4 栏，按式（3.4）算得$\alpha_L=+7°22'48''$，填入第 5 栏。

表 3.4 竖直角观测手簿

日期　　仪器　　观测

天气　　地点　　记录

测站	目标	竖盘位置	竖盘读数 /（°　′　″）	半测回竖角 /（°　′　″）	指标差 x /（″）	一测回竖角 /（°　′　″）	备注
1	2	3	4	5	6	7	8
A	B	左	82　37　12	+7　22　48	+3	+7　22　51	
		右	277　22　54	+7　22　54			
A	C	左	99　41　12	−9　41　12	−24	−9　41　36	
		右	260　18　00	−9　42　00			

（3）松开望远镜制动螺旋，倒转望远镜，以盘右再次瞄准目标 B，使指标水准管气泡居中，读取盘右的竖盘读数 R（设为 277°22′54″），记入表 3.4 手簿第 4 栏，按式（3.5）算得$\alpha_R=+7°22'54''$，填入第 5 栏。

（4）按式（3.6）盘左、盘右取平均，得 B 目标一测回的竖直角 +7°22 ′51″（为仰角），填入表 3.4 第 7 栏。

同法可得表 3.4 中所列目标 C 的观测结果（为仰角）。

二、竖盘指标差及其计算

当望远镜水平，竖盘指标水准管气泡居中时，竖盘的正确读数应为 90°（盘左），或 270°（盘右）。如果竖盘指标线偏离正确位置，其读数将与 90°或 270°产生小的偏角 x，此偏角 x 称为竖盘指标差。

设盘左竖盘指标线向左偏离 x，如图 3.10、图 3.12 所示，这时无论盘左、盘右，也无论望远镜是仰角还是俯角，均使竖盘读数增加 x（x 有 +，－号，令其盘左时左偏为 +，右偏为 －），即

盘左　$$L=L_{正}+x \tag{3.7}$$

盘右　$$R=R_{正}+x \tag{3.8}$$

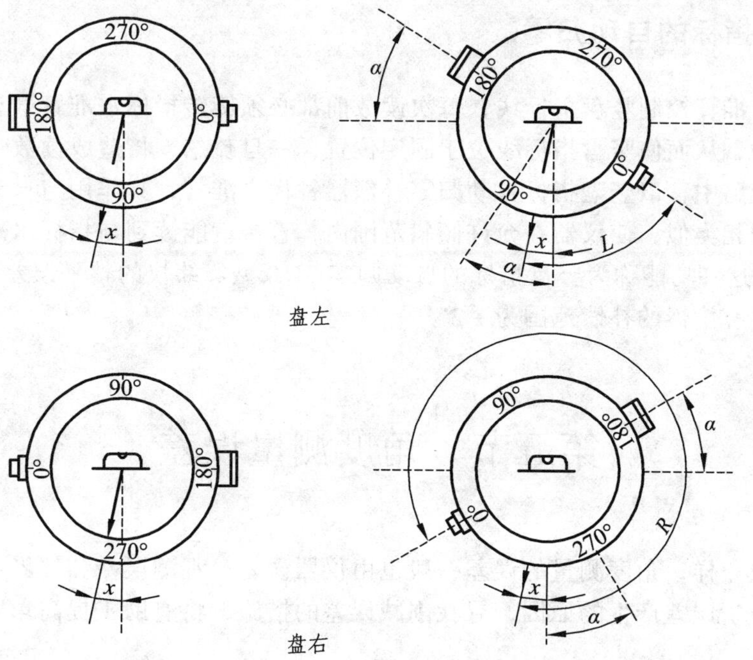

图 3.12　竖盘指标差

将式（3.7）和式（3.8）分别代入式（3.4）和式（3.5），得：

盘左　　$$\alpha_L = 90° - (L_{正} + x) = \alpha_{正} - x \tag{3.9}$$

盘右　　$$\alpha_R = (R_{正} + x) - 270° = \alpha_{正} + x \tag{3.10}$$

将式（3.9）和式（3.10）相加除以 2，可得：

$$\alpha_{正} = \alpha = \frac{\alpha_R + \alpha_L}{2} \tag{3.11}$$

式（3.9）~式（3.11）说明，指标差 x 对盘左、盘右竖角的影响大小相同、符号相反，采用盘右取平均的方法就可以消除指标差对竖角的影响。

将式（3.9）和式（3.10）相减除以 2，可得：

$$x = \frac{\alpha_R - \alpha_L}{2} \tag{3.12}$$

由图 3.10 ~ 图 3.12 可见，在竖盘指标线位置正确时，无论望远镜水平还是仰、俯，均有 $L_{正} + R_{正} = 360°$，因此将式（3.7）和式（3.8）取和又可得：

$$x = [(L + R) - 360°]/2 \tag{3.13}$$

可见竖盘指标差 x 有两种算法：一种是依据盘右和盘左的竖角计算[式（3.12）]，另一种则是直接依据盘左和盘右的竖盘读数计算[式（3.13）]，二者的计算结果相同。例如表 3.4 算例中，经计算目标 B 和 C 的竖盘指标差 x 分别为 +3″和 −24″，其结果填入表 3.4 第 6 栏。对同一架经纬仪而言，观测不同目标算得的竖盘指标差应大致相同。该例两个指标差之所以相差较大，说明读数中含有较多的观测误差。

三、竖盘指标的自动归零

采用指标水准管控制竖盘指标线，每次读数前都必须旋转指标水准管微动螺旋，使指标水准管气泡居中，从而使竖盘指标线位于固定位置，一旦疏忽，将造成读数错误。因此新型经纬仪在竖盘光路中，以竖盘指标自动归零补偿器替代水准管，其作用与自动安平水准仪的自动安平补偿器相类似，使仪器在允许倾斜范围内，直接就能读到与指标水准管气泡居中一样的正确读数。这一功能称为竖盘指标的自动归零。DJ_6 型经纬仪的整平误差约为 ± 1″，而竖盘指标自动归零补偿器的补偿范围为 ± 2′。

第五节 角度测量误差

和水准测量一样，角度测量的误差一般也由仪器误差、观测误差和外界条件影响的误差三方面构成。分析误差产生的原因，寻找削减误差的措施，将有助于提高角度测量的精度。

一、水平角测量误差

1. 仪器误差

虽经仪器校正，仪器总还会带有某些剩余误差，如视准轴误差、横轴误差、竖盘指标差等，应通过盘左盘右测角取平均消除其影响。此外，还可能因度盘的旋转中心与照准部的旋转中心不重合而产生度盘偏心差，因受工艺水平的限制而带有度盘刻划误差等，前者应采用盘左盘右读数取平均，后者则以测回间变换度盘位置等措施对它们的影响加以限制。

2. 观测误差

1）整平误差

仪器整平不严格，将导致仪器竖轴倾斜。该误差不能采用某种观测方法加以消除，且影响随目标竖角的增加而增大，所以，观测目标的竖角越大越应注意仪器的整平。

2）对中误差

安装仪器不准确，致使仪器中心与测站点偏离 e，所产生的误差为对中误差。如图 3.13 所示，O 为测站点，O'为仪器中心，β为应有角值，β'为实测角值，D_1，D_2 分别为测站点至两照准目标的距离，显然由于对中误差的存在，产生角度误差 $\Delta\beta=\beta'-\beta$，由图可见，角度误差的近似值可以式（3.14）计算：

$$\Delta\beta = \delta_1 + \delta_2 = e\left(\frac{1}{D_1}+\frac{1}{D_2}\right)\rho'' \tag{3.14}$$

设 $D_1 = D_2 = D$，则有：

$$\Delta\beta=\frac{2e}{D}\rho'' \tag{3.15}$$

由式（3.15）可知，此项影响与仪器的偏心距 e 的大小成正比，而与测站至目标的距离成反比。当 $e=3$ mm，$D_1=D_2=100$ m 及 50 m 时，$\Delta\beta$ 分别为 12.4″和 24.8″。显然，在短边测角时，尤其应注意仪器对中。

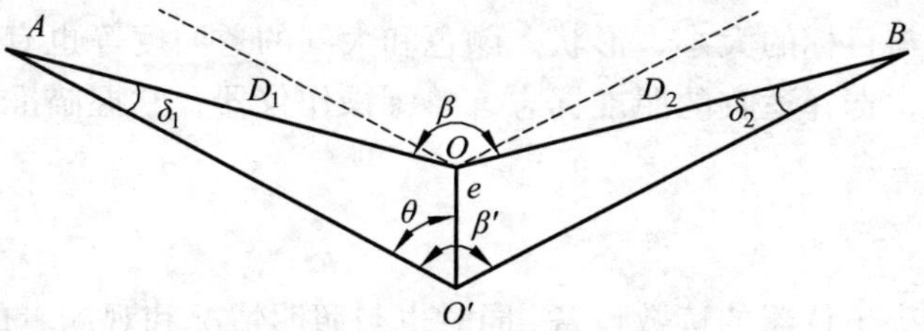

图 3.13　对中误差

3）目标偏心误差

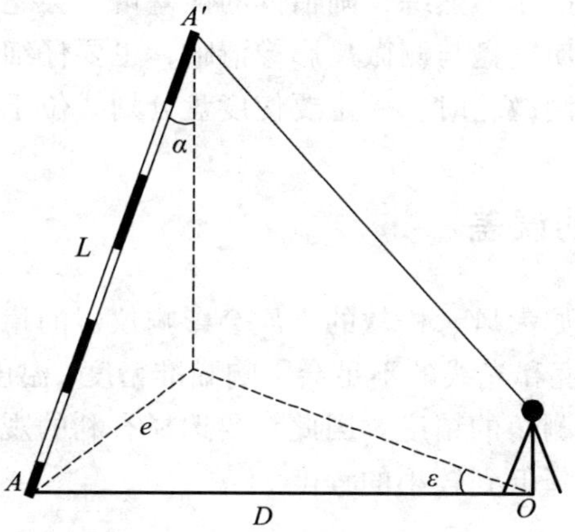

图 3.14　目标偏心误差

水平角观测时，常用测钎、测杆或觇牌等立于目标点上作为观测标志，当观测标志倾斜或没有立在目标点的中心时，将产生目标偏心误差。如图 3.15 所示，O 为测站，A 为地面目标点，AA'为测杆，测杆长度为 L，倾斜角度为α，则目标偏心距 e 为：

$$e=L\sin\alpha \tag{3.16}$$

目标偏心对观测方向影响为：

$$\delta=\frac{e}{D}\rho=\frac{L\sin\alpha}{D}\rho \tag{3.17}$$

目标偏心误差对水平角观测的影响与偏心距 e 成正比，与距离成反比。为了减小目标偏心差，瞄准测杆时，测杆应立直，并尽可能瞄准测杆的底部。当目标较近，又不能瞄准目标的底部时，可采用悬吊垂线或选用专用觇牌作为目标。

4）瞄准误差

瞄准误差主要与人眼的分辨能力和望远镜的放大倍率有关，人眼分辨两点的最小视角一般为 60″。设经纬仪望远镜的放大倍率为 V，则用该仪器观测时，其瞄准误差为：

$$m_V = \pm\frac{60''}{V} \tag{3.18}$$

一般 DJ_6 型光学经纬仪望远镜的放大倍率 V 为 25～30 倍，因此瞄准误差 m_V 一般为 2.0″～2.4″。

另外，瞄准误差与目标的大小、形状、颜色和大气的透明度等也有关。因此，在观测中我们应尽量消除视差，选择适宜的照准标志，熟练操作仪器，掌握瞄准方法，并仔细瞄准以减小误差。

5）读数误差

读数误差主要取决于仪器的读数设备，同时也与照明情况和观测者的经验有关。对于 DJ_6 型光学经纬仪，用分微尺测微器读数，一般估读误差不超过分微尺最小分划的十分之一，即不超过 ±6″，对于 DJ_2 型光学经纬仪一般不超过 ±1″。如果反光镜进光情况不佳，读数显微镜调焦不好，以及观测者的操作不熟练，则估读的误差可能会超过上述数值。因此，读数时必须仔细调节读数显微镜，使度盘与测微尺影像清晰，也要仔细调整反光镜，使影像亮度适中，然后再仔细读数。使用测微轮时，一定要使度盘分划线位于双指标线正中央。

二、外界条件影响的误差

外界条件的影响很多，如大风、松软的土质会影响仪器的稳定，地面的辐射热会引起物象的跳动，观测时大气透明度和光线的不足会影响瞄准精度，温度变化影响仪器的正常状态，等等，这些因素都直接影响测角的精度。因此，要选择有利的观测时间和避开不利的观测条件，使这些外界条件的影响降低到较小的程度。

三、竖直角测量误差

竖直角测量误差的构成和产生原因与水平角测量的误差基本相同。仪器误差中主要是竖盘指标差，可采用盘左盘右取平均的方法加以消除。观测误差中的照准误差与读数误差和水平角测量的观测误差相类似。读数前，除应认真进行指标水准管的整平而外，还应注意打伞保护仪器，减少指标水准管的整平误差。外界条件的影响和水平角测量误差有所不同的是大气折光对竖直角测量主要产生垂直折光的影响，故在竖角观测时，应使视线离开地面 1 m 以上，避免从水域上方通过，并尽可能采用对向观测取平均的方法，以削弱其误差的影响。

第四章　距离测量

距离是确定地面点位的基本要素之一，所以距离测量也是一种基本的测量工作。

测量工作中所谓的距离是指：地面上两点之间的连线，沿铅垂方向投影在水平面上的长度，又称水平距离。图 4.1 中 $A'B'$就代表了地面点 AB 之间的水平距离。

测量距离时，一种方法是直接测得水平距离；另一种方法是测量倾斜距离及倾斜角计算得到平距，即 $HD = SD \times \cos\alpha$。

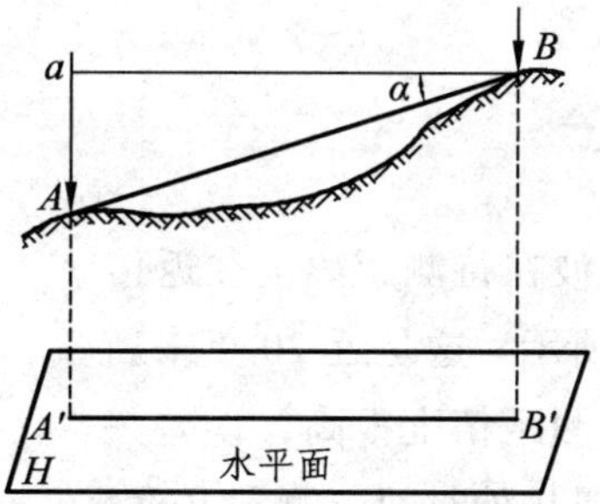

图 4.1　水平距离图示

第一节　测量距离的仪器工具和方法

水平距离的测量方法很多，根据不同的要求和设备，可采用不同的仪器工具和方法。目前，常用的有下面几种方法。

一、钢尺量距

钢尺量距是利用钢卷尺直接丈量距离。钢卷尺量距精度可达 1/2 000 ~ 1/25 000。在光电测距仪未出现之前，钢尺量距是使用最广泛的一种量距方法，目前仍被广泛地使用着。

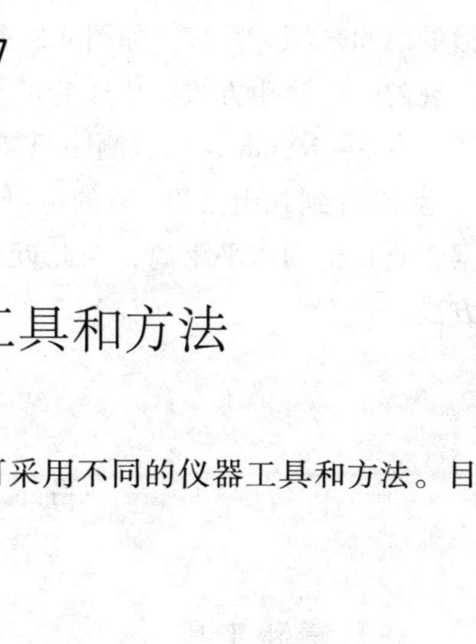

图 4.2　跨河测量

利用钢尺量距，若遇到跨越大的河流或较宽的深沟时，就受到了限制，这时，可以采用如图 4.2 所示方法，将待测边 AB 当做三角形的一条边，用钢尺丈量出 AC 的长度，用经纬仪测出三角形的三个内角，利用三角学中的正弦定理，即推算得到 AB 长度。直接丈量的边 AC 称为基线，它的精度应当高于待测边 AB 所要求的精度。例如，要求 AB 的距离精度为 1/2 000 时，则基线 AC 的精确度应达到 1/3 000。

二、视距测量

在经纬仪望远镜的十字丝分划板上，与横丝上下对称的有两根短横丝，这两根短丝称为视距丝，如图 4.3 所示。在所测距离的两端，分别架设经纬仪和竖立有厘米分划的视距尺，读出视距丝在尺上所截尺间隔数值以及竖直角，即可计算出水平距离，这种方法称为视距测量。

视距测量的方法不受地形条件的限制，效率高，但其精度较低，一般在 1/200 ~ 1/300。视距测量适用于精度要求不高，但要求速度较快的工作，故在地形测量中得到广泛应用。

三、光电测距仪测距

光电测距仪测距，是利用光波在待测距离上往返传播的时间来测定距离，如图 4.3 所示。这是近 20 年来新出现的一种测距方式，由于它的测距精度很高，误差一般只有 5 ~ 10 mm，而且测距只需几秒时间，测程又远，可达 1 km 到几十公里；有的可以自动记录、自动处理数据，直接得到水平距离，因此近几年已成为测距的主要方法。

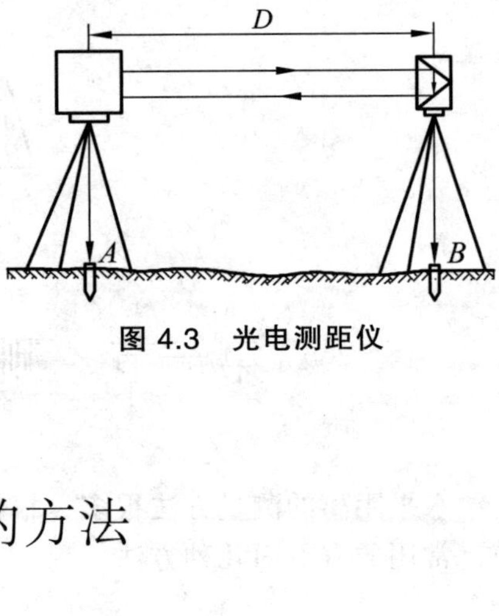

图 4.3 光电测距仪

第二节 钢尺量距的方法

一、量距工具

钢尺是由低碳钢的薄钢带制成，宽 1 ~ 1.5 cm，长度有 20 m、30 m、50 m 等几种，平时卷在盒内或带手柄的金属尺架上，故又称钢卷尺。钢尺分划有几种：有的以厘米为基本分划，在分米和整米处都有数字标注，适用于一般的量距；有的虽以厘米为基本分划，但在始端第一分米内则刻有毫分划；有的在全尺长上均以毫米作为基本分划。按钢尺起点位置的不同，又分为端点尺和刻线尺两种。端点尺是以尺子始端上金属环的外缘为零点[图 4.4（a）]；而刻线尺则是在尺子始端内一段距离上刻一标记作为零点[图 4.4（b）]。

钢尺量距的其他工具有测钎、垂球、标杆等。

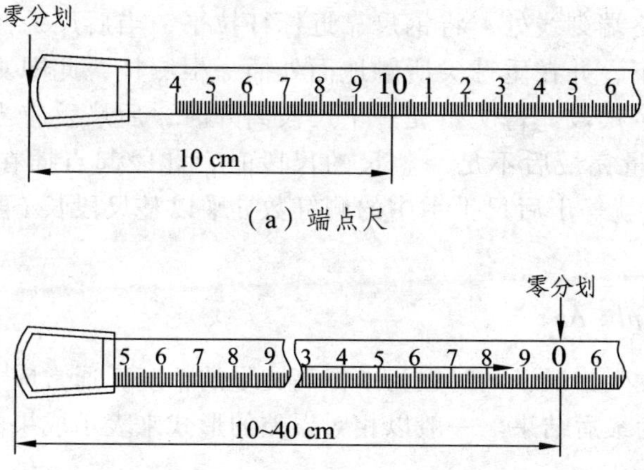

（a）端点尺

（b）刻线尺

图 4.4　端点尺与刻线尺

二、直线定线

当所量的距离大于钢尺一整尺长度时，为了不使距离丈量偏离直线方向，应当在直线方向上作一些标记，这种工作称为直线定线。一般情况下，可用目估定线；当精度要求较高时，应采用经纬仪定线。

目估定线时，应当先在两端点 *A*、*B* 的标桩后面，紧靠标桩插上标杆。一人站在 *A* 点标杆后面 1 ~ 2 m 处，用眼睛瞄准 *AB* 标杆的连线方向，指挥中间拿标杆的人左右移动，将标杆竖直插在 *AB* 连线的地面。当距离较远，中间需要插几根标杆时，应当由远及近逐一设立（图 4.5）。

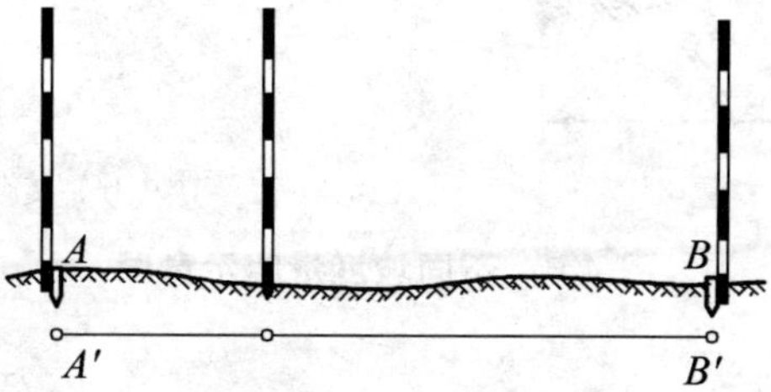

图 4.5　目估定线

经纬仪定线则是在 *A* 点安置仪器，照准 *B* 点，固定照准部，指挥标杆或测钎插立在视线方向上。

三、一般丈量的方法

一般丈量是指精度要求只到厘米的丈量。当地面平坦时，可将钢尺拉平，直接量测水平距离，开始丈量时，后尺手持尺的零端，拿一根测钎、一个垂球；前尺手持尺的另一端，拿一根标杆、一个垂球、10 根测钎。先将整个钢卷尺拉出来，后尺手站在起点后面指挥前尺手将标杆立在方向上，后尺手将垂球线对准钢尺的零刻划线，垂球尖对准标桩上的小钉；前尺手将垂球线放在钢尺终端刻线处，将钢尺靠近标杆拉平，当后尺手喊“好”时，前尺手将稳定中的垂球自由落下，并在垂球尖所触地面处插一根测杆，此即丈量完一个尺段。然后前进丈量第二、第三个尺段。每丈量完一个尺段离开时，后尺手应当将该段起点插在地面上的测钎拔起，当丈量完最后不足一整尺的尺段时，此段起点插在地面上的测钎暂不拔起，则 AB 之间的距离就等于后尺手手中的测钎数 n 乘以整尺段长 l 再加上不足一整尺段的尾数 Δl，即：

$$D = nl + \Delta l \tag{4.1}$$

为了防止丈量中发生错误，同时也为了提高丈量的精度，通常应丈量两次，其较差符合限差时取其平均值作为最后结果。一般以相对误差的形式来表示成果的精度，即：

$$K = \frac{|D_{往} - D_{返}|}{D_{平均}} = \frac{1}{T} \tag{4.2}$$

对一般的精度要求为 1/2 000 ~ 1/3 000。

当地面稍有倾斜时，可把尺一端稍许抬高，就能按整尺段依次水平丈量，如图 4.6（a）所示，分段量取水平距离，最后计算总长。若地面倾斜较大，则使尺子一端靠高地点桩顶，对准端点位置，尺子另一端用垂球线紧靠尺子的某分划，将尺拉紧且水平。放开垂球线，使它自由下坠，垂球尖端位置，即为低点桩顶。然后量出两点的水平距离，如图 4.6（b）所示。

在倾斜地面上丈量，仍需往返进行，在符合精度要求时，取其平均值做为丈量结果。

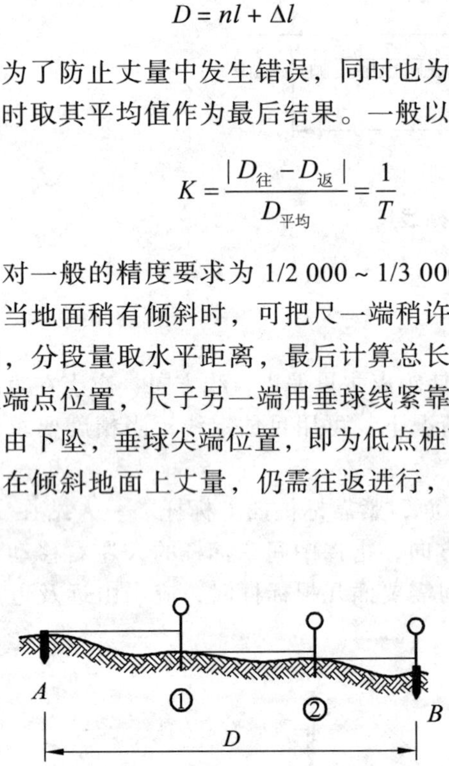

（a）缓坡丈量

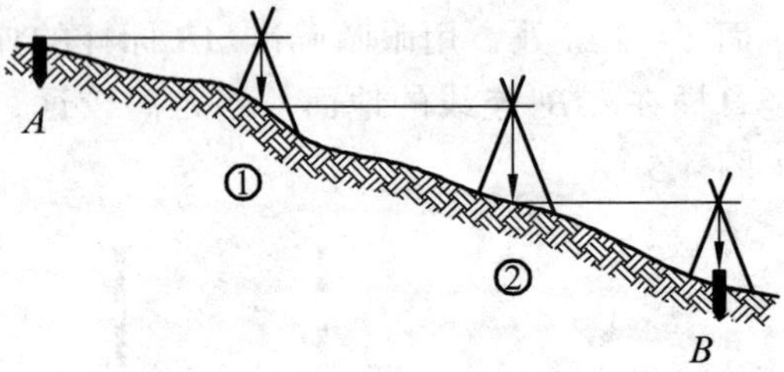

（b）陡坡丈量

图 4.6　不同坡度量距示意图

1. 尺长方程式

钢尺的实际长度与钢尺上标注的名义长度往往不能一致。这主要是由于制造时尺长本身的误差；使用时发生的变化，例如拉力的变化以及外界环境的影响，如温度的变化等，从而导致尺的长度经常发生变化，因此，钢尺的实际长度要用尺长方程式来表示。

钢尺在使用前必须经过计量机关或测绘单位的检定，给出它的尺长方程式，以便计算出它在不同条件下的实际长度。尺长方程式的一般形式为：

$$l_t = l_0 + \Delta l + \alpha(t - t_0) \times l_0 \tag{4.3}$$

式中　l_t——钢尺在温度 t °C 时的实际长度；

l_0——钢尺上标注的长度，即名义长度；

Δl——在标准温度 t_0 °C 时的尺长改正数；

t——丈量时的温度；

t_0——钢尺的标准温度，一般为 20 °C；

α——钢尺的线膨胀系数，一般可采用 1.25×10^{-5} / °C。

由于在丈量距离时钢尺的拉力可以控制，故尺长方程式中没有拉力这一项。但给出尺长方程式时，应说明检定时所施加的标准拉力。在距离丈量中，可能采用平量或悬量，因而钢尺检定中也应给出两种情况下的尺长方程式，以便成果计算时使用。钢尺在使用一段时间之后，尺长改正数会发生变化，故每隔一定时期应重新检定，给出新的尺长方程式。

2. 丈量前的准备工作

丈量前先沿丈量方向清理场地，清除杂草，平整起伏较大的地面。然后将经纬仪安置在直线的一个端点上，照准另一端点进行定线，沿丈量方向先用钢尺概量，打下一系列木桩，其间距应略短于一整尺段 3 ~ 5 cm。在平坦地面采用铺平丈量时，桩顶高出地面 2 ~ 3 cm 即可；在高低不平的地面采用悬空丈量时，桩顶应高出地面 50 cm 以上，使丈量时钢尺不致接触地面。用经纬仪在桩顶上标出直线方向并用铅笔画出方向线。在桩顶中间垂直于方向线画一细线，以交点作为丈量各尺段距离的标志。

用水准仪测出相邻两桩顶之间的高差，以便进行倾斜改正。每一测站可测 3 ~ 4 个尺段。视线长不超过 100 m。尺段高差应测两次，其较差应小于 5 mm 或 10 mm。

3. 精密丈量的方法

用钢尺作精密丈量时，一般需五人，两人拉尺，两人读尺，一人记录并兼测温度。丈量时要在尺的始端用弹簧秤施加标准拉力（30 m 尺为 98 N，50 m 尺为 147 N）。丈量所用钢尺如果是全毫米刻划，则在钢尺始端用拉力计拉到标准拉力，在钢尺的始端和终端同时读数，读数均估读到 0.5 mm。终端读数减始端读数得出该尺段的长度（斜距）。如果使用的是只有在始端有毫米分划的钢尺，则丈量时应使钢尺终端附近一根厘米分划线对准桩顶十字标志，然后在标准拉力下读出钢尺始端的读数。同样是终端始端的读数差得出尺段的长度。每一尺段应丈量三次，每次应在丈量方向移动钢尺若干厘米，如果三次丈量所得尺段长度之差在 2 mm 以内，取其平均值作为该尺段的最后结果，否则应作补测。丈量每一尺段应测温度一次，温度估读至 0.5 °C

一般全长用一根钢尺进行往返丈量，也可用两根钢尺作同向丈量。精密丈量的记录格式见表 4.1。

4. 精密丈量的成果处理

精密丈量的结果，必须根据所用钢尺的尺长方程式，改正到在标准温度、标准拉力下的实际长度，并把斜距归算成水平距离。所以量得的长度应加上尺长改正、温度改正和倾斜改正。由于丈量时一般采用标准拉力，所以拉力的影响可不予考虑。改正按尺段分别计算，见表 4.1。

表 4.1

钢尺编号	12	标准温度：20 °C	记录
名义长度	50 m	膨胀系数：1.25×10^{-5}	计算
尺长改正数	+4.5 mm	标准拉力：147 N	日期

尺段编号	丈量次数	前尺读数/m	后尺读数/m	尺段长度/m	温度/°C	高差/m	尺长改正/mm	温度改正/mm	倾斜改正/mm	改正后长度/m
A-1	1	49.985 0	0.054 0	49.931 0	26.5	0.248	+4.5	+4.1	−0.6	49.939 8
	2	49.967 5	0.035 0	49.932 5						
	3	49.979 5	0.047 5	49.932 0						
	平均			49.931 0						
7-B	1	35.414 0	0.023 5	35.390 5	27.5	0.312	+3.2	+3.3	−1.4	35.396 4
	2	35.421 5	0.029 5	35.392 0						
	3	35.441 0	0.049 5	35.391 5						
	平均			35.391 3						
总长										385.134 6

1）尺长改正

根据尺长方程式可得钢尺在标准温度下的尺长改正数为 Δl；钢尺的名义长度为 l_0；若尺段长度为 l，则尺段的尺长改正数可按下式计算：

$$\Delta l_d=\frac{\Delta l}{l_0}\times l \tag{4.4}$$

例如表 4.1 中尺段 7-B 的尺长改正数为：

$$\Delta l_d=\frac{+4.5}{50}\times 35.391\,3=+3.2\text{ mm}$$

2）温度改正

钢尺受外界温度的影响，长度会发生变化。当测量时的温度为 t，标准温度为 t_0 时（一般为 +20 °C），则尺段长 l 的温度改正数为：

$$\Delta l_t=\alpha(t-t_0)\times l \tag{4.5}$$

式中，α为钢尺的线胀系数，一般取 1.25×10^{-5}/ °C。

例如表 4.1 中尺段 7-B 的温度改正数为：

$$\Delta l_t=1.25\times10^{-5}\times(27.5-20)\times35.391\,3=3.3\text{ mm}$$

3）倾斜改正

由于丈量所得的是尺段的斜距 l，若尺段两端的高差为 h，则尺段的倾斜改正数可按下式计算（倾斜改正数恒为负值）：

$$\Delta l_h = -\frac{h^2}{2l} \tag{4.6}$$

例如表 4.1 中尺段 7-B 的倾斜改正数为：

$$\Delta l_h = -\frac{0.312^2}{2\times 35.391\,3} = -1.4\ \text{mm}$$

改正后尺段长即为该尺段的水平距离，即：

$$D = l + \Delta l_d + \Delta l_t + \Delta l_h \tag{4.7}$$

各尺段改正后长度之和即为全长的水平距离 D，丈量精度可用往返水平距离的较差按公式（4.2）计算。钢尺精密丈量的精度为 1/10 000 ~ 1/25 000。

第三节　钢尺的检定

钢尺的检定可采用下列两种方法：

一、与标准尺比长

所谓标准尺，就是经过专业机构检定过，已知其尺长方程式的钢尺。

将被检定的名义长度与标准尺相同的钢尺，与标准尺并排拉开放在地面上（亦可悬空比较），两尺始端均施加标准拉力，并将两根尺的终端刻划对齐，则可在始端的零分划处读出两尺长的差值。根据标准尺尺长方程式和两尺差值，即可计算出被检尺的尺长方程式。这里认为两根钢尺的线胀系数相同。

【例 4.1】　已知标准尺 I 号在拉力 98 N 的平量尺长方程式为：

$$l = 30\ \text{m} + 0.004\ \text{m} + 1.25\times 10^{-5}\times 30(t-20)\ \text{m}$$

被检定的钢尺名义长度也是 30 m，比较时的温度为 24 °C，两尺均施以标准拉力，当终端对齐后，其零分划线对准标准尺的 0.007 m 处，求被检定钢尺的尺长方程式。

【解】　标准尺上 7 mm 的长度受温度 24 °C 的影响，虽然会比名义长度稍长些，但其值可以忽略不计，故可得出在 24 °C 时待检钢尺的尺长 l_t 为：

$$l_t = l - 0.007 = 30 + 0.004 + 1.25\times 10^{-5}\times(24-20)\times 30 - 0.007 = 30 - 0.015$$

故以 24 °C 作为检定温度时，待检钢尺的尺长方程式为：

$$l_t = 30\ \text{m} - 0.015\ \text{m} + 1.25\times 10^{-5}\times(t-24)\times 30\ \text{m}$$

由于不考虑尺长改正数 Δl 受温度变化的影响，则待检钢尺在标准温度 20 °C 的尺长方程式为：

$$l = 30 + 0.004 + 1.25\times10^{-5}\times(t-20)\times30 - 0.007\ \text{m}$$

$$l = 30 - 0.003 + 1.25\times10^{-5}\times(t-20)\times30\ \text{m}$$

二、与已知基线比长

用待检的钢尺，在已知其精确距离的两点之间，按精密丈量的方法，量出作为基准线的两点之间的名义长度，则据此可以求得特检钢尺的尺长改正值 Δl。

设基线全长为 d，用名义长度为 l_0 的待检钢尺量得基线长度为 d' 尺长改正值为：

$$\Delta l = l_0\frac{d-d'}{d'} \tag{4.8}$$

上式是在丈量温度下的尺长改正值，一般应将其化为标准温度 20 °C 的改正值，这样就可以得出待检钢尺的尺长方程式。标准温度下的尺长改正值按下式计算：

$$\Delta l_{20} = \Delta l - \alpha(t-20)l_0 \tag{4.9}$$

【例 4.2】 已知基线长为 120.454 mn，用 30 m 的待检钢尺，在 28 °C 时以标准拉力用悬量方法测得基线长为 120.432 m，求待检钢尺的尺长方程式。

【解】 因为待检钢尺在 28 °C 时的尺长改正值为：

$$\Delta l = 30\times\frac{120.454-120.432}{120.432} = 0.005\,5\ \text{m}$$

所以待检钢尺在 20 °C 时的尺长改正值为：

$$l_{20} = 0.005\,5 - 1.25\times10^{-5}(28-20)\times30 = 0.002\,5\ \text{m}$$

故待检尺的尺长方程式为：

$$l = 30 + 0.002\,5 + 1.25\times10^{-5}\times(t-20)\times30\ \text{m}$$

第四节　钢尺量距的误差分析

钢尺量距看起来是一项极简单的工作，实际上钢尺丈量要比操作水准仪、经纬仪难度大，如果丈量者没有长期积累的熟练技巧和理论作指导，则丈量结果的精度难以达到规范要求。

用钢尺量距是许多测量中离不开的工作，为保证精度，应当弄清楚钢尺丈量中的误差来源，以便采取措施消除或减弱其影响。其误差来源主要有下列几种：

一、尺长误差

尺长误差是指钢尺的实际长度和名义长度不符而对测量结果的影响。用同一根钢尺往返丈量，这种误差不易被发现，但实际上是存在误差的。若钢尺的实际长度大于名义长度，则将距离量短；反之，则将距离量长。这种误差是积累的，距离越长误差越大，故应对钢尺进行检验。对于一般丈量，若尺长误差小于尺长的 1/10 000 时，则不进行尺长改正，否则应在丈量结果中加上尺长改正；对于精密丈量，均应考虑尺长改正。

二、钢尺不水平的误差

一般量距是将钢尺抬平直接丈量水平距离。若钢尺不水平，则将距离量长，这种误差具有积累性质。据计算，30 m 的钢尺，若尺的两端高差达 0.4 m，则使距离增长 2.67 mm，其相对误差为 1/11 000，在丈量时用目估使尺两端高差小于 0.4 m 是不难达到的，故这项误差实际很小。

三、定线误差

定线误差是指丈量时偏离直线方向，形成一条折线使距离量长，其性质与钢尺不水平一样。一般丈量中使用标杆目估定线，即可满足要求；精密量距中则应使用经纬仪定线，要求不偏离直线方向 5 cm。

四、拉力误差

在丈量中若施加的拉力与标准拉力不同，则会将距离量长或量短，这种误差不具有积累性质。据计算，当与标准拉力相差 62 N 时，对尺长的影响为 1/10 000，一般丈量中凭手感施加拉力即可满足要求；在精密距离丈量中，钢尺一端必须使用拉力计。钢尺悬量时在标准拉力下应有一定的垂曲度，而不是钢尺拉得愈平愈好，这一点在悬量中应注意。

五、温度变化的误差

钢尺的线胀系数 $\alpha = 1.25\times10^{-5}/°C$，当温度变化 8°C 时，可使尺长变化 1/10 000。一般丈量中，应当根据测量时的温度与标准温度之差来决定是否加入温度改正；在精密丈量中，最好用温度计测定钢尺本身的温度来加以改正。

六、对点与投点误差

在丈量中后尺手用垂球对准地面标志不准确，前尺手在垂球未稳定时投点、插测钎等，都会产生误差。这种误差可能错前或错后，是一种偶然误差，在丈量中是不可避免的，只能在丈量中仔细操作，尽量减少其影响。

七、风的影响

风吹使钢尺旁向弯曲，这种影响将距离量长，误差具有积累性质。在精密量距中，应选择无风天气进行。在量距工作中除注意上述误差影响和采取相应措施减少其影响外，尚应注意在丈量中避免发生错误，如丢失测钎而计错整尺段数；读错数，如将 6 看成 9；记录错误等。

第五节 直线定向

确定直线的方向简称直线定向。为了确定地面点的平面位置，不但要已知直线的长度，并且要已知直线的方向。直线的方向也是确定地面点位置的基本要素之一，所以直线方向的测量也是基本的测量工作。确定直线方向首先要有一个共同的基本方向，此外要有一定的方法来确定直线与基本方向之间的角度关系。

一、直线定向的基本方向

作为直线定向用的基本方向有下列三种。

1. 真子午线方向

过地球上某点及地球的北极和南极的半个大圆称为该点的真子午线（图 4.7），真子午线方向指出地面上某点的真北和真南方向。真子午线方向要用天文方法或用陀螺经纬仪来测定。由于地球上各点的真子午线都向两极收敛而汇集于两极，所以，虽然各点的真子午线方向都是指向真北和真南，然而在经度不同的点上，真子午线方向互不平行。两点真子午线方向间的夹角称为子午线收敛角。子午线收敛角可近似地计算如下，图 4.8 中将地球看成是一个圆球，其半径为 R，设 A B 为位于同一纬度 φ 上两点，相距为 S，AB 两点真子午线的切线就是 AB 两点的真子午线方句，它们与地轴的延线相交于 D，它们之间的夹角 γ 就是 AB 两点间的子午线收敛角：

$$\gamma = \frac{S}{BD} \times \rho \tag{4.10}$$

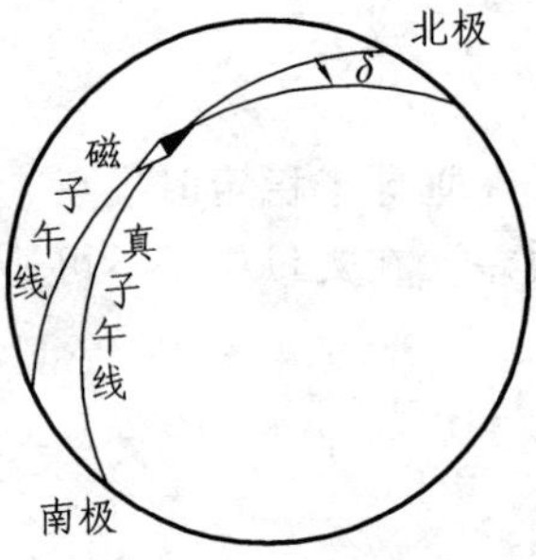

图 4.7 子午线

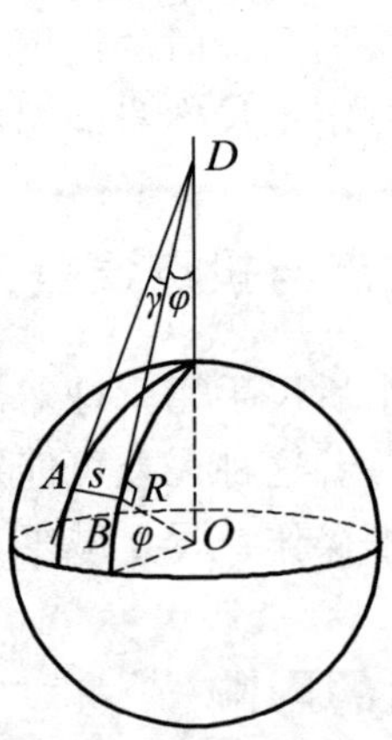

图 4.8 子午线收敛角

从直角三角形 BOD 可得：

$$BD=\frac{R}{\tan\varphi} \tag{4.11}$$

$$\gamma=\rho\times\frac{S}{R}\tan\varphi \tag{4.12}$$

式中，$R=6\ 371$ km，$\rho=206\ 265''$。

从式（4.10）中可以看出：子午线收敛角随纬度的增大而增大，并与两点间的跟离成正比。当 AB 两点不在同一纬度时，可取两点的平均纬度代入 φ，并取两点的横坐标之差代入 S。

2. 磁子午线方向

过地球上某点及地球南北磁极的半个大圆称为该点的磁子午线。所以自由旋转的磁针静止下来所指的方向，就是磁子午线方向。磁子午线方向可用罗盘仪来确定。

由于地磁的两极与地球的两极并不一致，北磁极约位于西经 100.0°北纬 76.1°，南磁极约位于东经 139.4°南纬 65.8°。所以同一地点的磁子午线方向与真子午线方向不能一致，其夹角称为“磁偏角”，用符号 δ 表示（图 4.7）。磁子午线方向北端在真子午线方向以东时为东偏，设定为“+”；在西时为西偏，设定为“－”。磁偏角的大小随地点、时间而异，在我国磁偏角的变化约在 +6°（西北地区）到 −10°（东北地区）之间；由于地球磁极的位置不断地在变动，以及磁针受局部吸引等影响，所以磁子午线方向不宜作为精确定向的基本方向；但由于用磁子午线定向方法简便，所以在独立的小区域测量工作中仍可采用。

3. 坐标纵轴方向

不同点的真子午线方向或磁子午线方向都是不平行的，这使直线方向的计算很不方便。采用坐标纵轴方向作为基本方向，这样各点的基本方向都是平行的，所以使方向的计算十分方便。

通常取测区内某一特定的子午线方向作为坐标纵轴，在一定范围内都以坐标纵轴方向作为基本方向。图 4.9 中以过 O 点的真子午线方向作为坐标纵轴，所以任意点 A 或 B 的真子午线方向与坐标纵轴方向间的夹角就是任意点与 O 点间的子午线收敛角 γ；当坐标纵轴方向的北端偏向真子午线方向以东时，γ 定为“+”，偏向西时 γ 定为“－”。

二、确定直线方向的方法

确定直线方向就是确定直线和基本方向之间的角度关系，有下面两种方法：

1. 方位角

由基本方向的指北端起，按顺时针方向量到直线的水平角称为该直线的方位角，所以方位角的角值可自 0°～360°。确定一条直线的方位角，首先要在直线的起点作出基本方向（见图 4.10）。如果以真子午线方向作为基本方向，那么得出的方位角称真方位角，用 A 表示；如图 4.11 中 $O1$，$O2$，$O3$，$O4$ 的方位角分别为 A_1，A_2，A_3，A_4。如果以磁子午线方向为基本方向，则其方位角称为磁方位角，用 A_m 表示；如果以坐标纵轴方向为基本方向，则其角称为坐标方位角，用 α 表示。由于一点的真子午线方向与磁子午线方向之间的夹角是磁偏角 δ，真子午线方向与坐标纵轴方向之间的夹角是子午线收敛角 γ，所以从图 4.10 不难看出，真方位角和磁方位角之间的关系为：

$$A_{EF} = A_{mEF} + \delta_E \tag{4.13}$$

真方位角和坐标方位角的关系为：

$$A_{EF} = \alpha_{EF} + \gamma_E \tag{4.14}$$

式中，δ 和 γ 的值东偏时为“+”，西偏时为“–”。

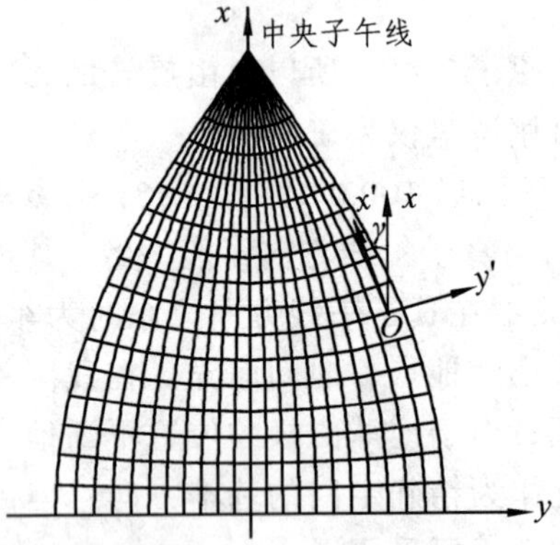

图 4.9 收敛角

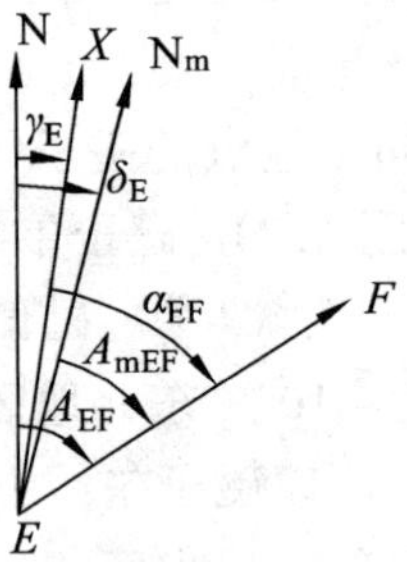

图 4.10 三标准方向关系

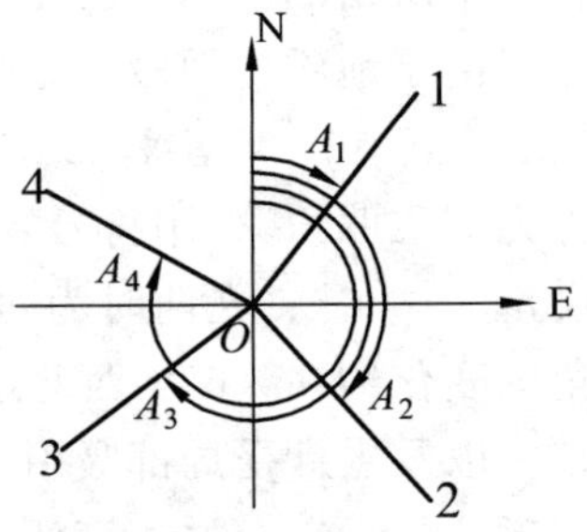

图 4.11 方位角

2. 象限角

直线与基本方向构成的锐角或直角称为直线的象限角。象限角由基本方向的指北端或指南端开始向东或向西计量，角值自 0°~90°。用象限角表示直线的方向，除了要说明象限角的大小外，还应在角值前冠以直线所指的象限名称，象限的名称有“北东”、“北西”、“南东”、“南西”四种。象限名称的第一个字必定是“北”或“南”，第二个字是“东”或“西”。象限的顺序按顺时针方向排列。象限角的表示方法如图 4.12 所示。采用象限角时，亦可以用真子午线西方向、磁子午线方向或坐标纵轴方向作为基本方向。象限角 R 和方位角的关系如下：

第 1 象限　$R = \alpha$

第 2 象限　$R = 180° - \alpha$

第 3 象限　$R = \alpha - 180°$

第 4 象限　$R = 360° - \alpha$

这些关系从图上是很容易得出的。

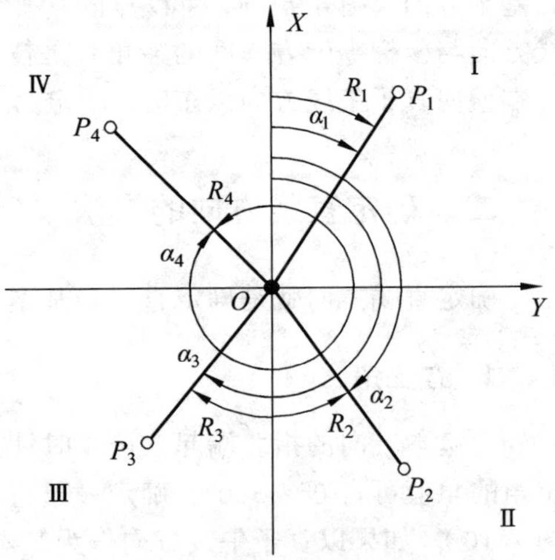

图 4.12 方位角和象限角的关系

三、直线的正反方向

一条直线有正反两个方向，在直线起点量得的直线方向称直线的正方向，反之在直线终点量得该直线的方向称直线的反方向。如图 4.13 中，直线由 A 到 B，在起点得直线的方位角为 α_{AB}，而在终点 B 得直线的方位角为 α_{BA}。α_{BA} 是直线 AB 的反方位角。同一直线的正反方位角的关系为：

$$\alpha_{BA}=\alpha_{AB}\pm 180° \qquad (4.15)$$

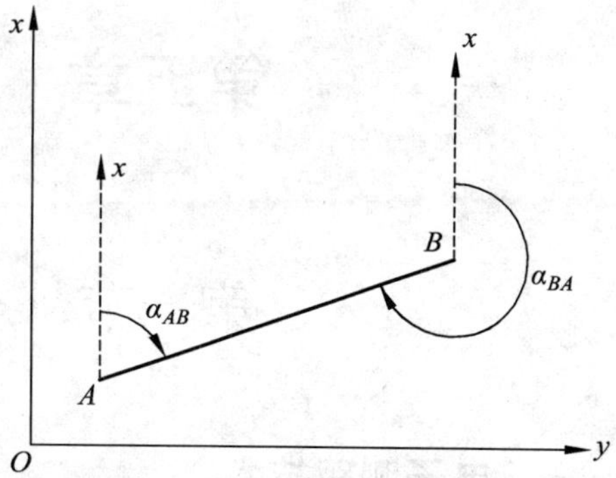

图 4.13　正反坐标方位角关系

当采用象限角时，如以坐标纵轴方向为基本方向，正反象限角的关系是角值不变，但象限相反，即北东与南西互换，北西与南东互换。

【例题 4.3】 已知直线 $\alpha_{AB}=125°30'00''$，

求：（1）直线 AB 的反坐标方位角 α_{BA}；

（2）象限角 R_{AB} 及反象限角 R_{BA}。

【解】（1）$\alpha_{BA}=\alpha_{AB}+180°=125°30'00''+180°=305°30'00''$

（2）因为，$\alpha_{AB}=125°30'00''$ 位于第二象限，所以，

$$R_{AB}=180°00'00''-\alpha_{AB}=180°00'00''-125°30'00''=54°30'00''$$；方向南偏东

$$R_{BA}=54°30'00''$$；方向北偏西

（或 $R_{BA}=360°00'00''-\alpha_{BA}=360°00'00''-305°30'00''=54°30'00''$）

第五章　全站仪测量简介

第一节　全站仪的测量原理

一、电子测距技术

电子测距的基本原理是利用电磁波在空气中传播的速度为已知这一特性，测定电磁波在被测距离上往返传播的时间来求得距离值。但是，这种直接测距的方法实现起来非常困难，当我们要求较高的测量精度时，对测量时间的要求很高，这在实践过程中是非常困难的。因此，我们在实际的测距过程中可以根据此原理采取改进的方法进行测距。在实际过程中主要用两种方法：脉冲法和相位法。

1. 脉冲法

测距使用的光源为激光器，它发射一束极窄的光脉冲射向目标，同时输出一电脉冲信号，打开电子门让标准频率发生器产生的时标脉冲通过并对其进行计数。光脉冲被目标反射后回到发射器，同样产生一电脉冲，关闭电子门终止时标脉冲通过。徕卡 D13000 即是采用了脉冲法的测距原理，经过技术革新，脉冲法测距的精度得到了极大地提高。实践表明，其测量精度不低于相位法测距的精度。基本测距原理如图 5.1 所示。

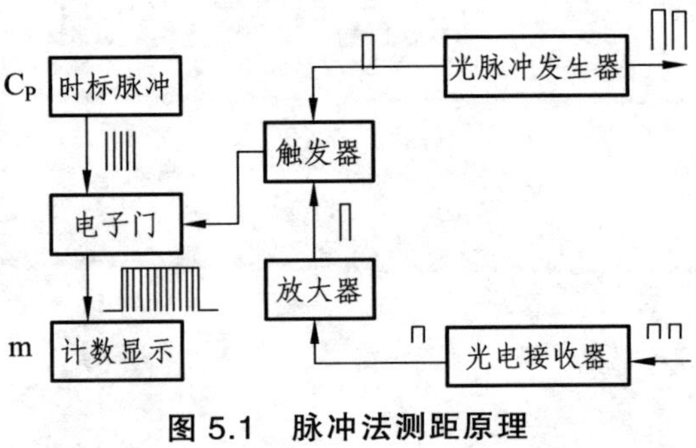

图 5.1　脉冲法测距原理

2. 相位法

相位法测距是测定由仪器连续发射的电磁波正弦信号在被测距离上往返传播所产生的相位差，根据相位差来得到距离。

设发射信号为：$u = V_m \sin(\omega t + \varphi_0)$

接收信号为：$u = V_m \sin(\omega t - \omega t_{2D} + \varphi_0)$

由上述两式可以得到：$t_{2D}=\varphi/\omega$，φ 为正弦波在传播过程中的相位变化。将时间带入测距的基本计算公式可以得到：

$$D=\frac{c}{4\pi fn}\varphi$$

式中　c——电磁波在真空中传播的速度；

f——电磁波的频率；

n——大气折射率；

φ——电磁波在被测距离上往返传播的相位差。

可以把相位差看成是两部分组成：2π的整数倍、小于2π的角度值，可以表示为：

$$\varphi=N\cdot 2\pi+\varphi'$$

只要求出 N 和 φ 就可以求出距离了。具体的工作原理如图 5.2 所示。

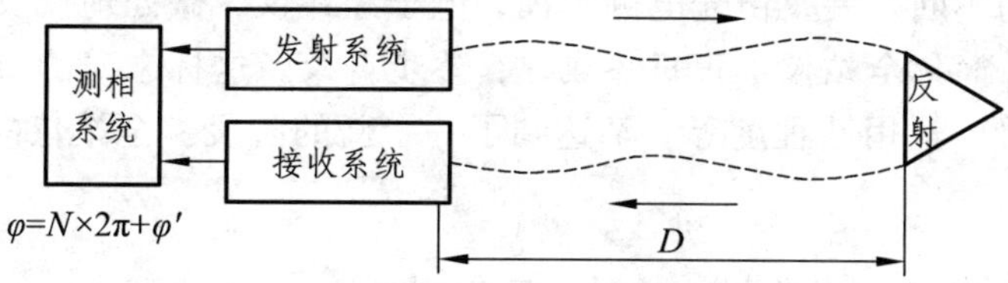

图 5.2　相位法测距原理

$$D=\frac{c}{4\pi fn}(N\times 2\pi+\varphi)=U(N+K)$$

$$U=\lambda/2=c/2fn，K=\varphi/2n$$

在所有的全站仪测距部分标称精度指标的表达式中，均使用 ±（$A+BD$）的形式，如徕卡 TC2003 系列为 ±（1 mm + $1\times10^{-6}\times D$）。显然，该精度表达式由 A 和 BD 组成，A 代表固定误差，单位为 mm。它主要由仪器加常数的测定误差、对中误差、测相误差等引起。固定误差与测量的距离无关，即不管实际测量的距离多长，全站仪将存在不大于该值的固定误差。全站仪的这一部分误差一般在 1 ~ 5 mm。BD 代表比例误差，它主要由仪器频率误差、大气折射误差引起。B 的单位为 ppm（10^{-6}），B 和 D 的乘积形成比例误差。一旦距离确定，则比例误差部分就会确定。固定误差与比例误差绝对值之和，再冠以偶然误差 ± 号，即构成全站仪测距精度。此外，在全站仪进行测距的过程中还需要加上气象改正和乘常数。通过在测量作业现场的温度 T 和气压 P 以及湿度 H，按照一定的气象改正公式，求出气象改正数 ppm 以及距离改正数 ΔD。不同的厂家的全站仪，其气象改正公式也不同。气象改正数 ppm 是一种比例改正因子，它随测量现场的温度、气压变化而变化，不是一个固定值。在进行此项改正之后，全站仪尚存在另外一个相对固定的比例改正因子，习惯上把它叫做乘常数，其单位同样是 ppm。它的作用是用于改正与距离成比例的系统误差，这种误差是由于频率偏移，折射率的偏移，发光管相位不均匀性等原因所引起的。每台仪器均存在着乘常数，只是大小不同而已。一般大的有十几个 ppm，小的则有零点几个 ppm，甚至可以忽略不计。用户可根据测量任务对精度的要求来决定加上这项改正。

二、电子测角技术

电子测角，即角度测量的数字化，也就是自动数字显示角度测量结果，其实质是用一套角码转换系统来代替传统的光学读数系统。目前，这套转换系统有两类：一类是采用编码度盘的所谓“绝对法”测角，一类是采用光栅度盘的所谓“增量法”测角。

第二节　全站仪的构造及功能

一、概　述

随着科学技术的不断发展，由光电测距仪、电子经纬仪、微处理仪及数据记录装置融为一体的电子速测仪（简称全站仪）正日臻成熟，逐步普及。这标志着测绘仪器的研究水平、制造技术、科技含量、适用性程度等，都达到了一个新的阶段。全站仪的发展过程如图 5.3 所示。

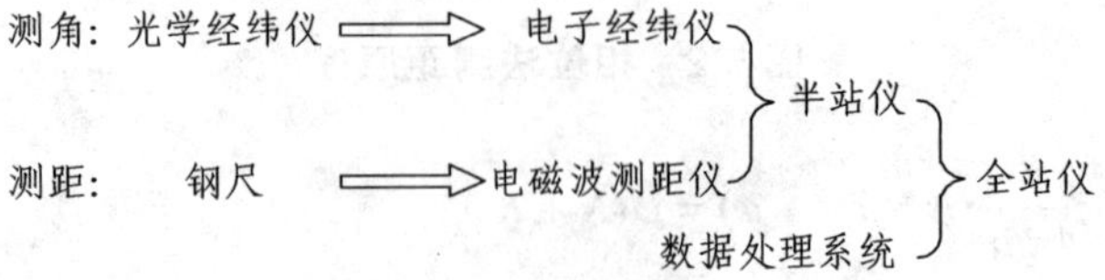

图 5.3　全站仪的发展过程

全站仪是指能自动地测量角度和距离，并能按一定程序和格式将测量数据传送给相应的数据采集器的仪器。全站仪自动化程度高，功能多，精度好，通过配置适当的接口，可使野外采集的测量数据直接进入计算机进行数据处理或进入自动化绘图系统。与传统的方法相比，省去了大量的中间人工操作环节，使劳动效率和经济效益明显提高，同时也避免了人工操作、记录等过程中差错率较高的缺陷。

全站仪包含测量的四大光电系统，即测距、测水平角、测竖直角和水平补偿。键盘指令是测量过程的控制系统，测量人员通过按键便可调用内部指令指挥仪器的测量工作和进行数据处理。以上各个系统通过 I/O 接口接入总线与数字计算机联系起立。其结构原理如图 5.4 所示。

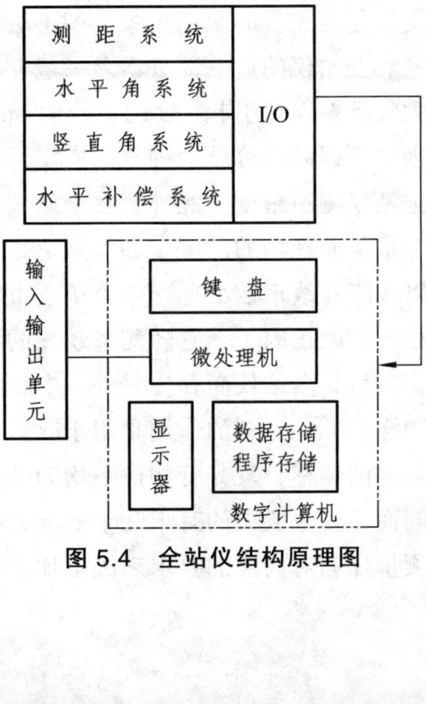

图 5.4　全站仪结构原理图

全站仪主要的生产厂家及相应生产的全站仪系列有：瑞士徕卡公司生产的 TC 系列全站仪；日本 TOPCN（拓普康）公司生产的 GTS 系列；索佳公司生产的 SET 系列；宾得公司生产的 PCS 系列；尼康公司生产的 DMT 系列及瑞典捷创力公司生产的 GDM 系列全站仪。我国南方测绘仪器公司20世纪90年代生产的NTS系列全站仪填补了我国的空白，正以崭新的面貌走向国内国际市场。表5.1列出了工程上常用的部分全站仪产品。

表5.1 工程上常用全站仪主要技术指标一览表

型 号	厂 家	光源	测程/km		测角精度	测距精度
			单棱镜	三棱镜		
GTS-720	日本拓普康	红外	3.0/3.5	4.0/4.2	±2.0″	$\pm(2\ \text{mm}+2\times10^{-6}\times D)$
GPT-2005	日本拓普康	红外	3.0/3.5	4.5/4.0	±5.0″	$\pm(3\ \text{mm}+2\times10^{-6}\times D)$
GTS-335W	日本拓普康	红外	3.0/3.2	4.0/4.2	±5.0″	$\pm(2\ \text{mm}+2\times10^{-6}\times D)$
DTM-352C	日本尼康	红外	2.0/2.3	2.6/3.0	±2.0″	$\pm(2\ \text{mm}+2\times10^{-6}\times D)$
DTM-352L	日本尼康	红外	2.0/2.3	2.6/3.0	±2.0″	$\pm(3\ \text{mm}+2\times10^{-6}\times D)$
DTM-720	日本尼康	红外	1.6/2.0	2.3/2.8	±4.0″	$\pm(3\ \text{mm}+3\times10^{-6}\times D)$
SET 2CⅡ	日本索佳	红外	2.4/2.7	3.1/3.5	±2.0″	$\pm(3\ \text{mm}+2\times10^{-6}\times D)$
SET 3CⅡ	日本索佳	红外	2.2/2.5	2.9/3.3	±3.0″	$\pm(3\ \text{mm}+3\times10^{-6}\times D)$
SET 4CⅡ	日本索佳	红外	1.2/1.5	1.7/2.1	±5.0″	$\pm(5\ \text{mm}+3\times10^{-6}\times D)$
TC2002	瑞士徕卡	红外	2.0/2.5	2.8/3.5	±0.5″	$\pm(1\ \text{mm}+1\times10^{-6}\times D)$
TC1610	瑞士徕卡	红外	2.5/3.5	23.5/5.0	±1.5″	$\pm(2\ \text{mm}+2\times10^{-6}\times D)$
TC1010	瑞士徕卡	红外	2.0/2.5	2.8/3.5	±3.0″	$\pm(3\ \text{mm}+2\times10^{-6}\times D)$
TC500	瑞士徕卡	红外	0.7/0.9	1.1/1.3	±6.0″	$\pm(5\ \text{mm}+5\times10^{-6}\times D)$
R-322N	日本宾得	红外	3.4/4.5	4.5/5.6	±2.0″	$\pm(2\ \text{mm}+2\times10^{-6}\times D)$
R-325	日本宾得	红外	3.0/4.0	4.0/5.0	±5.0″	$\pm(5\ \text{mm}+3\times10^{-6}\times D)$

注：测程为一般大气条件和良好大气条件下可测的距离。

一台全站仪除了能自动测距、测角外，还能快速完成一个测站所需完成的工作，包括平距、高差、高程、坐标以及放样等方面数据的计算；它自动化程度高、测量速度快、观测精度高、性能稳定，是一种较好的测量仪器。

全站仪具有以下工作特点：

（1）能同时测角、测距并自动记录测量数据。

（2）设有各种野外应用程序，能在测量现场得到归算结果。

（3）能实现数据流。

二、全站仪的功能介绍

1. 角度测量（angle observation）

（1）功能：可进行水平角、竖直角的测量。

（2）方法：与经纬仪相同，若要测出水平角$\angle AOB$，则：

① 当精度要求不高时：瞄准 A 点—置零—瞄准 B 点，记下水平度盘 HR 的大小。

② 当精度要求高时：可用测回法（method of observation set）。

操作步骤同用经纬仪操作一样，只是配置度盘时，需按“置盘”。

2. 棱镜常数和大气改正数的设置

1）棱镜常数的设置

棱镜常数分两种情况：第一种，原配棱镜常数值一般为 0；第二种，国产棱镜常数值一般为 - 30 mm。

2）大气改正数（ppm）（乘常数）的设置

光在空气中的传播速度并非一个常数，而是随大气的温度和压力的变化而变化的，仪器一旦设置了大气改正值即可对观测结果实施气象改正。

输入测量时的气温（TEMP）、气压（PRESS），或经计算后，输入 ppm 的值。

大气改正数的计算公式如下：

$$K_a=\left(279.67-\frac{79.535\times p}{273.15+t}\right)\times 10^{-6} \tag{5.1}$$

式中 K_a——大气改正值；

p——周围大气压力，hPa；

t——周围大气温度，°C。

棱镜常数和大气改正数的设置一般都需要在测距、测坐标、放样前完成。

3. 距离测量（distance measurement）

（1）功能：可测量平距 HD、高差 VD 和斜距 SD（全站仪镜点至棱镜镜点间高差及斜距）。

（2）方法：照准棱镜点，按“测量”（MEAS）。

4. 坐标测量（coordinate measurement）

（1）功能：可测量目标点的三维坐标（X，Y，H）。

（2）测量原理：

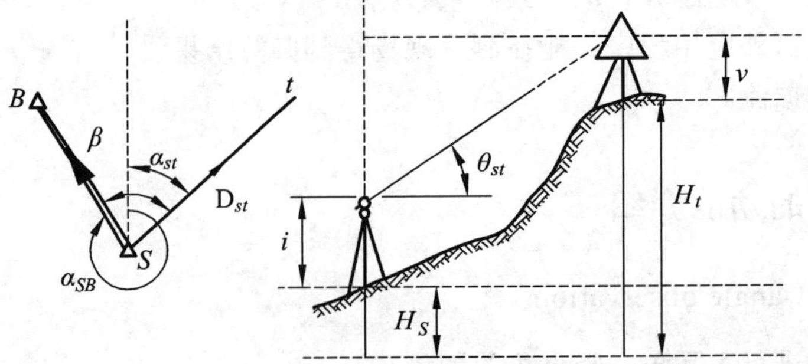

图 5.5 坐标测量示意图

图 5.5 为全站仪坐标测量原理图，如图所示，若输入：方位角 α_{SB}，测站坐标（X_S，Y_S）；测得水平角 β 和平距 D_{st}。则有：

方位角：　$\alpha_{st} = \alpha_{SB} + \beta - 360°$

坐　标：　$X_t = X_S + D_{st} \times \cos \alpha_{st}$

$Y_t = Y_S + D_{st} \times \sin \alpha_{st}$

若输入测站 S 高程 H_S；测得仪器高 i，棱镜高 v，平距 D_{st}，竖直角 θ_{st}，则有：

高程：　$H_t = H_S + i + D_{st} \times \tan \theta_{st} - v$

（3）方法：先输入测站 S（X，Y，H），仪器高 i，棱镜高 v，再瞄准后视点 B，将水平度盘读数设置为 α_{SB}，然后瞄准目标棱镜点 t，按“测量”，即可显示点 t 的三维坐标。

5. 点位放样（layout）

（1）功能：根据设计的待放样点 P 的坐标，在实地标出 P 点的平面位置及填挖高度。

（2）放样原理：如图 5.6 所示。

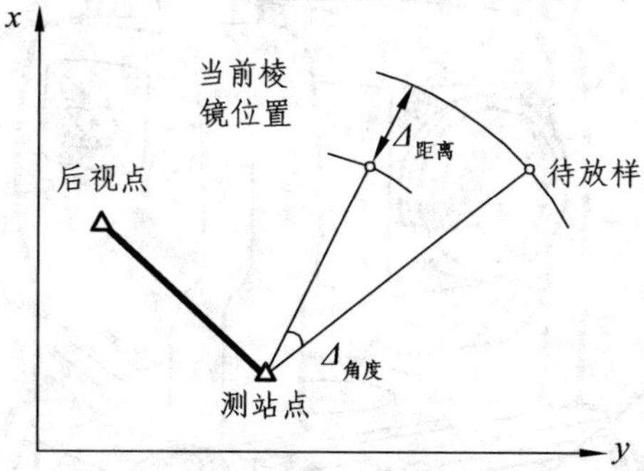

图 5.6　放样原理图

① 在大致位置立棱镜，测出当前位置的坐标。

② 将当前坐标与待放样点的坐标相比较，得距离差值 dD 和角度差 dHR 或纵向差值 ΔX 和横向差值 ΔY。

③ 根据显示的 dD、dHR 或 ΔX、ΔY，逐渐找到放样点的位置。

6. 程序测量（programs）

（1）数据采集（data collecting）。

（2）坐标放样（layout）。

（3）对边测量（MLM）、悬高测量（REM）、面积测量（AREA）、后方交会（RESECTION）等。

（4）数据存储管理，包括数据的传输、数据文件的操作（改名、删除、查阅）。

第三节 几种全站仪的基本使用

一、拓普康全站仪的使用

1. 仪器外形及各部件名称

GTS 系列全站仪的外貌和结构如图 5.7 所示。由图可见，其结构与光学经纬仪相似，主要区别在于全站仪望远镜体积庞大，这是由于红外测距的照准头与望远镜合为一体的缘故。通常全站仪显示屏上面的几行显示的是观测数据，而它的底行则显示的是软键功能，其随测量模式的不同而变化。

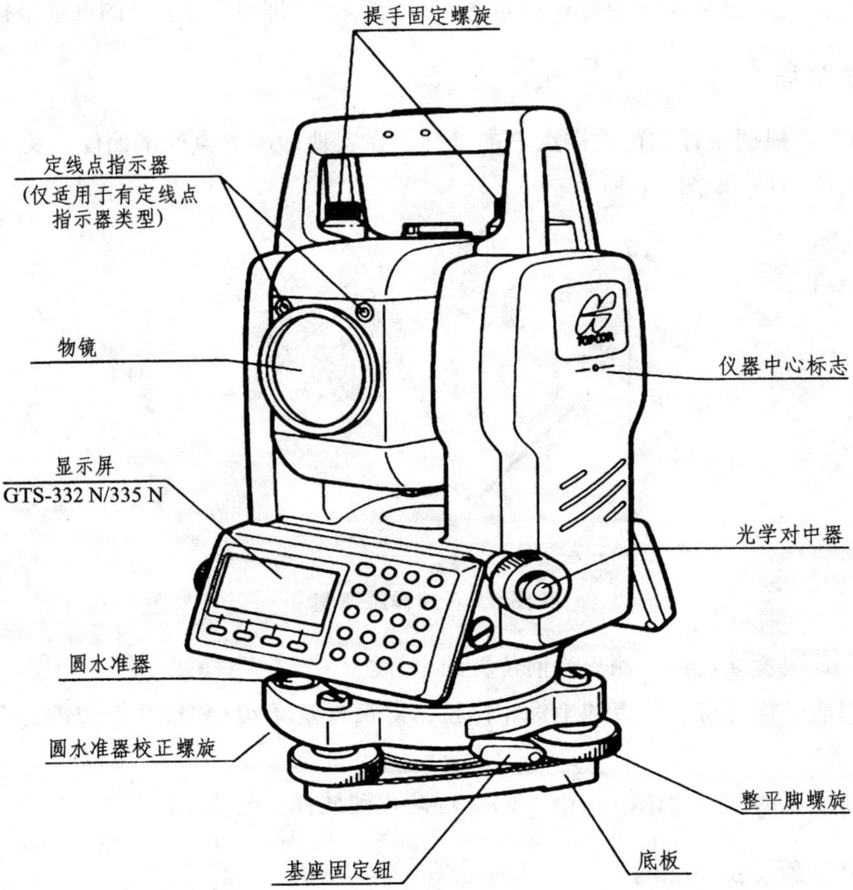

图 5.7 拓普康全站仪

2. 控制面板各按键功能

拓普康全站仪的控制面板包含显示屏显示键和仪器键盘，如图 5.8 所示。显示键和仪器键盘中共有 20 多个键，各键功能见表 5.2。其中，操作显示屏上的键用专用笔或手指点击即可。请勿用圆珠笔或铅笔点击，否则，易伤显示屏。

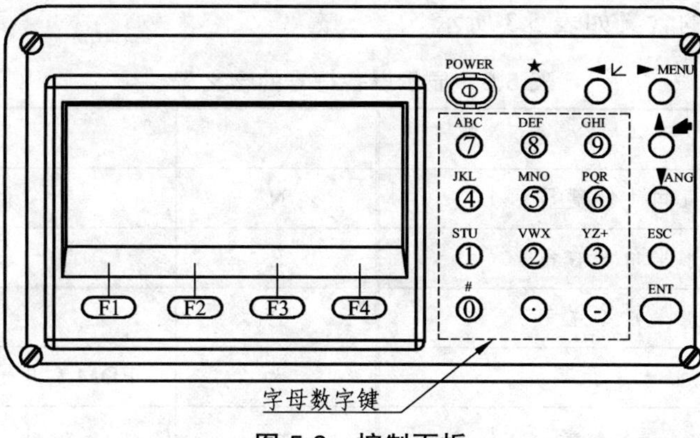

图 5.8　控制面板

表 5.2　GTS 系列全站仪控制面板按键功能一览表

按　键	名　称	功　　能
F1 ~ F4	软　键	对应于显示的软键功能信息
	坐标测量键	坐标测量模式
	距离测量键	距离测量模式
ANG	角度测量键	角度测量模式
0 ~ 9	数字键	输入数字
A ~ Z	字母键	输入字母
★	星　键	星键模式用于如下项目的设置或显示： ① 显示屏对比度；② 十字丝照明；③ 背景光；④ 倾斜改正；⑤ 定线点指示器（仅使用于有定线点指示器类型）；⑥ 设置音响模式
POWER	电源键	电源开关
MENU	菜单键	在菜单模式和正常测量模式之间切换，在菜单模式下可设置应用测量与照明调节、仪器系统误差改正
ESC	退出键	返回到前一个显示屏或前一个模式
ENT	确认输入键	在输入值末尾按此键

3. 显示屏及各符号的意义

显示屏采用点阵式液晶显示，可显示 4 行，每行 20 个字符，通常前三行显示测量数据，最后一行显示随测量模式变化的按键功能，如图 5.9 所示。

HR:　　120°30′40″

HD:　　65.432 m
VD:　　12.345 m
测量　模式　S/A　P1

图 5.9　显示屏示意图

显示屏显示符号的含义如表 5.3 所示。

表 5.3　显示屏各符号的含义表

符　号	含　义	符　号	含　义
V%	垂直角（坡度显示）	N	北向坐标
HR	水平角（右角）	E	东向坐标
HL	水平角（左角）	Z	高程
HD	水平距离	*	EDM（电子测距）正在进行
VD	高　差	m	以米为单位
SD	倾斜距离	f	以英尺/英寸为单位

4. 角度测量模式

水平角和竖直角测量：

（1）盘左照准左目标 A。

（2）按 F1 把水平度盘设置为 0°00′00″。

（3）顺时针照准目标 B，显示目标 B 的水平角和竖直角。

在角度测量模式中，不同页的软键功能也有所不同，其实际功能如表 5.4 所示。

表 5.4　角度测量模式中的各软键功能一览表

页　数	软　键	显示符号	功　　能
1	F1	置　零	水平角为 0°00′00″
	F2	锁　定	水平角读数锁定
	F3	置　盘	通过键盘输入数字设置水平角
	F4	P1↓	显示第 2 页软键功能
2	F1	倾　斜	设置倾斜改正开或关，若选择开，则显示倾斜改正值
	F2	复　测	角度重复测量模式
	F3	V%	垂直角百分比坡度（%）显示
	F4	P2↓	显示第 3 页软键功能
3	F1	H-蜂鸣	蜂鸣声设置
	F2	R / L	水平角右/左计数方向的转换
	F3	竖　盘	垂直角显示格式（高度角/天顶距）的切换
	F4	P3↓	显示下一页（第 1 页）软键功能

5. 距离测量模式

（1）照准棱镜中心，按 键进行距离测量，显示水平距离（HD）或斜距（SD）、高差（VD）。

（2）当光电测距（EDM）正在工作时，“*”标志就会出现在显示窗。

（3）要从距离测量模式返回正常的角度测量模式，可按 ANG 键。

（4）当输入测量次数后，仪器按设置次数观测并显示平均值，按 F1 键可终止连续测距，当测距正在进行时，再按 F1 键又转变为连续测量模式。

说明：

（1）温度、气压改正可通过“大气改正值的设置”进行。

（2）使用与拓普康配套的棱镜，其棱镜常数为零，如果使用其他的棱镜，应测定棱镜常数并在“设置棱镜常数”中进行设置，一旦设置了不重新修改，棱镜常数将保持不变。

（3）可根据需要设置为“C：粗测”、“F：精测”、“T：跟踪”以及“连续测量”模式，在“连续测量”模式下，显示的结果为其平均值。

距离测量模式中的各软键功能如表 5.5 所示。

表 5.5　距离测量模式中的软键功能一览表

页　数	软　键	显示符号	功　　能
1	F1	测　量	启动测量
	F2	模　式	是指测距模式：精测/粗测/跟踪
	F3	S/A	设置音响模式
	F4	P1↓	显示第 2 页软键功能
2	F1	偏　心	偏心测量模式
	F2	放　样	放样测量模式
	F3	m/f/i	米，英尺或英尺、英寸单位的变换
	F4	P2↓	显示第 1 页软键功能

6. 坐标测量模式

（1）按 ANG 键，进入测角模式，瞄准后视点 A。

（2）按 F3，输入测站 O 至后视点 A 的坐标方位角 α_{OA}。如：输入 65.483 9，即输入了 65°48′39″。

（3）按 键，进入坐标测量模式。按 P↓，进入第 2 页。

（4）按 F3，分别在 N、E、Z 输入测站坐标（X_O，Y_O，H_O）。

（5）按 P↓，进入第 2 页，在 F2 栏，输入仪器高。

（6）按 P↓，进入第 2 页，在 F1 栏，输入 B 点处的棱镜高。

（7）瞄准待测量点 B，按 F1，得 B 点的（X_B，Y_B，H_B）。

其测量模式中的各软键功能如表 5.6 所示。

表 5.6 坐标测量模式中的软键功能一览表

页 数	软 键	显示符号	功 能
1	F1	测 量	开始测量
	F2	模 式	设置测量模式，精测/粗测/跟踪
	F3	S/A	设置音响模式
	F4	P1↓	显示第 2 页软键功能
2	F1	镜 高	输入棱镜高
	F2	仪 高	输入仪器高
	F3	测 站	输入测站点（仪器站）坐标
	F4	P2↓	显示第 3 页软键功能
3	F1	偏 心	偏心测量模式
	F2	放 样	放样测量模式
	F3	m/f/i	米，英尺或英尺、英寸单位的变换
	F4	P3↓	显示第 1 页软键功能

7. 星键（★）模式

按下★键进行下列仪器选项设置：

（1）调节显示屏的黑白对比度（0～9 级）[按▲或▼键]。

（2）调节十字丝照明亮度（1～9 级）[按←或→键]。

（3）显示屏照明开/关[F1]。

（4）设置倾斜改正[F2]。

（5）定线点指示灯开/关[n]（仅适用于有定线点指示器类型）。

（6）设置音响模式（S/A）[F4]。

注意：当通过主程序运行与星键相同的功能时，则星键模式无效。

8. 数据传输

1）从全站仪读取数据

（1）计算机上的操作。

选择拓普康 GTS-200 测量通讯口；波特率为 9 600；数据位 8 位；校验选择无校验；停止位 1（和仪器一致）；在 CASS 坐标文件栏选择数据保存路径；点“转换”，根据提示先在计算机回车，再在全站仪回车。其操作过程如图 5.10 所示。

（2）全站仪上的操作。

选择 MENU 菜单下的存储管理，再选择数据通讯打开数据传输对话框。数据传输对话框中包含两

图 5.10 全站仪内存数据转换

种格式，一种是 GTS 格式，另一种是 SSS 格式。按 F1 选择第一种，在发送数据对话框中按 F1 选测量数据；然后按 F1 选 11 位；接下来输入文件名；最后按 F3，发送测量数据。图 5.11 展示了具体的操作过程。

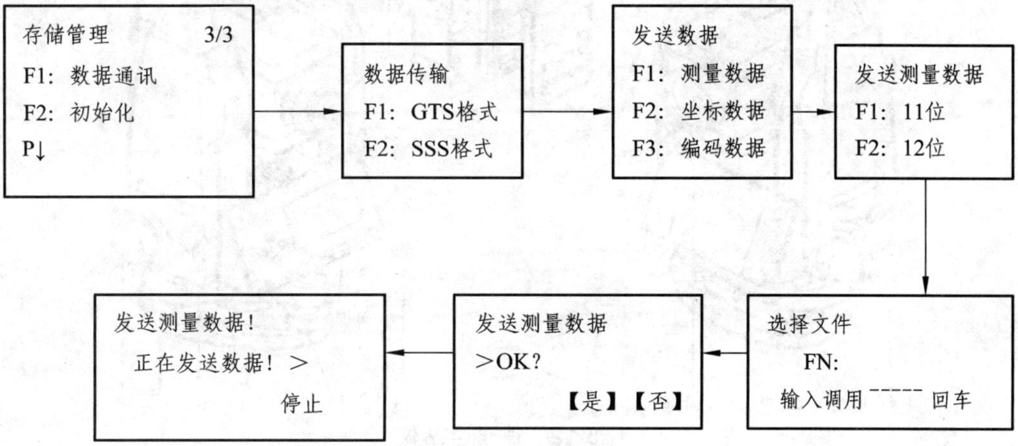

图 5.11　数据传输

2）接收数据

（1）建立坐标文件，如：test.txt，其格式为：

1，100.000，200.000，30.000

2，400.000，500.000，60.000

注意：坐标的格式是：点号，E 坐标（东坐标），N 坐标（北坐标），高程。

（2）设置好全站仪的通讯参数。

（3）操作：

① 全站仪操作：进入“MENU”菜单→存储管理→数据通讯→接收数据→坐标数据→输入接收的坐标文件名，点击“是”等待数据接收。

② 计算机操作：运行“T-COM”通讯软件，进入主菜单，点击图标，将通讯参数与全站仪上通讯参数设置一致（要确保），并在“读取文本文件”前方框内划“√”。点击“开始”，选择已知的文本文件（如 test.txt），在“点属性”界面不做任何输入，点“确定”即开始自动传输。退出 T-COM，选择不保存（NO）即可。

注意：本法适应 GTS-330/330W/330N/GTP-3000/3000N/3000LN。

二、徕卡全站仪的使用

本书以徕卡 TC407 为例进行介绍。

1. 仪器的构造及各部分名称

TC407 全站仪的外形和结构如图 5.12 所示。由图可见，其结构与拓普康全站仪相似，区别主要是控制面板及各按键的功能。

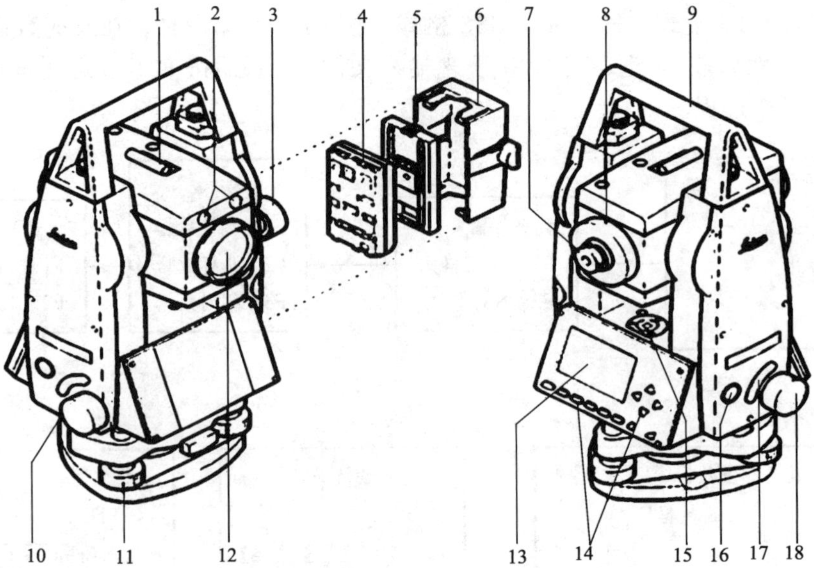

图 5.12 徕卡全站仪

1—粗瞄器；2—内装导向光装置（选件）；3—垂直微动螺旋；4—电池；5—GEB111 电池盒垫块；6—电池盒；7—目镜；8—调焦环；9—仪器提把；10—RS232 串行接口；11—脚螺旋；12—望远镜物镜；13—显示屏；14—键盘；15—圆水准器；16—电源开关键；17—热键；18—水平微动螺旋

2. 控制面板上各键的功能

徕卡全站仪的控制面板与拓普康差不多，也包含显示屏显示键和仪器键盘，如图 5.13 所示。

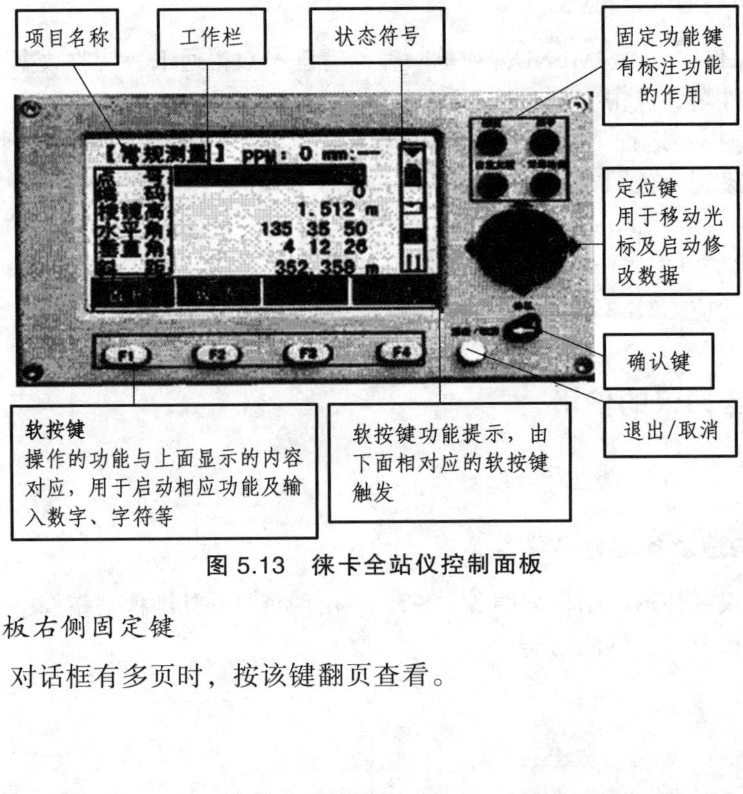

图 5.13 徕卡全站仪控制面板

1）控制面板右侧固定键

翻　　页：对话框有多页时，按该键翻页查看。

菜　　单：包括机载程序、设置、数据管理、检验校正、通讯参数、系统信息和数据传输。
自定义键：可将功能中的任一项赋予自定义键，以方便使用。
常用功能：支持测量工作的一些快速执行功能。
退出/取消：退出目前窗口或取消输入确认键，确认输入或选择。

2）定位键

控制面板右侧 4 个三角形状按钮，这 4 个按钮为定位键，用于移动光标及启动修改数据。左边的三角形为 INS 键，它用来启动光标条及往左移动光标条，其第二功能（按 SHIFT＋INS）是插入字符。其余 3 个三角形则分别是向右、向上或向下移动光标条。

3）软按键

屏幕的最下面一行显示代表执行各功能的软按钮，由下方对应的软按键 F1、F2、F3、F4 激活。

3. Tc407 全站仪的基本操作

1）制　　动

Leica 全站仪没有制动螺旋，微动螺旋可全程微动，分为水平微动和竖直微动。

2）字符、数字的输入

通过按相应的软按键即可输入，如图 5.14 所示。

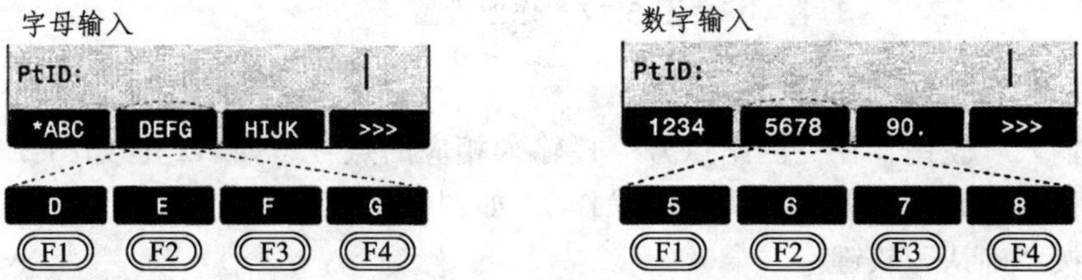

（a）　　　　　　　　　　（b）

图 5.14　字符、数字的输入

3）碎部测量步骤

按“菜单”键显示如图 5.15 所示界面，有 3 页共 9 个菜单，第一页有 4 个菜单，分别为应用程序、系统设置、EDM 设置和数据管理；另外 5 个菜单是：误差校正、通讯设置、数据传输、系统信息和启动顺序。

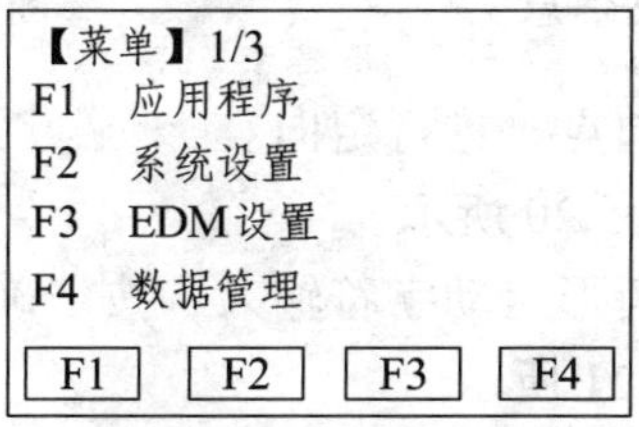

图 5.15　菜单界面图

按 F1 调用应用程序菜单，如图 5.16 所示界面，有两页共 8 个应用程序，第一页包含 4 个应用程序，分别为测量、放样、自由设站和参考线放样；另外 4 个程序是：对边测量、面积测量（平面）、悬高测量和建筑轴线法。

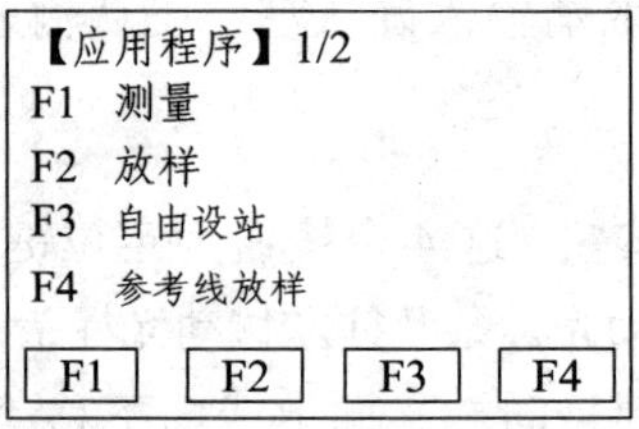

图 5.16 应用程序菜单

（1）选择或设置作业。

① 选择所需要的作业，按“确认”软键。

② 新建作业（最多可设置 12 个作业），按“增加”软键，在弹出的“增加作业”对话框中按“输入”软键，输入作业名称（建议以作业日期为作业名称），如图 5.17 所示。

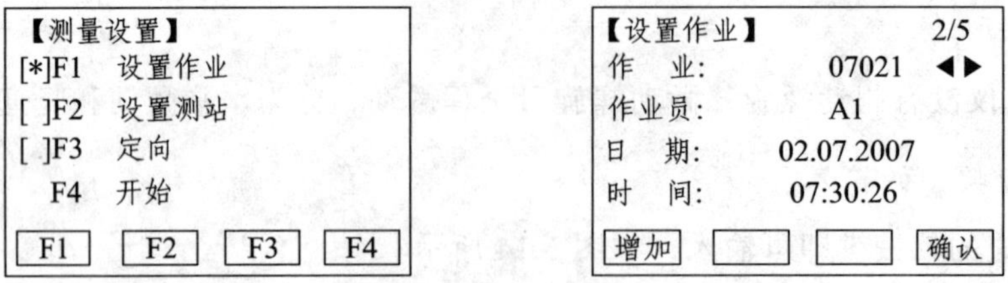

图 5.17 作业设置

（2）设置测站信息，如图 5.18 所示。

① 按“输入”软键，在“测站点号”栏输入相应的点号（如 A2），如图 5.18 所示。

② 按“检索”软键（务必要执行此操作），如图 5.19 所示。

③ 直接按“确认”软键。

④ 根据提示输入仪器高，然后按“确认”软键。

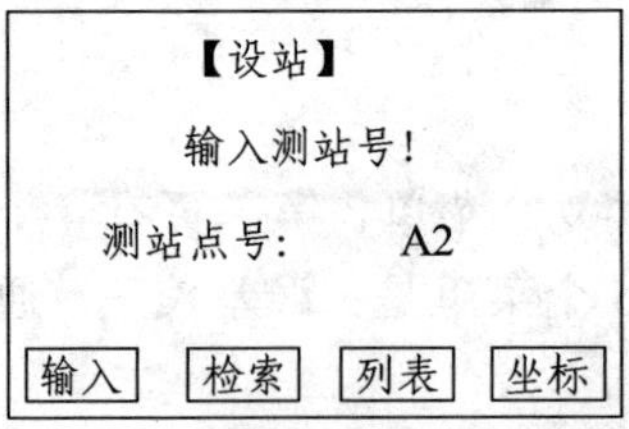

图 5.18 设置测站信息

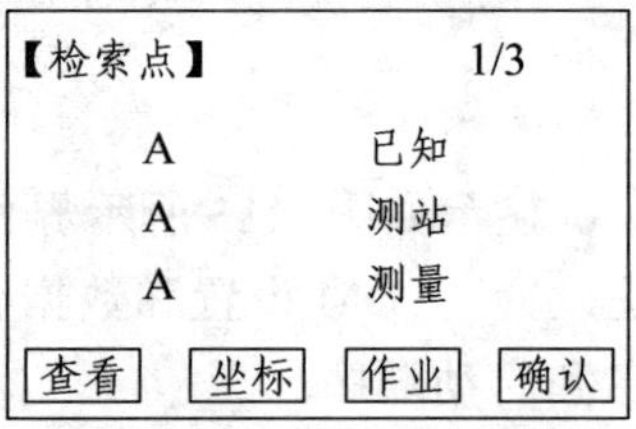

图 5.19 检索设置

（3）定向。用望远镜瞄准定向点，进行定向。

① 人工定向。操作方法如图 5.20 所示。

按屏幕右侧“定位键”左三角形启动字符输入；按“确认”键；光标移到棱镜高行（修改镜高），屏幕下方软件换成图 5.21 所示。

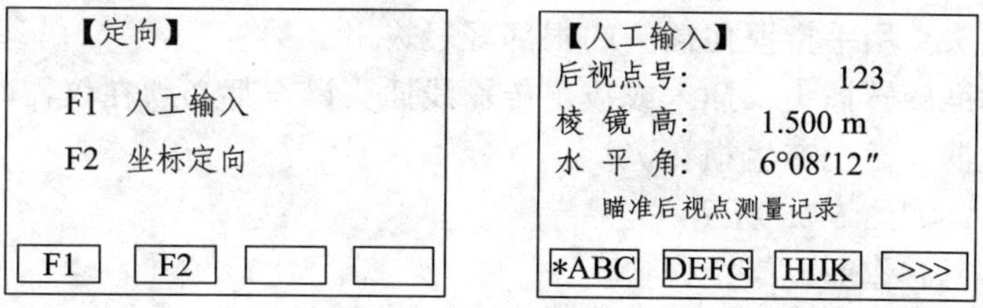

图 5.20　人工定向

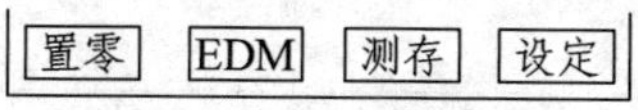

图 5.21　软按钮示意图

置零：把水平度盘读数设置为 0°00′00″。

设定：确认该点为定向点。

测存：对定向点进行测距并保存。

② 坐标定向。如图 5.22 所示，按“输入”软键，输入后视点点号后按确认键；若要对定向点进行测量，输入正确的棱镜高，按“测存”键；屏幕提示“确认要进行多余观测吗？”，下面有“是”、“否”两个软键，按“是”软键继续进行观测，按“否”软键则结束定向设置。最多可以用 5 个已知点进行定向。

（4）开始碎部测量。

① 按“输入”键，修改点号或棱镜高。

② 按“测距”键，进行测距。

③ 按“记录”键，进行保存；务必要进行测距后再记录，如图 5.23 所示。

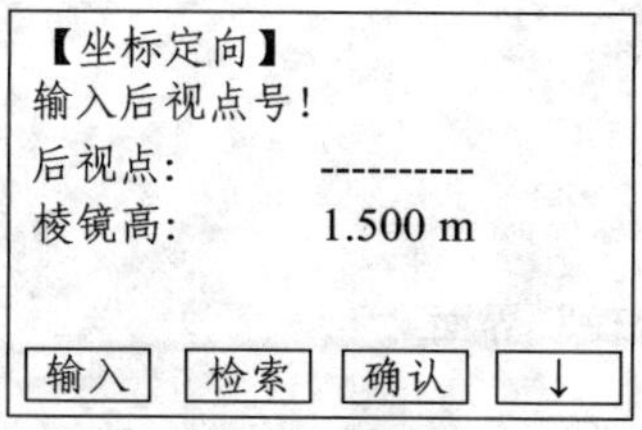

图 5.22　坐标定向

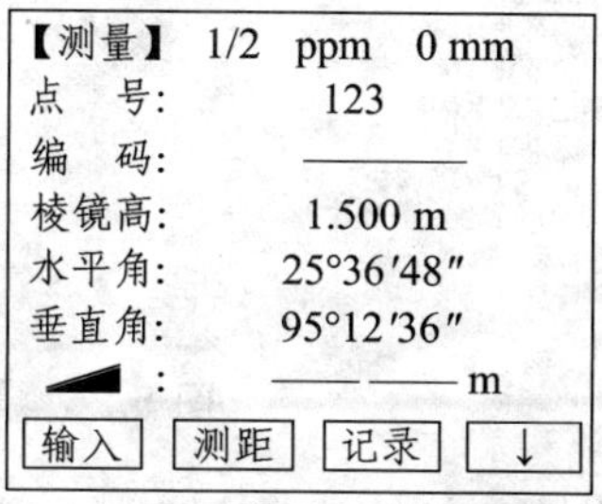

图 5.23　碎步测量

同时进行测距和记录的另外两种方式：

- 按软键 F4，屏幕软键见图 5.24。按“测存”键，仪器进行测距并记录。

图 5.24　软　键

- 把仪器支架右侧的热键设置成“测存”功能，瞄准目标后按热键即可。

4）数据下载

（1）用通讯电缆连接全站仪和微机。

使传输线插头端的小红点和仪器插座的红点对齐缓慢插入。数据传输完毕后关闭仪器电源，拔出传输线插头。用手指捏住插头的根部轻轻拔出。

注意，切记不准旋转插头，插入或拔出传输线插头操作都必须在仪器断电情况下进行，否则，有可能对仪器或微机产生损坏。

（2）数据传输，如图 5.25 所示。

作业：可选择所有作业或某个作业。

数据：测量值/已知点。

格式：GSI /Auto CAD / Apa CAD。

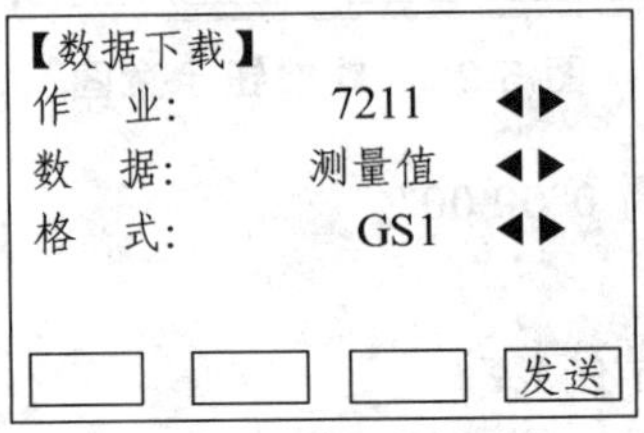

图 5.25　数据传输

启动“Leica 测量办公软件包”（如果仪器与微机连接正确，仪器电源将自动开启），选取“数据交换管理”按钮，屏幕弹出 2.0 界面，如图 5.26 所示。

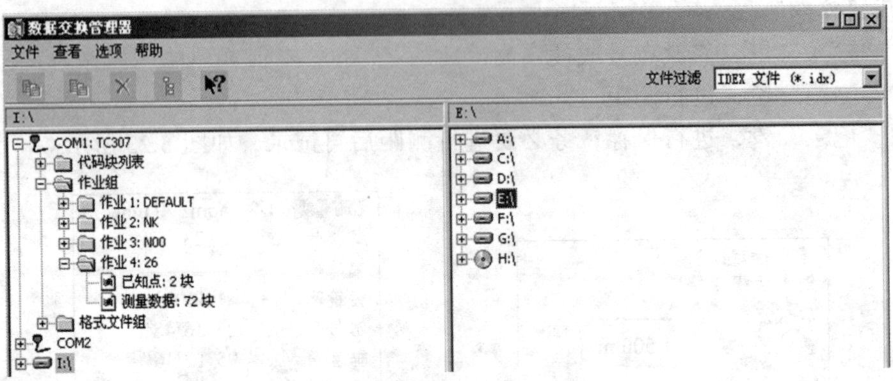

图 5.26　“数据交换管理”界面

如果碎部测量中定向方式是按人工方式输入，选择“IDEX”格式，然后按“确定”键进行数据传输。如果定向方式是按坐标定向，则选择“.GSI”格式。全站仪中的通讯传输设置与微机中的参数必须完全一致，见图 5.27。

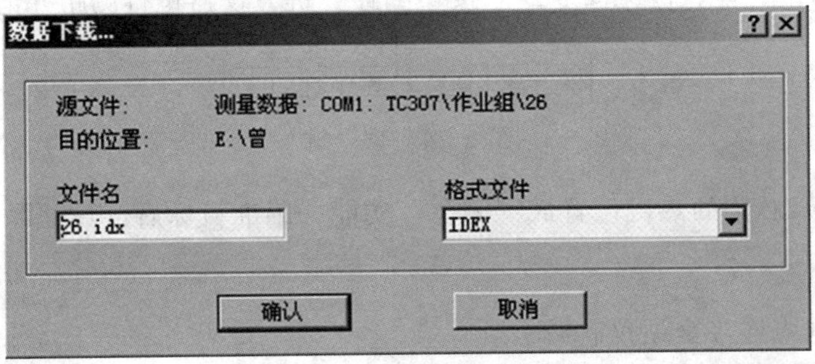

图 5.27　文件名与格式

5）系统信息

电　　池：显示目前所剩电池容量，如图 5.28 所示为 80%。

仪器温度：显示仪器目前的温度。

日　　期：按“日期”软键设置或编辑日期，dd.mm.yyyy/mm.dd.yyyy/yyyy.mm.dd。

时　　间：时间是按 24 h 计，按“时间”软键可进行编辑或修改。

【系统信息】
电　　池：　80%
仪器温度：　30°
日　　期：　26.06.2007
时　　间：　16:46:35
[日期] [时间] [　] [软件]

图 5.28　系统信息

三、Nikon 全站仪的使用

1. 仪器的构造及各部分名称

Nikon 全站仪的构造和各部分名称见图 5.29。

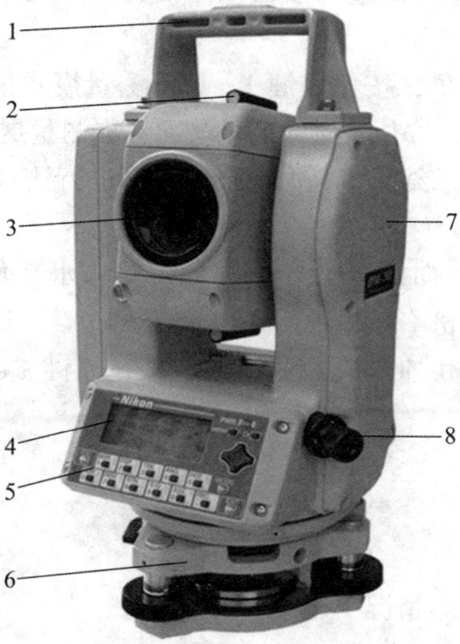

图 5.29　Nikon 全站仪

1—手柄；2—光学瞄准器；3—物镜；4—显示屏；5—键盘；6—三角基座；7—水平轴指示标记；8—光学对中器

2. 基本术语

BMS：基本测量屏	BS：定向（建站时）方位角	PT：点号/点名
CD：代码	C&R：两差改正	HD、RHD：（两点间）水平距离
HI：仪器高	HT：目标高	T-P：温度-气压

DSP：换屏幕键
SD、rSD：（两点间）斜距
MSR：测距键（显示到 mm）
ST：测站（点名）
TRK：跟踪测距键（显示到 cm）
VD、DVD、rVD：高差之差
R/L：横向误差
IN/OUT：纵向误差
GD、RGD：垂直度（rHD/rVD）
V%、R V%：坡度比
SO：放样观测
HA-HD：由方位角、距离计算坐标
SS：碎部观测，在“BMS”中的所有观测
F1/F2：盘左、盘右观测
CP：在 Ang/Rept 中控制点的观测记录
MP：手工输入点的坐标
UP：导入点的坐标（计算机-全站仪）
CO：注记
CC：计算的坐标，使用 COGO 计算
HA、DHA、rHA：（两点间）方位角、两水平方向角（方位角）之差
PT-PT：由两点坐标计算两点间方位角、距离和高差（坐标反算）

3. 键盘上主要键的功能

POWER：电源开关。

ESC：停止现行功能，恢复上一屏幕；清除输入的数据。

MENU：显示功能菜单，操作 Job 或 Data 时按下该键可出现 DEL/EDIT/ADDA 等子菜单。

MODE：输入点号或代码时改变输入模式为字母、数字或列表/堆栈，在基本测量屏激活快速代码模式。

REC：记录测量数据，在基本测量屏按住该键 1 s，可将数据作为 CP 记录存储而不是 SS 记录。

MSR：执行测量及显示结果，按住该键 1 s 显示测量模式设置。

DSP：换屏显示测量成果；按住该键 1 s 可设置基本测量屏幕的显示。

TRK：执行追踪测量并显示结果，按住该键 1 s 可进行测量模式设置。

ANG：显示角度菜单。

1：O—Set（水平方向归零）；2：Input（输入水平角）；3：Hold（把水平角设置为当前值）；4：Rept（复测法测角）。

HOT：显示热键菜单，在快速代码观测模式，按住该键 1 s 可激活热键菜单。

RDM：执行对边测量。

REM：执行悬高测量。

STN：执行设站功能。

S - O：执行放样功能。

XYZ：可在不记录站点数据情况下输入数据。

ENT：执行键。

4. Nikon 全站仪的基本操作

1）开机、启动

按下 PWR 键开机，将仪器置于盘左，上下转动望远镜，仪器将自动继续上次的工作并返回上一次关机前的状态；旋转照准部使水平度盘初始化，如果在转动望远镜之前旋转照准部，仪器重新设置水平度盘的零位置，如果先转动望远镜后旋转照准部，则水平度盘的零位

置不变。开机、启动后显示的是基本测量屏幕，一共有 4 页，按 DSP 键进行换页显示，屏幕右侧显示电池电量及测距信号的强弱。

说明：

首字符（比如 HA）后面为“:”表示倾斜改正已打开。

首字符（比如 HA）后面为“#”表示倾斜改正已关闭。

首字符（比如 HD）后面为“:”表示海平面改正已打开。

补偿器打开了，在设站及测量、放样过程中，如果仪器倾斜超出补偿范围，屏幕上将显示电子气泡，也可以按“HOT”及[4]键来显示。

2）主菜单

主菜单如图 5.30 所示。

1：Job	工作管理	2：Cogo	坐标几何
3：Sett	设置	4：Data	数据
5：Comms	通讯	6：Time	日期和时间
7：Cali	校正	8：Note	注记

1:Job　5:Comms
2:Cogo　6:Time
3:Sett　7:Calib
4:Data　8:Note

图 5.30　主菜单

3）关　机

按 PWR 和 ENT 键关机。

4）测　距

照准棱镜，按 MSR 键进行测距，按 TRK 键进行跟踪测距；停止测距要再按一次 MSR，TRK 或 ESC 键；如果测距次数设定，直到按下 MSR，TRK 或 ESC 键，连续测距才停止，每次测距的结果都会被更新，SDX 表示平均距离。

5）用 Nikon 全站仪进行碎部测量

（1）设置工作。

在主菜单界面按[1]键进入工作管理，显示出一个工作列表，最近建立的一个工作文件名显示在工作列表的最上端。

工作文件名前带有（*）的为当前工作，在工作文件名后带有（@）的为控制工程，用向上/向下箭头键把光标移到所需的工作名上按 ENT 键打开它。如果要创建一个新的工作，在工作列表屏上再按 MENU 键，弹出如图 5.31 所示的工作管理器的子菜单界面。

按[1]键，然后在显示“Input Job Name”屏幕输入工作名（最多不超过 8 个字符）。可同时创建 5 个工作，每个工作的数据库大约可记录 5 100 组数据。

输入工作名回车后，弹出如图 5.32 所示界面。显示屏最后一行为软键，要执行某一软键功能，按该软键所对应的键盘上的数字键。例如，要创建新的工作“GANZHOU”，按[Yes]所对应的键盘数字键[4]即可（也可以按 ENT 键）。

1:Create
2:DEL
3:Control
4:Info

图 5.31　设置工作

Create　JOB

GANZHOU
NO　SET　　YES

图 5.32　创建工作

（2）检查、设置参数。

第一次使用仪器时，一定要检查设置。在每天工作开始时，最好也进行检查，至少要检查“角度”、“距离”、“坐标”和“单位”的设置检查或修改参数的设置，按图 5.32 中[Set]所对应的键盘数字键[2]，屏幕显示 11 个参数的设置，通过向上/向下箭头移动光标来选择项目，用左/右箭头键来改变这些设置。

比例因子：0.9996-1.0004　　T-P 改正：ON/OFF

海平面改正：ON/OFF　　C&R 改正：OFF/132/200

角度单位：DEG/GON/MIL　　距离单位：米/Ft-US/ Ft-Int

温度单位：degC/degF　　气压单位：hPa/mmHg/inHg

VA 零方向：↑0（天顶）/→0（水平）　　AZ 零方向：北/南

坐标顺序：NEZ / ENZ

按[ENT]键完成设置。如果不需要修改参数，在第 2 步输入好工作名后，直接按[ENT]或[4：YES]键确认。“工作管理器子菜单”中另外两个子菜单是：[2：DEL] 删除工作；[3：Control] 创建控制工作，如建立控制点文件。“控制工作”储存测量数据（如控制点），作为数据资源，可同时被其他“工作”使用。[Info]：查看工作信息。可显示工作名、当前记录数以及可记录数。

（3）设置测站。

按[STN]键，显示“Station Setup”菜单，如图 5.33 所示。

[1：Known]　已知点设站　　[2：2-PT]　两点后方交会

[3：3-PT]　三点后方交会　　[4：Quick]　快速设站

[5：RBM]　远程水准测量　　[6：BSchk]　后视检核

这里只介绍在已知点上设站。

Station	Setup
1:Known	4:Quick
2:2-pt	5:RMB
3:3-pt	6:Bschk

图 5.33　测站设置

在“Station Setup”界面按[1]键，显示输入“测站名、仪器高、代码”界面，如果输入的点号/点名，已经被记录在仪器内存，屏幕将显示其坐标，同时自动进行下一步。如果输入的点号/点名是新点，需要输入其坐标，输入坐标之后将存储该输入点，再按[ENT]键；输入仪器高，按[ENT]键。

（4）定向。

① 照准后视点输入坐标。在“Backsight”界面按[1]键，显示输入后视点点名及其坐标的屏幕，输入该点的点名及其坐标，按[ENT]键，屏幕显示由坐标反算的坐标方位角。照准后视点，再按[ENT]键，记录测站，返回到 BMS。

② 照准后视点输入方位角。在“Backsight”界面按[2]键，显示输入后视点点名的屏幕，输入后视点点号，再按[ENT]键。

（5）测碎部。

① 测距：在 BMS 屏幕，按下[MSR]（或[TRK]）键进行测距。

如果设定了测距次数，仪器自动测量并显示其斜距的平均值 SDX。若要在完成测距次数之前终止测距，要再按一次[MSR]，[TRK]或[ESC]键。

如果要修改目标高、气温、气压，在任何观测屏上按[HOT]键，在屏幕上输入新的数值。

② 记录：按[REC]键，记录观测数据。

特别强调：如果未先按[MSR]（或[TRK]）键进行测距，则只记录角度值，而距离 CD 的记录为 0.000。

6）数据通讯

（1）全站仪→计算机。

打开计算机中的“Nikon 通讯软件”，屏幕弹出如图 5.34 所示的对话框。

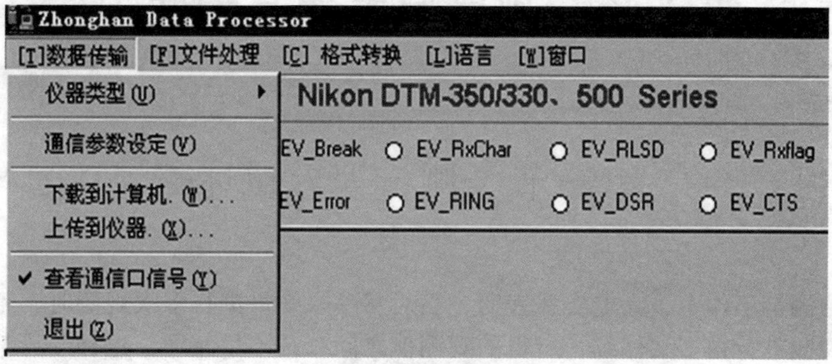

图 5.34 数据传输

选择好仪器类型，检查通讯参数的设置，然后执行“下载到计算机”，按“OK”键，等待输入。在全站仪上选择[MENU] [5：Comms]；选择“下载数据”菜单项[1：Download]，如图 5.35 所示，从“Select Format”对话框中选择数据格式和类型：

Format：NIKON/SDR2X/SDR33

Data：RAW/Coodinate

在[Format：]行选择数据格式 NIKON，在[Data：]行选择输出数据的类型是原始观测值还是坐标数据。按[ENT]键显示将输出记录的数量，再按[ENT]键开始输出。数据输出完毕，屏幕提示“Delete job”（是否删除工作），如果不删除按“No”，要删除则按“Yes”。

Communication 1:Download 2:Upload Data 3:Upload List

图 5.35 数据下载

（2）计算机→全站仪。

在 Communication 通讯菜单中选择[2：Upload data]，输入之前，在“Free Space：”行显示能输入的点的数量，按[ENT]键仪器开始接收坐标数据。仪器在接收时显示当前传输的行号。

第六章　测量误差的基本知识

第一节　测量误差概述

在实际的测量工作中，大量实践表明，当对某一未知量进行多次观测时，不论测量仪器有多精密，观测进行得多么仔细，所得的观测值之间总是不尽相同。这种差异都是由于测量中存在误差的缘故。测量所获得的数值称为观测值。由于观测中误差的存在往往导致各观测值与其真实值（简称为真值）之间存在的微小而无法避免的差异，这种差异称为测量误差（或观测误差）。用 L 代表观测值，X 代表真值，则真误差等于观测值 L 减真值 X，即

$$\Delta = L - X \tag{6.1}$$

一、测量误差及其来源

由于任何测量工作都是由观测者使用某种仪器、工具，在一定的外界条件下进行的，所以，观测误差来源于以下三个方面：观测者的视觉鉴别能力和技术水平；仪器、工具的精密程度；观测时外界条件的好坏。通常我们把这三个方面综合起来称为观测条件。观测条件将影响观测成果的精度：若观测条件好，则测量误差小，测量的精度就高；反之，则测量误差大，精度就低。若观测条件相同，则可认为精度相同。在相同观测条件下进行的一系列观测称为等精度观测；在不同观测条件下进行的一系列观测称为不等精度观测。

由于在测量的结果中含有误差是不可避免的，因此，研究误差理论的目的就是要对误差的来源、性质及其产生和传播的规律进行研究，以便解决测量工作中遇到的实际数据处理问题。例如：在一系列的观测值中，如何确定观测量的最可靠值，如何来评定测量的精度，以及如何确定误差的限度等，所有这些问题，运用测量误差理论均可得到解决。

二、测量误差的分类

测量误差按其性质可分为系统误差和偶然误差两类。

1. 系统误差

在相同的观测条件下，对某一未知量进行一系列观测，若误差的大小和符号保持不变，或按照一定的规律变化，这种误差称为系统误差。例如经纬仪因视准轴与横轴不垂直而引起的方向误差，随视线竖直角的大小而变化且符号不变；水准仪的视准轴不水平而引起的读数

误差，与视线的长度成正比且符号不变；距离测量尺长不准产生的误差随尺段数成比例增加且符号不变。这些误差都属于系统误差。

系统误差主要来源于仪器工具上的某些缺陷；来源于观测者的某些习惯，例如有些人习惯把读数估读得偏大或偏小；也有来源于外界环境，如风力、温度及大气折光等的影响。

系统误差的特点是具有累积性，对测量结果影响较大，因此，应尽量设法消除或减弱它对测量成果的影响。方法有两种：一是在观测方法和观测程序上采取一定的措施来消除或减弱系统误差的影响。例如在测水平角时，采取盘左和盘右观测取其平均值，以消除视准轴与横轴不垂直所引起的误差；在水准测量中，保持前视和后视距离相等，以消除视准轴不水平所产生的误差。另一种是找出系统误差产生的原因和规律，对测量结果加以改正。例如在钢尺量距中，可对测量结果加尺长改正和温度改正，以消除钢尺长度的影响。

2. 偶然误差

在相同的观测条件下，对某一未知量进行一系列观测，如果观测误差的大小和符号没有明显的规律性，即从表面上看，误差的大小和符号均呈现偶然性，这种误差称为偶然误差。例如在水平角测量中照准目标时，可能稍偏左也可能稍偏右，偏差的大小也不一样；又如在水准测量或钢尺量距中估读毫米数时，可能偏大也可能偏小，其大小也不一样，这些都属于偶然误差。

产生偶然误差的原因很多，主要是由于仪器或人的感觉器官能力的限制，如观测者的照准误差、估读误差、视差等，以及环境中不能控制的因素（如不断变化着的温度、风力等外界环境）所造成。偶然误差在测量过程中是无法避免的，从单个误差来看，其大小和符号没有一定的规律性，但对大量的偶然误差进行统计分析，就能发现在观测值内部也隐藏着一种必然的规律，这给偶然误差的处理提供了可能性。

测量成果中除了系统误差和偶然误差以外，还可能出现错误（有时也称之为粗差）。错误产生的原因较多，可能由作业人员疏忽大意、失职而引起，如大数读错、读数被记录员记错、照错了目标等；也可能是仪器自身或受外界干扰发生故障引起的；还有可能是容许误差取值过小造成的。错误对观测成果的影响极大，所以在测量成果中绝对不允许有错误存在。发现错误的方法是：进行必要的重复观测，通过多余观测条件，进行检核验算；严格按照各种测量规范进行作业等。

误差和错误的区别：首先是性质上的，误差是无法避免的，错误是能够避免的；其次是数值上的，一般误差值都比较小，而错误通常都比误差值大得多。

在测量的成果中，错误可以发现并剔除，系统误差能够加以改正，而偶然误差是无法避免的，它在测量成果中占主导地位，所以测量误差理论主要是处理偶然误差的影响。

三、偶然误差的特性

偶然误差的特点具有随机性，所以它是一种随机误差。偶然误差就单个而言具有随机性，但在总体上具有一定的统计规律，是服从于正态分布的随机变量。

在测量实践中，根据偶然误差的分布，可以明显地看出它的统计规律。例如在相同的观测条件下，观测了 217 个三角形的全部内角。已知三角形内角之和等于 180°，这是三内角之和的理论值即真值 X，实际观测所得的三内角之和即观测值 L。由于各观测值中都含有偶然误差，因此各观测值不一定等于真值，其差即真误差Δ。以下分两种方法来分析：

1. 表格法

由式（6.1）计算可得 217 个内角和的真误差，按其大小和一定的区间（本例为 $d_\Delta = 3''$），分别统计在各区间正负误差出现的个数 k 及其出现的频率 k/n（$n = 217$），列于表 6.1 中。

从表 6.1 中可以看出，该组误差的分布表现出如下规律：小误差出现的个数比大误差多；绝对值相等的正、负误差出现的个数和频率大致相等；最大误差不超过 27″。

实践证明，对大量测量误差进行统计分析，都可以得出上述同样的规律，且观测的个数越多，这种规律就越明显。

表 6.1 三角形内角和真误差统计表

误差区间 d_Δ	正误差		负误差		合计	
	个数 k	频率 k/n	个数 k	频率 k/n	个数 k	频率 k/n
0″～3″	30	0.138	29	0.134	59	0.272
3″～6″	21	0.097	20	0.092	41	0.189
6″～9″	15	0.069	18	0.083	33	0.152
9″～12″	14	0.065	16	0.073	30	0.138
12″～15″	12	0.055	10	0.046	22	0.101
15″～18″	8	0.037	8	0.037	16	0.074
18″～21″	5	0.023	6	0.028	11	0.051
21″～24″	2	0.009	2	0.009	4	0.018
24″～27″	1	0.005	0	0	1	0.005
27″以上	0	0	0	0	0	0
合计	108	0.498	109	0.502	217	1.000

2. 直方图法

为了更直观地表现误差的分布，可将表 6.1 的数据用较直观的频率直方图来表示。以真误差的大小为横坐标，以各区间内误差出现的频率 k/n 与区间 d_Δ的比值为纵坐标，在每一区间上根据相应的纵坐标值画出一矩形，则各矩形的面积等于误差出现在该区间内的频率 k/n。如图 6.1 中有斜线的矩形面积表示误差出现在 +6″～+9″的频率，等于 0.069。显然，所有矩形面积的总和等于 1。

可以设想，如果在相同的条件下，所观测的三角形个数不断增加，则误差出现在各区间的频率就趋向于一个稳定值。当 $n \to \infty$ 时，各区间的频率也就趋向于一个完全确定的数值——概率。若无限缩小误差区间，即 $d_\Delta \to 0$，则图 6.1 各矩形的上部折线，就趋向于一条以纵轴为对称的光滑曲线，如图 6.2 所示，该曲线称为误差概率分布曲线，简称误差分布曲线，在数理统计中，它服从正态分布。

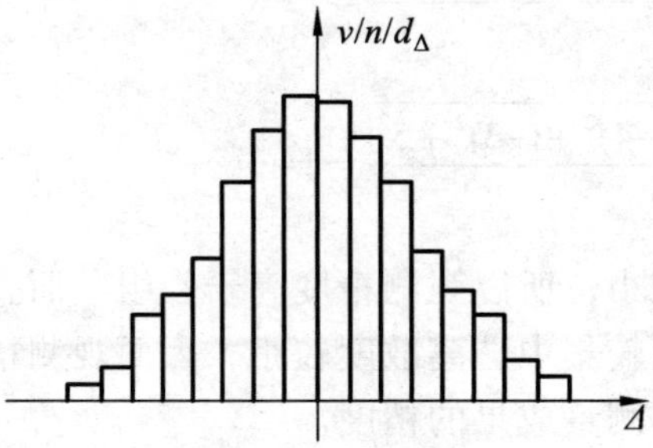

图 6.1　频率直方图

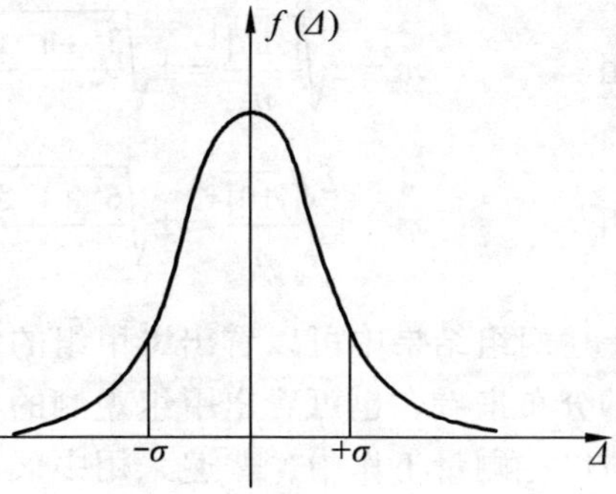

图 6.2　误差分布曲线

根据上述图表可以总结出偶然误差具有如下 4 个特性：

（1）有限性：在一定的观测条件下，偶然误差的绝对值不会超过一定的限值。

（2）集中性：即绝对值较小的误差比绝对值较大的误差出现的概率大。

（3）对称性：绝对值相等的正误差和负误差出现的概率相同。

（4）抵偿性：当观测次数无限增多时，偶然误差的算术平均值趋近于零。

第二节　评定精度的指标

研究测量误差理论的主要任务之一是要评定测量成果的精度。在实际测量问题中需要有一个数字特征来评定观测成果的精度，就是说需要有评定精度的指标。在测量中评定精度的指标有下列几种。

一、中误差

在实际应用中，以有限次观测个数 n 计算出标准差的估值定义为中误差 m，作为衡量精度的一种标准，计算公式为：

$$m = \pm\sigma = \pm\sqrt{\frac{[\Delta\Delta]}{n}} \tag{6.2}$$

式中　σ——标准差。

【例 6.1】　有甲、乙两组各自用相同的条件观测了 6 个三角形的内角，得三角形的闭合差（即三角形内角和的真误差）分别为：

（甲）　+3″、+1″、−2″、−1″、0″、−3″；

（乙）　+6″、−5″、+1″、−4″、−3″、+5″。

试分析两组的观测精度。

【解】　用中误差公式（6.2）计算得：

甲组 $m=\pm\sqrt{\dfrac{[\Delta\Delta]}{n}}=\pm\sqrt{\dfrac{3^2+1^2+(-2)^2+(-1)^2+0^2+(-3)^2}{6}}=\pm2.0''$

乙组 $m=\pm\sqrt{\dfrac{[\Delta\Delta]}{n}}=\pm\sqrt{\dfrac{6^2+(-5)^2+1^2+(-4)^2+(-3)^2+5^2}{6}}=\pm4.3''$

从上述两组结果中可以看出，甲组的中误差较小，所以观测精度高于乙组。而直接从观测误差的分布来看，也可看出甲组观测的小误差比较集中，离散度较小，因而观测精度高于乙组。所以在测量工作中，普遍采用中误差来评定测量成果的精度。

注意：在一组同精度的观测值中，尽管各观测值的真误差出现的大小和符号各异，而观测值的中误差却是相同的，因为中误差反映观测的精度，只要观测条件相同，则中误差不变。

二、相对误差

真误差和中误差都有符号，并且有与观测值相同的单位，它们被称为“绝对误差”。绝对误差可用于衡量那些诸如角度、方向等其误差与观测值大小无关的观测值的精度。但在某些测量工作中，绝对误差不能完全反映出观测的质量。例如，用钢尺丈量长度分别为 100 m 和 200 m 的两段距离，若观测值的中误差都是 ± 2 cm，不能认为两者的精度相等，显然后者要比前者的精度高，这时采用相对误差就比较合理。相对误差 K 等于误差的绝对值与相应观测值的比值。它是一个没有单位的数，常用分子为 1 的分式表示，即

$$K=\text{相对误差}=\frac{\text{误差的绝对值}}{\text{观测值}}=\frac{1}{T}$$

式中，当误差的绝对值为中误差 m 的绝对值时，K 称为相对中误差。

$$K=\frac{|m|}{D}=\frac{1}{D/|m|} \tag{6.3}$$

上例用钢尺丈量长度的例子若用相对误差来衡量，则两段距离的相对误差分别为 1/5 000 和 1/10 000，后者精度较高。在距离测量中还常用往返测量结果的相对较差来进行检核。相对较差定义为

$$K=\frac{|D_{\text{往}}-D_{\text{返}}|}{D_{\text{平均}}}=\frac{|\Delta D|}{D_{\text{平均}}}=\frac{1}{D_{\text{平均}}/|\Delta D|} \tag{6.4}$$

相对较差是真误差的相对误差，它反映的只是往返测的符合程度。显然，相对较差愈小，观测结果的精度愈好。

三、容许误差

由偶然误差的第一特性可知，在一定的观测条件下，偶然误差的绝对值不会超过一定的

限值。这个限值就是容许误差或称极限误差。此限值有多大呢？根据误差理论和大量的实践证明，在一系列的同精度观测误差中，真误差绝对值大于中误差的概率约为32%；大于2倍中误差的概率约为5%；大于3倍中误差的概率约为0.3%。也就是说，大于3倍中误差的真误差实际上是不可能出现的。因此，通常以3倍中误差作为偶然误差的极限值。在测量工作中一般取2倍中误差作为观测值的容许误差，即：

$$\Delta_{容} = 2m$$

当某观测值的误差超过了容许的2倍中误差时，将认为该观测值含有粗差，而应舍去不用或重测。

第三节　最或然值及其中误差

当测定一个角度、一点高程或一段距离的值时，按理说观测一次就可以获得该值，这一次观测就称为必要观测。但仅有一个观测值，测得对错与否，精确与否，都无从知道。如果进行多余观测（必要观测以外的观测），就可以有效地解决上述问题，它可以提高观测成果的质量，也可以发现和消除错误。重复观测形成了多余观测，也就产生了观测值之间互不相等这样的矛盾。如何由这些互不相等的观测值求出观测值的最佳估值，同时对观测质量进行评估，属于“测量平差”所研究的内容。

对一个未知量的直接观测值进行平差，称为直接观测平差。根据观测条件，有等精度直接观测平差和不等精度直接观测平差。平差的结果是得到未知量最可靠的估值，它最接近真值，平差中一般称这个最接近真值的估值为“最或然值”，或　“最可靠值”，有时也称“最或是值”，一般用 x 表示。本节将讨论如何求等精度直接观测值的最或然值及其精度的评定。

一、等精度直接观测值的最或然值

等精度直接观测值的最或然值即是各观测值的算术平均值。

当观测次数 n 趋近于无穷大时，算术平均值就趋向于未知量的真值。当 n 为有限值时，算术平均值最接近于真值，因此在实际测量工作中，将算术平均值作为观测的最后结果。增加观测次数则可提高观测结果的精度。

二、评定精度

1. 观测值的中误差

1）由真误差来计算

当观测量的真值已知时，可根据中误差的定义，即式（6.2），由观测值的真误差来计算其中误差。

$$m=\pm\sqrt{\frac{[\Delta\Delta]}{n}}$$

2）由改正数来计算

在实际工作中，观测量的真值除少数情况外一般是不易求得的。因此在多数情况下，我们只能按观测值的最或然值来求观测值的中误差。

（1）改正数及其特征。

最或然值 x 与各观测值 L 之差称为观测值的改正数，其表达式为：

$$v_i=x-L_i(i=1,2,\cdots,n) \tag{6.5}$$

在等精度直接观测中，最或然值 x 即是各观测值的算术平均值，即：

$$x=\frac{[L]}{n} \tag{6.6}$$

显然

$$[v]=\sum_{i=1}^{n}(x-L_i)=nx-[L]=0 \tag{6.7}$$

式（6.7）是改正数的一个重要特征，在检核计算中有用。

（2）公式。

$$m=\pm\sqrt{\frac{[vv]}{(n-1)}} \tag{6.8}$$

式（6.8）即是等精度观测用改正数计算观测值中误差的公式，又称“贝塞尔公式”。

2. 最或然值的中误差

一组等精度观测值为 L_1，L_2，…，L_n，其中误差相同均为 m，最或然值 x 即为各观测值的算术平均值。则有：

$$x=\frac{[L]}{n}=\frac{1}{n}L_1+\frac{1}{n}L_2+\cdots+\frac{1}{n}L_n$$

根据误差传播定律，可得出算术平均值的中误差 M 为：

$$M^2=\pm\left(\frac{1}{n^2}m^2\right)\times n=\frac{m^2}{n}$$

故

$$M=\frac{m}{\sqrt{n}} \tag{6.9}$$

综合式（6.8）、（6.9），算术平均值的中误差也可表达如下：

$$M = \pm\sqrt{\frac{[vv]}{n(n-1)}} \tag{6.10}$$

【例 6.2】　对某距离等精度观测 6 次，其观测值见表 6.3。试求观测值的最或然值、观测值的中误差以及最或然值的中误差、观测值相对中误差。

【解】　由本节可知，等精度直接观测值的最或然值是观测值的算术平均值。

根据式（6.5）计算各观测值的改正数 v_i，利用式（6.7）进行检核，计算结果列于表 6.3 中。

根据式（6.8）计算观测值的中误差为：

$$m = \pm\sqrt{\frac{520}{6-1}} = \pm 10.2 \text{ mm}$$

表 6.3　等精度直接观测平差计算

观测值/m	改正数 v/mm	vv/mm^2
$L_1 = 133.651$	+4	16
$L_2 = 133.638$	+17	289
$L_3 = 133.668$	−13	169
$L_4 = 133.658$	−3	9
$L_5 = 133.661$	−6	36
$L_6 = 133.654$	+1	1
$X = [L]/n = 133.655$	$[v] = 0$	$[vv] = 520$

根据式（6.9）计算最或然值的中误差为：

$$M = \frac{m}{\sqrt{n}} = \pm\frac{10.2}{\sqrt{6}} = \pm 4.164 \text{ mm}$$

$$k = \frac{m}{L} = \frac{10.2}{133\,655} = \frac{1}{13\,103}$$

【函数计算器的使用】以 CASIO fx-350ms 型号为例。

进入数学统计功能：

（1）按 ON 打开计算器。

（2）按 MODE 键进入计算模式选择。

（3）按 2 键进入统计模式。

数据输入：

（1）输入需要计算的数据，按 M+ 键存入。

（2）以此类推，直至最后一个数据，按 M+ 键存入。

提取计算结果：

（1）按 shift 2 1 = 得到最或然值。

（2）按 shift 2 2 = 可用定义公式得到观测值中误差。

按 shift 2 3 = 可用贝塞尔公式得到观测值中误差。

（3）按 ÷ √（数据个数）= 得到算术平均值中误差。

【例 6.3】 已知对某量等精度进行了 4 次观测，其算术平均值的中误差为±10 mm，若要提高两倍的测量精度，问还要进行多少个测回的测量工作？

【解】 $m = M\sqrt{n} = 10\sqrt{4} = \pm 20$ mm

若要精度提高两倍，中误差就要降低至原来的 1/4。

即： $M_1 = M/4 = 10/4 = \pm 2.5$ mm

则总共的测量次数为：

$$n_1 = m^2 / M_1^2 = 20 \times 20 / (2.5 \times 2.5) = 400/6.25 = 64 \text{ 次}$$

扣除原来的 4 次，共还需要的测量次数为：

$$64 - 4 = 60 \text{ 次}$$

【例 6.4】 以同精度对某角进行 5 次观测，观测值为 42°28′30″、42°28′39″、42°28′36″、42°28′32″、42°28′33″。试计算其观测值中误差、算术平均值及其中误差。

【解】（1）按 MODE 键选择进入统计功能 SD，用的是 MODE + 2。

（2）输入观测数据，按 M + 键确认所输的数据：

30 + M +

39 + M +

36 + M +

32 + M +

33 + M +

（3）按下面的方法提取计算结果：

SHIFT + X + = 得

SHIFT + X6n-1 + = 得

即，最或然值为 42°28′34″。观测值中误差为 ± 3.5″。算术平均值中误差为 ± 1.6″。

由式（6.10）可以看出，算术平均值的中误差是观测值中误差的 $1/\sqrt{n}$ 倍，这说明算术平均值的精度比观测值的精度要高，且观测次数愈多，精度愈高。所以多次观测取其平均值，是减小偶然误差的影响，提高成果精度的有效方法，当观测的中误差 m 一定时，算术平均值的中误差 M 与观测次数 n 的平方根成反比，如表 6.4 及图 6.3 所示。

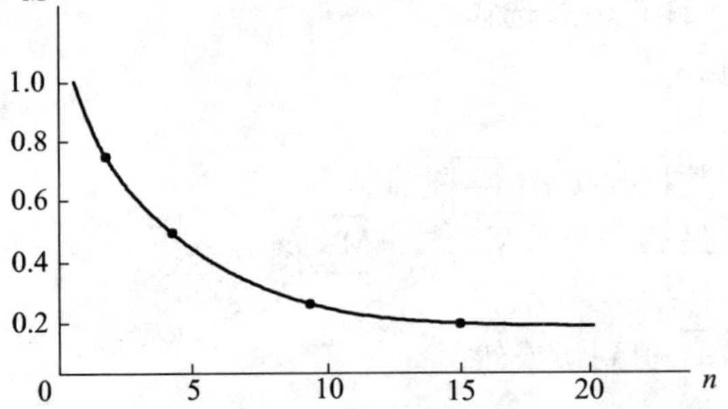

图 6.3 算术平均值中误差与观测值中误差的关系

表 6.4　观测次数与算术平均值中误差的关系

观测次数	算术平均值的中误差 M
2	$0.71m$
4	$0.50m$
6	$0.41m$
10	$0.32m$
20	$0.22m$

从表 6.4 及图 6.3 可以看出观测次数 n 与 M 之间的变化关系。n 增加时，M 减小；当 n 达到一定数值后，再增加观测次数，工作量增加，但提高精度的效果就不太明显了。故不能单纯靠增加观测次数来提高测量成果的精度，而应设法提高单次观测的精度，如使用精度较高的仪器、提高观测技能或在较好的外界条件下进行观测。

第四节　误差传播定律

前面已经叙述了评定观测值的精度指标，并指出在测量工作中一般采用中误差作为评定精度的指标。但在实际测量工作中，往往会碰到有些未知量是不可能或者是不便于直接观测的，而可由一些可以直接观测的量，通过函数关系间接计算得出，这些量称为间接观测量。例如用水准仪测量两点间的高差 h，通过后视读数 a 和前视读数 b 来求得 h，即 $h=a-b$。由于直接观测值中都带有误差，因此未知量也必然受到影响而产生误差。说明观测值的中误差与其函数的中误差之间关系的定律，叫做误差传播定律，它在测量学中有着广泛的用途。

一、误差传播

设 Z 是独立观测量 $x_1,x_2,\cdots,x_n$ 的函数，即：

$$Z=f(x_1,x_2,\cdots,x_n)$$

式中，$x_1,x_2,\cdots,x_n$ 为直接观测量，它们相应观测值的中误差分别为 $m_1,m_2,\cdots,m_n$，求观测值的函数 Z 的中误差 m_z 得：

$$m_z^2=\sqrt{\left(\frac{\partial f}{\partial x_1}\right)^2 m_1^2+\left(\frac{\partial f}{\partial x_2}\right)^2 m_2^2+\cdots+\left(\frac{\partial f}{\partial x_n}\right)^2 m_n^2} \tag{6.11}$$

公式（6.11）即为计算函数中误差的一般形式。

求任意函数中误差的方法和步骤是如下：

（1）列出独立观测量的函数式：

$$Z=f(x_1,x_2,\cdots,x_n)$$

（2）求出真误差的关系式。对函数进行全微分得：

$$\mathrm{d}Z=\frac{\partial f}{\partial x_1}\mathrm{d}x_1+\frac{\partial f}{\partial x_2}\mathrm{d}x_2+\cdots+\frac{\partial f}{\partial x_n}\mathrm{d}x_n$$

（3）求出中误差关系式。只要把真误差换成中误差的平方，系数也平方，即可直接写出中误差关系式：

$$m_z^2=\left(\frac{\partial f}{\partial x_1}\right)^2 m_1^2+\left(\frac{\partial f}{\partial x_2}\right)^2 m_2^2+\cdots+\left(\frac{\partial f}{\partial x_n}\right)^2 m_n^2$$

按上述方法可导出几种常用的简单函数中误差的公式，如表 6.5 所列，计算时可直接应用。

表 6.5　常用函数的中误差公式

函数式	函数的中误差
倍数函数 $Z=kx$	$m_z=km_x$
和差函数 $Z=x_1\pm x_2\pm\cdots\pm x_n$	$m_z=\pm\sqrt{m_1^2+m_2^2+\cdots+m_n^2}$
线性函数 $Z=k_1x_1\pm k_2x_2\pm\cdots\pm k_nx_n$	$m_z=\pm\sqrt{k_1^2m_1^2+k_2^2m_2^2+\cdots+k_n^2m_n^2}$
	若 $m_1=m_2=\cdots=m_n$ 时，$m_z=m\sqrt{n}$

二、应用举例

误差传播定律在测绘领域应用十分广泛，利用它不仅可以求得观测值函数的中误差，而且还可以研究确定容许误差值。下面举例说明其应用方法。

【例 6.5】　在比例尺为 1∶500 的地形图上，量得两点的长度 $d=23.4$ mm，其中误差 $m_d=\pm0.2$ mm，求该两点的实际距离 D 及其中误差 m_D。

【解】　函数关系式为 $D=Md$，属倍数函数，$M=500$ 是地形图比例尺分母。

$$D=Md=500\times23.4=11\ 700\ \text{mm}=11.7\ \text{m}$$

$$m_D=Mm_d=500\times(\pm0.2)=\pm100\ \text{mm}=\pm\ 0.1\ \text{m}$$

两点的实际距离结果可写为 11.7 m ± 0.1 m。

【例 6.6】　水准测量中，已知后视读数 $a=1.845$ m，前视读数 $b=0.486$ m，中误差分别为 $m_a=\pm0.002$ m，$m_b=\pm0.003$ m，试求两点的高差及其中误差。

【解】　函数关系式为 $h=a-b$，属和差函数：

$$h=a-b=1.845-0.486=1.359\ \text{m}$$

$$m_n=\pm\sqrt{m_a^2+m_b^2}=\pm\sqrt{0.002^2+0.003^2}=\pm0.003\ 6\ \text{m}$$

两点的高差结果可写为 1.359 m ± 0.003 6 m。

【例 6.7】　图根水准测量中，已知每次读水准尺的中误差 $m_i=\pm2$ mm，假定视距平均长度为 50 m，若以 2 倍中误差为容许误差，试求在测段长度为 L（km）的水准路线上，图根水准测量往返测所得高差闭合差的容许值。

【解】 已知每站观测高差为：

$$h = a - b$$

则每站观测高差的中误差为：

$$m_h = \sqrt{2} m_i$$

因视距平均长度为 50 m，则 1 km 可观测 10 个测站，L（km）共观测 10 L 个测站，L（km）高差之和为：

$$\sum h = h_1 + h_2 + \cdots + h_{10l}$$

L（km）高差和的中误差为：

$$m = \sqrt{10L} m_h = \pm 4\sqrt{5L} \text{ mm}$$

往返高差的较差（即高差闭合差）为：

$$f_h = \sum h_{往} + \sum h_{返}$$

高差闭合差的中误差为：

$$m_{fh} = \sqrt{2} m = 4\sqrt{10L} \text{ mm}$$

以 2 倍中误差为容许误差，则高差闭合差的容许值为：

$$f_{h允} = 2m_{fh} = \pm 8\sqrt{10L} = \pm 25\sqrt{L} \text{ mm}$$

在前面水准测量的学习中，我们取 $f_{h允} = \pm 30\sqrt{L}$（mm）作为闭合差的容许值是考虑了除读数误差以外的其他误差的影响（如外界环境的影响、仪器的 i 角误差等）。

三、注意事项

应用误差传播定律应注意以下两点。

1. 要正确列出函数式

例如：用长 30 m 的钢尺丈量了 10 个尺段，若每尺段的中误差 $m_l = \pm 5$ mm，求全长 D 及其中误差 m_D。全长 $D = 10l = 10 \times 30 = 300$ m，$D = 10l$ 为倍数函数。但实际上全长应是 10 个尺段之和，故函数式应为 $D = l_1 + l_2 + \cdots + l_{10}$（为和差函数）。

用和差函数式求全长中误差，因各段中误差均相等，故得全长中误差为：

$$m_D = \sqrt{10} m_l = \pm 15.8 \text{ mm}$$

若按倍数函数式求全长中误差，将得出：

$$m_D = 10m_l = \pm 50\ \text{mm}$$

按实际情况分析用和差公式是正确的，而用倍数公式则是错误的。

2. 函数式中各个观测值必须相互独立

例如，有函数式

$$z = y_1 + 2y_2 + 1 \tag{a}$$

$$y_1 = 3x,\ y_2 = 2x + 2 \tag{b}$$

若已知 x 的中误差为 m_x，求 z 的中误差 m_z。

若直接用公式计算，由式（a）得：

$$m_z = \pm\sqrt{m_{y1}^2 + 4m_{y2}^2} \tag{c}$$

而 $m_{y1} = 3m_x$，$m_{y2} = 2m_x$，将其代入式（c）得：

$$m_z = \pm\sqrt{(3m_x)^2 + 4(2m_x)^2} = 5m_x$$

但上面所得的结果是错误的。因为 y_1 和 y_2 都是 x 的函数，它们不是互相独立的观测值，因此在式（a）的基础上不能应用误差传播定律。正确的做法是先把式（b）代入式（a），再把同类项合并，然后用误差传播定律计算。

$$z = 3x + 2(2x + 2) + 1 = 7x + 5$$
$$m_z = 7m_x$$

第二篇

控制测量和地形测量

第七章　控制测量

第一节　控制测量概述

绪论里指出，测量工作的原则为：从整体到局部，先控制后碎部。这里的整体是指控制测量，其含义是控制测量应该按由高等级到低等级逐级加密进行，直至最低等级的图根控制测量，再在图根控制点上安置仪器进行碎部测量或测设工作。

控制测量的作用是限制测量误差的传播和积累，保证必要的测量精度，使分区的测图能拼接成整体，整体设计的工程建筑物能分区施工放样。控制测量贯穿在工程建设的各阶段：在工程勘测的测图阶段，需要进行控制测量；在工程施工阶段，要进行施工控制测量；在工程竣工后的营运阶段，为建筑物变形观测而需要进行的专用控制测量。

控制测量分为平面控制测量和高程控制测量，平面控制测量确定控制点的平面位置（X、Y），高程控制测量确定控制点的高程（H），用（x，y，H）表示地面上点的位置。

一、平面控制测量

平面控制网常规的布设方法有三角网、三边网和导线网。三角网是测定三角形的所有内角以及少量边，通过计算确定控制点的平面位置。三边网则是测定三角形的所有边长，各内角是通过计算求得。导线网是把控制点连成折线多边形，测定各边长和相邻边夹角，计算它们的相对平面位置。

在全国范围内布设的平面控制网，称为国家平面控制网。国家平面控制网采用逐级控制、分级布设的原则，分一、二、三、四等，主要由三角测量法布设，在西部困难地区采用导线测量法。一等三角锁沿经线和纬线布设成纵横交叉的三角锁系，锁长 200 ~ 250 km，构成许多锁环。一等三角锁内由近于等边的三角形组成，边长为 20 ~ 30 km。二等三角测量如图 7.1 所示有两种布网形式，一种是由纵横交叉的两条二等基本锁将一等锁环划分成 4 个大致相等的部分，这 4 个空白部分用二等补充网填充，称纵横锁系布网方案。另一种是在一等锁环内布设全面二等三角网，称全面布网方案。二等基本锁的边长为 20 ~ 25 km，二等网的平均边长为 13 km。一等锁的两端和二等网的中间，都要测定起算边长、天文经纬度和方位角。所以国家一、二等网合称为天文大地网。我国天文大地网于 1951 年开始布设，1961 年基本完成，1975 年修补测工作全部结束，全网约有 5 万个大地点。

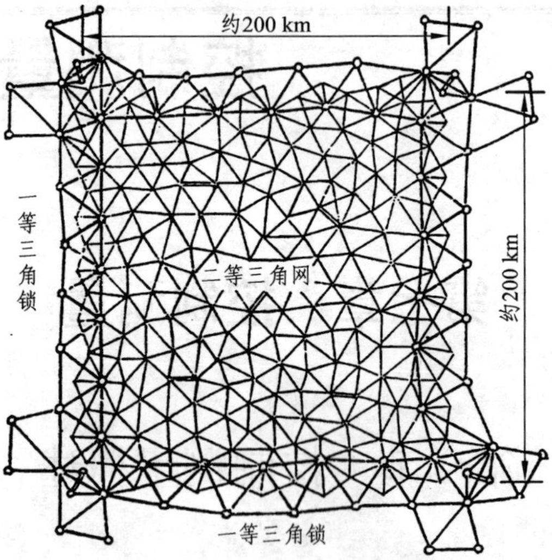

图 7.1　国家一、二等三角网

在城市地区为满足大比例尺测图和城市建设施工的需要，布设城市平面控制网。城市平面控制网在国家控制网的控制下布设，按城市范围大小布设不同等级的平面控制网，分为二、三、四等三角网，一、二级及图根小三角网或三、四等，一、二、三级和图根导线网。城市三角测量和导线测量的主要技术要求如表 7.1、表 7.2 所示。

表 7.1　城市三角测量的主要技术要求

等　级	平均边长 /km	测角中误差 /（″）	起始边相对中误差	最弱边边长相对中误差	测回数			三角形最大闭合差/（″）
					DJ_1	DJ_2	DJ_6	
二等	9	±1	1/30 000	1/120 000	12	—	—	±3.5
三等	5	±1.8	首级 1/200 000	1/80 000	6	9	—	±7
四等	2	±2.5	首级 1/200 000	1/45 000	4	6	—	±9
一级小三角	1	±5	1/40 000	1/20 000	—	2	6	±15
二级小三角	0.5	±10	1/20 000	1/10 000	—	1	2	±30
图根	最大视距的 1.7 倍	±20	1/10 000					±60

注：① 当最大测图比例尺为 1∶1000 时，一、二级小三角边长可适当放长，但最长不大于表中规定的 2 倍；

② 图根小三角方位角闭合差为 $\pm 40''\sqrt{n}$，n 为测站数。

表 7.2　城市导线测量的主要技术要求

等　级	导线长度/km	平均边长/km	测角中误差/(″)	测距中误差/mm	测回数			方位角闭合差/(″)	导线全长相对闭合差
					DJ_1	DJ_2	DJ_6		
三等	15	3	±1.5	±18	8	12	—	$\pm 3\sqrt{n}$	1/60 000
四等	10	1.6	±2.5	±18	4	6	—	$\pm 5\sqrt{n}$	1/40 000
一级	3.6	0.3	±5	±15	—	2	4	$\pm 10\sqrt{n}$	1/14 000
二级	2.4	0.2	±8	±15	—	1	3	$\pm 16\sqrt{n}$	1/10 000
三级	1.5	0.12	±12	±15	—	1	2	$\pm 24\sqrt{n}$	1/6 000
图根	$\leqslant 1.0M$		±30					$\pm 60\sqrt{n}$	1/2 000

注：① n 为测站数，M 为测图比例尺分母；

② 图根测角中误差为±30″，首级控制为±30″，方位角闭合差一般为 $\pm 60''\sqrt{n}$，首级控制为 $\pm 40''\sqrt{n}$。

在小于 10 km^2 的范围内建立的控制网，称为小区域控制网。在这个范围内，水准面可视为水平面，不需要将测量成果归算到高斯平面上，而是采用直角坐标，直接在平面上计算坐标。在建立小区域平面控制网时，应尽量与已建立的国家或城市控制网连测，将国家或城市高级控制点的坐标作为小区域控制网的起算和校核数据。如果测区内或测区周围无高级控制点，或者是不便于联测时，也可建立独立平面控制网。

20 世纪 80 年代末，卫星全球定位系统（GPS）开始在我国用于建立平面控制网，目前已成为建立平面控制网的主要方法。应用 GPS 卫星定位技术建立的控制网称为 GPS 控制网，根据我国 1992 年颁布的 GPS 测量规范要求，GPS 相对定位的精度，划分为 A、B、C、D、E 五级，如表 7.3 所列的标准。

表 7.3　GPS 相对定位的精度指标

测量分级	常量误差 a_0/mm	比例误差系数 b_0/（mm/km）	相邻点距离/km
A	≤5	≤0.1	100～2 000
B	≤8	≤1	15～250
C	≤10	≤5	5～40
D	≤10	≤10	2～15
E	≤10	≤20	1～10

我国国家 A 级和 B 级 GPS 大地控制网分别由 30 个点和 800 个点构成，它们均匀地分布在中国大陆，平均边长相应为 650 km 和 150 km。它不仅在精度方面比以往的全国性大地控制网大体提高了两个量级，而且其 3 维坐标体系是建立在有严格动态定义的先进的国际公认的 ITRF 框架之内。这一高精度 3 维空间大地坐标系的建成将为我国 21 世纪前 10 年的经济和社会持续发展提供基础测绘保障。

二、高程控制测量

高程控制测量就是在测区布设高程控制点，即水准点，用精确方法测定它们的高程，构成高程控制网。高程控制测量的主要方法有：水准测量和三角高程测量。高程控制网测量精度等级划分为一、二、三、四、五等。各等级高程控制宜采用水准测量，四等及以下等级可采用电磁波测距三角高程控制测量，五等也可采用 GPS 拟合高程测量。

国家高程控制网是用精密水准测量方法建立的，所以又称国家水准网。国家水准网的布设也是采用从整体到局部，由高级到低级，分级布设逐级控制的原则。国家水准网分为 4 个等级。一等水准网是沿平缓的交通路线布设成周长约 1 500 km 的环形路线。一等水准网是精度最高的高程控制网，它是国家高程控制的骨干，也是地学科研工作的主要依据。二等水准网是布设在一等水准环线内，形成周长为 500 ~ 750 km 的环线。它是国家高程控制网的全面基础。三、四等级水准网是直接为地形测图或工程建设提供高程控制点。三等水准一般布置成附合在高级点间的附合水准路线，长度不超过 200 km。四等水准均为附合在高级点间的附合水准路线，长度不超过 80 km。

城市高程控制网是用水准测量方法建立的，称为城市水准测量。按其精度要求分为二、三、四、五等水准和图根水准。根据测区的大小，各级水准均可首级控制。首级控制网应布设成环形路线，加密时宜布设成附合路线或结点网。水准测量主要技术要求见表 7.4。

在丘陵或山区，高程控制量测边可采用三角高程测量。光电测距三角高程测量现已用于（代替）四、五等水准测量。

表 7.4　水准测量主要技术要求

等级	每公里高差中误差/mm	路线长度/km	水准仪的型号	水准尺	观测次数		往返较差、附合或环线闭合差	
					与已知点联测	附合路线或环线	平地/mm	山地/mm
二等	2	—	DS_1	因瓦	往返各一次	往返各一次	$4\sqrt{L}$	—
三等	6	≤50	DS_1	因瓦	往返各一次	往一次	$12\sqrt{L}$	$4\sqrt{n}$
			DS_3	双面		往返各一次		
四等	10	≤16	DS_3	双面	往返各一次	往一次	$20\sqrt{L}$	$6\sqrt{n}$
五等	15	—	DS_3	单面	往返各一次	往一次	$30\sqrt{L}$	—
图根	20	≤5	DS_{10}		往返各一次	往一次	$40\sqrt{L}$	$12\sqrt{n}$

注：① 结点之间或结点与高级点之间，其路线的长度不应大于表中规定的 0.7 倍；
② L 为往返测段，附合或环线的水准路线长度以 km 为单位；n 为测站数。

第二节　导线测量

一、平面控制网的定向、定位与坐标正反算

在新布设的平面控制网中，至少需要已知一条边的坐标方位角，才可以确定控制网的方向，简称定向；至少需要已知一个点的平面坐标，才可以确定控制网的位置，简称定位。

1. 地面任意两点间的坐标增量与坐标方位角的关系

（1）由边长的坐标方位角和水平距离计算坐标增量。

如图 7.2 所示，已知一点 A 的坐标 x_A，y_A、边长 D_{AB} 和坐标方位角 α_{AB}，求 B 点的坐标 x_B、

y_B，称为坐标正算。由图可知

$$\left.\begin{aligned} x_B &= x_A + \Delta x_{AB} \\ x_B &= y_A + \Delta y_{AB} \end{aligned}\right\} \tag{7.1}$$

式中，Δx 称为纵坐标增量，Δy 称为横坐标增量，是边长在坐标轴上的投影，即：

$$\left.\begin{aligned} \Delta x_{AB} &= D_{AB} \cdot \cos\alpha_{AB} \\ \Delta y_{AB} &= D_{AB} \cdot \sin\alpha_{AB} \end{aligned}\right\} \tag{7.2}$$

Δx、Δy 的正负取决于 $\cos\alpha$、$\sin\alpha$ 的符号，要根据 α 的大小、所在象限来判别，如图 7.3 所示，式（7.1）又可写成

$$\left.\begin{aligned} x_B &= x_A + D_{AB} \cdot \cos\alpha_{AB} \\ y_B &= y_A + D_{AB} \cdot \sin\alpha_{AB} \end{aligned}\right\} \tag{7.3}$$

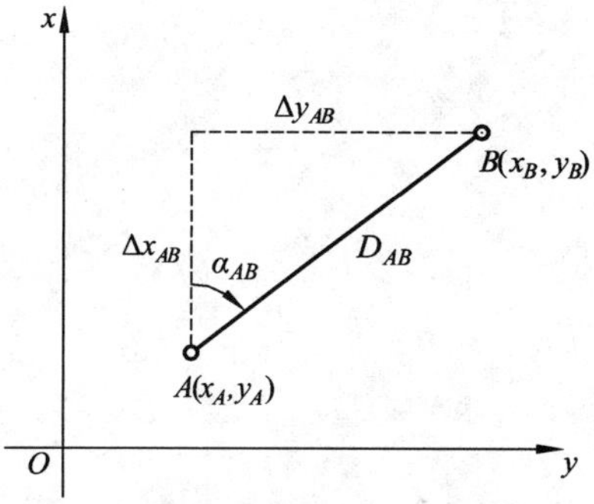

图 7.2　坐标正、反算

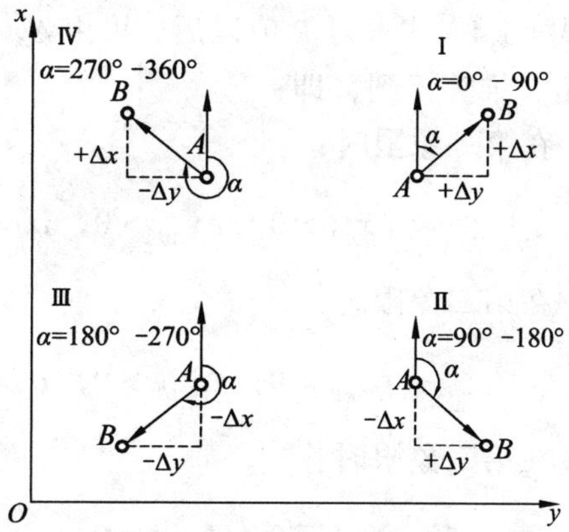

图 7.3　坐标增量的正负

使用学生用计算器计算坐标增量的按键顺序为：

[SHIFT] [POL（] [输入边长] [，] [输入方位角] [）] [=]

得出 Δx，再按 [RCL] [tan]，得出 Δy。

【例 7.1】 已知 AB 边的边长为 115.102 m，方位角 $\alpha_{AB}=175°25'34''$，A 点的坐标是（200.234 m，132.455 m），求 B 点的坐标。

【解】 坐标增量为：

$$\Delta x_{AB} = D_{AB} \cdot \cos\alpha_{AB} = -114.735 \text{ m}$$
$$\Delta y_{AB} = D_{AB} \cdot \sin\alpha_{AB} = 9.179 \text{ m}$$

B 点的坐标为：

$$x_B = x_A + \Delta x_{AB} = 85.499 \text{ m}$$
$$y_B = y_A + \Delta y_{AB} = 141.634 \text{ m}$$

用计算器计算很简单，不用计算函数：

SHIFT　POL（　115.102　，　175°25′34″　）　=

得出Δx为：－114.735；再按 RCL　tan ，得出Δy为：9.179。

（2）由边长的坐标增量计算边长的水平距离和坐标方位角。

如图 7.2 所示，已知两点 A、B 的坐标，求边长 D_{AB} 和坐标方位角α_{AB}，称为坐标反算。则可得：

$$R_{AB}=\tan^{-1}\left|\frac{\Delta y_{AB}}{\Delta x_{AB}}\right| \tag{7.4}$$

$$D_{AB}=\sqrt{\Delta x_{AB}^2+\Delta y_{AB}^2} \tag{7.5}$$

式中，$\Delta x_{AB}=x_B-x_A$，$\Delta y_{AB}=y_B-y_A$。

由式（7.4）式求得 R 值以后，再由 Δy 和 Δx 的正负符号确定其象限，则坐标方位角 α 可由象限角 R 推算得到，即：

在第一象限时：

$$\Delta x_{AB}>0,\ \Delta y_{AB}>0,\ \alpha=R$$

在第二象限时：

$$\Delta x_{AB}<0,\ \Delta y_{AB}>0,\ \alpha=180°-R$$

在第三象限时：

$$\Delta x_{AB}<0,\ \Delta y_{AB}<0,\ \alpha=180°+R$$

在第四象限时：

$$\Delta x_{AB}>0,\ \Delta y_{AB}<0,\ \alpha=360°-R$$

使用学生计算器计算边长及方位角按键顺序为：

POL（　输入$\triangle X_{AB}$　，　输入$\triangle Y_{AB}$　）　=

得出边长，再按 RCL　tan ，得出方位角。

注意：用计算器得出是正值即是方位角，如果是负值加上 360°即为方位角。

【例 7.2】 已知 AB 边的坐标增量分别为 $\Delta x_{AB}=105.398\ \text{m}$，$\Delta y_{AB}=-74.968\ \text{m}$，试计算其水平距离和坐标方位角。

【解】

水平距离为：

$$D_{AB}=\sqrt{\Delta x_{AB}^2+\Delta y_{AB}^2}=129.340\ \text{m}$$

象限角为：

$$R_{AB}=\arctan\left|\frac{\Delta y_{AB}}{\Delta x_{AB}}\right|=35°25'25''$$

因为 $\Delta x_{AB}>0,\ \Delta y_{AB}<0$，所以，$AB$ 边方位角位于Ⅳ象限，坐标方位角为：

$$\alpha_{AB}=360°-R_{AB}=324°34'35''$$

使用计算器的函数进行坐标计算就简单多了，不用这么麻烦地判断象限角。

POL（　105.398　，　−74.968　）　=

得出边长为 129.340；再按 RCL　tan ，角度 - 35°25′25″。

由于是负值，所以加上 360°即为方位角。

2. 平面控制网的定位与定向

如图 7.5 所示的平面控制网中，观测网中的角度和边长，由已知点的坐标和方位角就可以确定控制网的方向和位置，再根据观测的角度和边长，即可以推算出网中各边的坐标方位角，进而求出待定点的坐标。

一个点的坐标和一条边的坐标方位角称为平面控制网的必要起算数据。控制网的起算数据可以通过与已有国家控制网或城市控制网连测获得。（图 7.4 中双线为已知边，Δ为已知点）

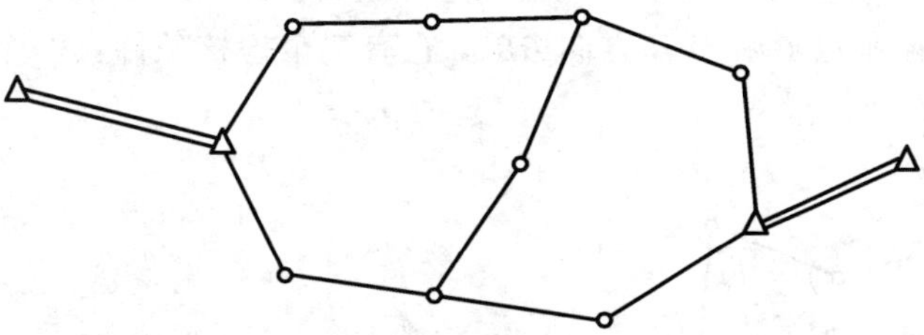

图 7.4　平面控制网的定位与定向

二、导线的布设

在地面上选定一系列点连成折线，在点上设置测站，然后采用测边、测角方式来测定这些点的水平位置的方法即为导线测量。导线测量是建立国家大地控制网的一种方法，也是工程测量中建立控制点的常用方法。

设站点连成的折线称为导线，设站点称为导线点。测量每相邻两点间距离和每一导线点上相邻边间的夹角，从一起始点坐标和方位角出发，用测得的距离和角度依次推算各导线点的水平位置。导线测量的优点是布设灵活，推进迅速，受地形限制小，边长精度分布均匀。如在平坦隐蔽、交通不便、气候恶劣地区，采用导线测量法布设大地控制网是有利的。导线测量的缺点是控制面积小、检核条件少、方位传算误差大。

按国家大地网的精度要求实施的导线测量，称为精密导线测量，其导线应闭合成环或布设在高级控制点之间以增加检核条件。导线上每隔一定距离测定天文经纬度和方位角，以控制方位误差。

电磁波测距仪出现后，导线测量受到重视。电磁波测距仪测定距离，作业迅速，精度随仪器的改进而越来越高，电磁波导线测量已得到广泛应用。

为建立国家大地网以及某些城市测量和工程测量所实施的导线测量，称为精密导线测量。其等级和精度要求与三角测量相同。这些等级以下的导线测量，分为经纬仪导线测量、视距导线测量和视差导线测量，其精度、使用的仪器和测量方法各不相同。

按照测区的条件和需要，导线可以布置成下列几种形式：

1. 闭合导线

由一个已知控制点出发，绕测区各导线点最后仍旧回到这一点，形成一个闭合多边形，如图 7.5 所示。

测区内如果有高级控制点，则尽可能从高级点开始。在闭合导线的已知控制点上必须有一条边的坐标方位角是已知的。它有三个检核条件：一个多边形内角和条件和两个坐标增量条件。

2. 附合导线

布设在两个高级控制点之间的导线，称为附和导线。也就是说导线起始于一个已知控制点，而终止于另一个已知控制点。如图 7.6 所示，导线从已知控制点 A 和已知方向 AA' 出发，经过 P_2、P_3、P_4 到达控制点 B 和已知方向 BB'。它有三个检核条件：一个坐标方位角和两个坐标增量。

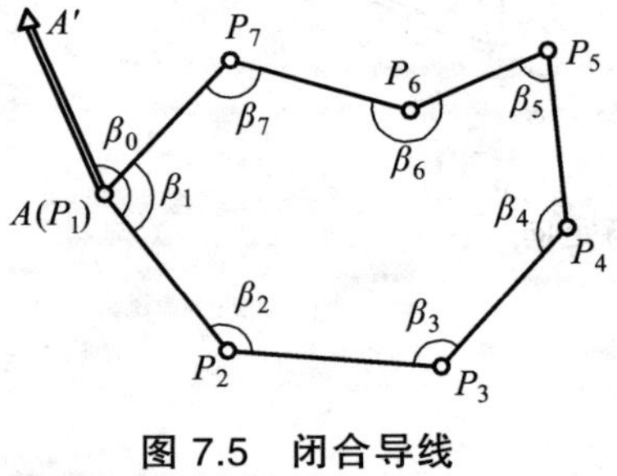

图 7.5 闭合导线

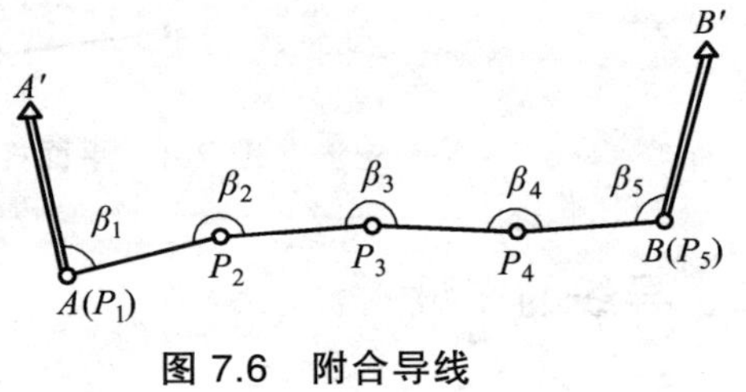

图 7.6 附合导线

3. 支导线

从一个已知控制点出发，既不符合到另一个控制点，也不回到原来的始点。如图 7.7 所示，由于支导线没有检核条件，故一般只限于地形测量的图根导线中采用。

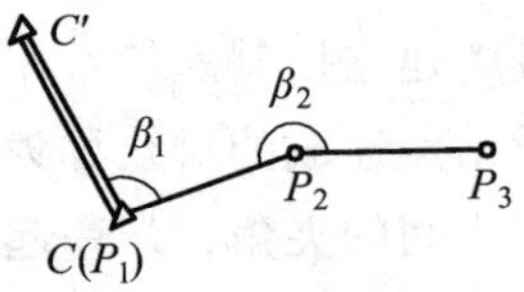

图 7.7 支导线图

三、导线测量的外业观测

导线测量的外业包括踏勘选点、埋石、造标、测角、测边、测定方向。

1. 踏勘、选点及建立标志

选点就是在测区内选定控制点的位置。选点之前，应尽可能收集测区内及附近已有的高级控制点的有关数据和旧的地形图。根据测图要求大致规划导线的走向及点位，定出初步方案，再到实地踏勘。选点应考虑便于导线测量、地形测量和施工放样。选点的原则归纳为：

（1）导线点应选在地势高、视野开阔便于加密控制和碎步测量的地方。

（2）相邻导线点间必须通视良好。

（3）导线边长大致相同，导线边长参照表 7.2 中规定。

（4）导线点应选在土质坚硬、易于保存和寻找的地方。

（5）导线应均匀分布在测区，便于控制整个测区。

选好点后应直接在地上打入木桩。桩顶钉一小铁钉或画“+”作为点的标志。必要时在木桩周围灌上混凝土[图 7.8（a）]。如导线点需要长期保存，则应埋设混凝土桩或标石[图 7.8（b）]。埋桩后应统一进行编号。为了今后便于查找，应量出导线点至附近明显地物的距离。绘出草图，注明尺寸，称为点之记[图 7.8（c）]。

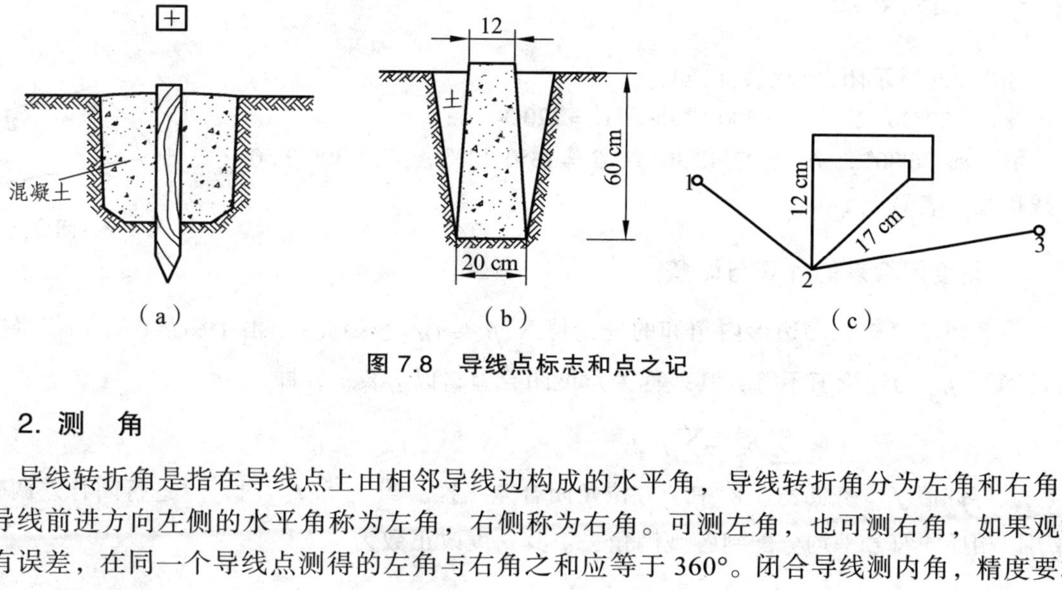

图 7.8　导线点标志和点之记

2. 测　角

导线转折角是指在导线点上由相邻导线边构成的水平角，导线转折角分为左角和右角，在导线前进方向左侧的水平角称为左角，右侧称为右角。可测左角，也可测右角，如果观测没有误差，在同一个导线点测得的左角与右角之和应等于 360°。闭合导线测内角，精度要求见表 7.2。

3. 测　边

图根导线边长可以使用检定过的钢尺丈量或检定过的光电测距仪测量。钢尺量距宜采用双次丈量方法，其较差的相对误差不应大于 1/3 000。钢尺的尺长改正数大于 1/10 000 时，应加尺长改正；量距时，平均尺温与检定时温度相差大于 ± 10 °C 时，应进行温度改正；尺面倾斜大于 1.5% 时，应进行倾斜改正。随着测绘技术的发展，目前全站仪已成为距离测量的主要手段，精度要求见表 7.2。

4. 测定方向

为了计算导线点的坐标，应该求出导线边的坐标方位角。测区内有国家高级控制点时，可与控制点连测推求方位，包括测定连测角和连测边；对于独立布设的导线，至少要测定一条边的方位角。当联测有困难时，也可采用罗盘仪测磁方位或陀螺经纬仪测定方向。

第三节 导线测量的内业计算

导线计算的目的是推算各导线点的坐标 x_i、y_i。下面结合实例介绍闭合导线的计算方法。计算前必须按技术要求对观测成果进行检查和核算。然后将观测的内角、边长填入表 7.5 中的 2、6 栏，起始边方位角和起点坐标值填入 5、11、12 栏顶上格（带有横线的值）。对于四等以下导线角值取至秒，边长和坐标取至 mm，图根导线、边长和坐标取至 cm，并绘出导线草图，在表内进行计算。

一、闭合导线

如图 7.9 所示闭合导线，已知：

$\alpha_{12}=120°30'12''$，$x_1=200.12\ \text{m}$，$y_1=220.34\ \text{m}$；

$\beta_1=89°36'30''$，$\beta_2=107°48'30''$，$\beta_3=73°00'20''$，$\beta_4=89°33'50''$；

导线边长见表 7.5。

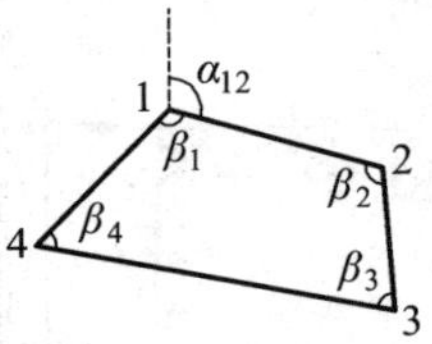

图 7.9 闭合导线

1. 角度闭合差的计算与调整

由几何学可知，多边形内角和的理论值 $\sum\beta_{理}=(n-2)\times180°$。由于测角误差，使得实测内角和 $\sum\beta_{测}$ 与理论值不符，其差称为角度闭合差，以 f_β 表示，即

$$f_\beta=\sum\beta_{测}-\sum\beta_{理} \tag{7.6}$$

其容许值 $f_{\beta容}$ 参照表 7.2 中“方位角闭合差”栏。当 $f_\beta\leqslant f_{\beta容}$ 时，可进行闭合差调整，将 f_β 以相反的符号平均分配到各观测角去。其角度改正数为：

$$v_\beta=\frac{-f_\beta}{n} \tag{7.7}$$

当 f_β 不能整除时，则将余数凑整到测角的最小位分配到短边大角上去。

本例为四边形，$f_\beta=\sum\beta-(4-2)\times180=-50''$，$f_{\beta限}=\pm30''\sqrt{n}=60''$。

$f_\beta<f_{\beta限}$，精度合格！将闭合差反号平均分配到各个内角中，由于不能整除，依据将余数凑整到测角的最小位分配到短边大角上，我们给 β_1、β_2 多分配 1″，计算结果写入表 7.5 中第 3 列。改正后的角值为：

$$\beta_i=\beta_i'+v_\beta \tag{7.8}$$

调整后的角值（填入表 7.5 中第 4 栏）必须满足：$\sum\beta=(n-2)\times180°$，否则表示计算有误。

表 7.5　闭合导线坐标计算表

点号	观测角 /(° ′ ″)	改正数 /(″)	改正后的角值 /(° ′ ″)	坐标方位角 /(° ′ ″)	边长 /m	增量计算值 Δx′/m	增量计算值 Δy′/m	改正后的增量值 Δx/m	改正后的增量值 Δy/m	坐标 x/m	坐标 y/m
1	2	3	4	5	6	7	8	9	10	11	12
1										200.12	220.34
				120 30 12	105.22	−1 −53.41	+3 +90.66	−53.42	+90.69		
2	107 48 30	+13	107 48 43							146.7	311.03
				192 41 29	80.18	−1 −78.22	+3 −17.62	−78.23	−17.59		
3	73 00 20	+12	73 00 32							68.47	293.44
				299 40 57	129.34	−1 64.05	+3 −112.37	64.04	−112.34		
4	89 33 50	+12	89 34 02							132.51	181.10
				30 06 55	78.16	0 67.61	+2 39.22	67.61	39.24		
1	89 36 30	+13	89 36 43							200.12	220.34
				120 30 12							
2											
∑	359 59 10	50	360 00 00		392.90	+0.03	−0.11	0.00	0.00		

辅助计算：

$f_\beta = \sum \beta - (4-2)\times 180 = -50''$　　$f_{\beta 限} = \pm 30''\sqrt{n} = 60''$

$f_x = \sum \Delta x_{测} = +0.03$　　$f_y = \sum \Delta y_{测} = -0.11$　　$f = \sqrt{f_x^2 + f_y^2} = 0.114$

$K = \dfrac{f}{\sum D} = \dfrac{1}{3\ 446}$　　容许相对闭合差：$K_{容} = \dfrac{1}{2\ 000}$

导线略图

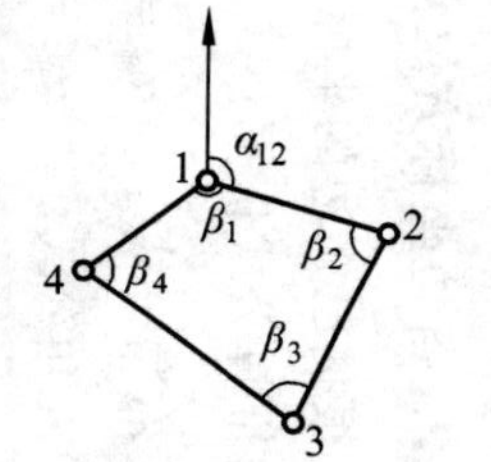

2. 各边坐标方位角推算

根据已知边的坐标方位角和改正后的内角，可以推算其他各边的坐标方位角。导线方位角的推算公式依据：

$$\left.\begin{aligned}&\text{右角公式:}\quad \alpha_{前}=\alpha_{后}-\beta_{右}+180^{\circ}\\&\text{左角公式:}\quad \alpha_{前}=\alpha_{后}+\beta_{左}-180^{\circ}\end{aligned}\right\}\tag{7.9}$$

依次计算

$$\alpha_{23}=\alpha_{12}-\beta_2+180^{\circ}$$
$$\alpha_{34}=\alpha_{23}-\beta_3+180^{\circ}$$
$$\alpha_{41}=\alpha_{34}-\beta_4+180^{\circ}$$

直到回到起始边 $\alpha_{12}=\alpha_{41}-\beta_1+180^{\circ}$（填入表 7.5 中第 5 栏）。经校核无误，方可继续往下计算。

3. 坐标增量计算及其他闭合差调整

根据各边长及其方位角，即可按式（7.2）计算出相邻导线点的坐标增量（填入表 7.5 中第 7、8 栏）或者借助计算器输入边长和方位角直接来计算坐标增量。如图 7.10 所示，闭合导线纵横坐标增量的总和的理论值应等于零，即：

$$\sum\Delta y_{理}=0，\sum\Delta x_{理}=0\tag{7.10}$$

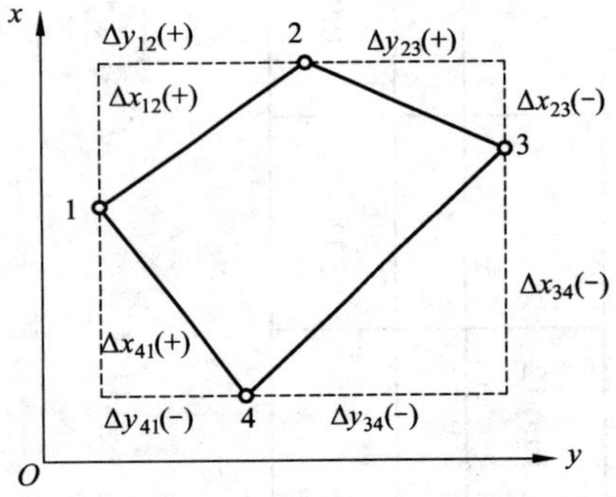

图 7.10　坐标增量闭合差图

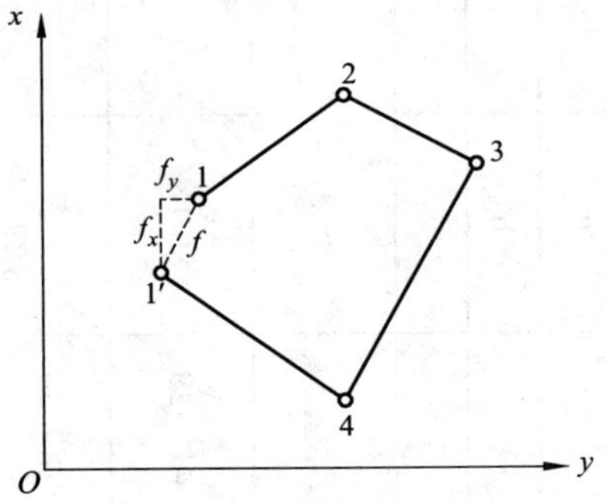

图 7.11　导线全长闭合差

由于量边误差和改正角值的残余误差，其计算的观测值 $\sum\Delta x_{测}$、$\sum\Delta y_{测}$ 不等于零，与理论值之差，称为坐标增量闭合差，即：

$$\left.\begin{aligned}f_x=\sum\Delta x_{测}-\sum\Delta x_{理}=\sum\Delta x_{测}\\f_y=\sum\Delta y_{测}-\sum\Delta y_{理}=\sum\Delta y_{测}\end{aligned}\right\}\tag{7.11}$$

如图 7.11 所示，由于 f_x、f_y 的存在，使得导线不闭合而产生 f，称为导线全长闭合差，即：

$$f=\sqrt{f_x^2+f_y^2}\tag{7.12}$$

f 值与导线长短有关。通常以全长相对闭合差 k 来衡量导线的精度，即：

$$k=\frac{f}{\sum D}=\frac{1}{\dfrac{\sum D}{f}}\tag{7.13}$$

式中，$\sum D$ 为导线全长（即表 7.5 中第 6 栏总和）。当 k 在容许值（见表 7.2）范围内，可将

f_x、f_y 以相反符号按边长成正比分配到各增量中去，其改正数为：

$$v_{xi}=\left(-\frac{f_x}{\sum D}\right)\times D_i \tag{7.14a}$$

$$v_{yi}=\left(-\frac{f_y}{\sum D}\right)\times D_i \tag{7.14b}$$

按增量的取位要求，改正数凑整至 cm 或 mm（填入表 7.5 中第 7、8 栏相应增量计算值尾数的上方），凑整后的改正数总和必须与反号的增量闭合差相等。然后将表 7.5 中第 7、8 栏相应的增量计算值加改正数计算改正后的增量（填入表 7.5 中第 9、10 栏）

4. 坐标计算

根据起点已知坐标和改正后的增量，按公式（7.1）依次计算 2、3、4 点直至回 1 点的坐标（填入表 7.5 中第 11、12 栏），以资检查。

二、附合导线

铁路、公路以及给水管线，都是从高级控制点开始，沿着设计方向布置成延伸的导线。为检查校核导线精度，按规定应相隔一定的距离与高级控制点连测，这就形成了图 7.6 所示两端分别附合在高级控制点上的附合导线。

附合导线的计算步骤与闭合导线完全相同，但计算方法中，唯有 $\sum\beta_{理}$、$\sum\Delta x_{理}$、$\sum\Delta y_{理}$ 三项不同，现分述如下（附合导线参见图 7.6）：

（1）角度闭合差 f_β 中 $\sum\beta_{理}$ 的计算。如表 7.6 中略图所示，已知始边和终边方位角 $\alpha_{A'A}$、$\alpha_{BB'}$，根据公式（7.9），导线各转折角（左角）β 的理论值应满足下列关系式：

$$\alpha_{A2}=\alpha_{A'A}-180°+\beta_1$$
$$\alpha_{23}=\alpha_{12}-180°+\beta_2$$
$$\vdots$$

将上列式取和　$\alpha_{BB'}=\alpha_{A'A}-5\times180°+\sum\beta$

式中，$\sum\beta$ 即为各转折角（包括连接角）理论值的总和。写成一般式，则

$$\sum\beta_{理}^{左}=\alpha_{终}-\alpha_{始}+n\times180° \tag{7.15}$$

同理，为右角时　$\sum\beta_{理}^{右}=\alpha_{始}-\alpha_{终}+n\times180°$　（7.16）

那么 $f_\beta=\sum\beta_{测}-\sum\beta_{理}$（左、右角公式通用）

（2）坐标增量 f_x、f_y 闭合差中 $\sum\Delta x_{理}$、$\sum\Delta y_{理}$ 的计算。由附合导线图可知，导线各边在纵横坐标轴上投影的总和，其理论值应等于终、始点坐标之差，即：

$$\left.\begin{aligned}\sum\Delta x_{理}&=x_{终}-x_{始}\\ \sum\Delta y_{理}&=y_{终}-y_{始}\end{aligned}\right\} \tag{7.17}$$

【例 7.3】　见表 7.6 附合导线坐标计算。

表 7.6　附合导线坐标计算表

点号	观测角 /(° ′ ″)	改正数 /″	改正后的角值 /(° ′ ″)	坐标方位角 /(° ′ ″)	边长 /m	增量计算值		改正后的增量值		坐　标	
						$\Delta x'$/m	$\Delta y'$/m	Δx/m	Δy/m	x/m	y/m
1	2	3	4	5	6	7	8	9	10	11	12
A'											
				93 56 15							
$A(P_1)$	186 35 22	−3	186 35 19							167.81	219.17
				100 31 34	86.09	−15.73	−1 +84.64	−15.73	+84.63		
P_2	163 31 14	−4	163 31 10							152.08	303.80
				84 02 44	133.06	+13.80	−1 +132.34	+13.80	+132.33		
P_3	184 39 00	−3	184 38 57							165.88	436.13
				88 41 41	155.64	−1 +3.55	−2 +155.60	+3.54	+155.58		
P_4	194 22 30	−3	194 22 27							169.42	591.71
				103 04 08	155.02	−35.05	−2 +151.00	−35.05	+150.98		
$B(P_5)$	163 02 47	−3	163 02 44							134.37	742.69
				86 06 52							
B'											
$\sum$	892 10 53	−16	892 10 37		529.81	−33.43	+523.58	−33.44	+523.52		

辅助计算：

$f_\beta = \alpha_{A'A} + \sum \beta + n \cdot 180 - \alpha_{BB'} = +16''$　　$f_{\beta限} = \pm 30'' \sqrt{n} = 67''$

$f_x = \sum \Delta x_{测} - \sum \Delta x_{理} = +0.01$　　$f_y = \sum \Delta y_{测} - \sum \Delta_{理} = +0.06$

$f_D = \sqrt{f_x^2 + f_y^2} = 0.06\ \text{m}$　　$K = \dfrac{f_D}{\sum D} = \dfrac{1}{8\,800}$　　容许相对闭合差：$K_{容} = \dfrac{1}{2\,000}$

导线略图：

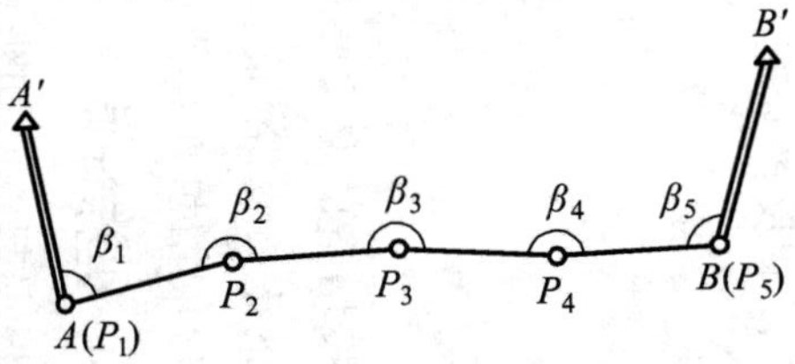

第四节　小三角测量

小三角测量，是指在小范围内布设边长较短的三角网的测量。它是平面控制测量主要方法之一。在观测所有三角形的内角及测量 1～2 条必要的边长之后，根据起始边的已知坐标方位角和起始点的坐标，即可求出所有三角点的坐标。小三角测量的特点：主要是测角工作，而测距工作极少，甚至可以没有。它适用于山区或丘陵地区的平面控制。

一、小三角测量的图形、等级和精度要求

根据测区的范围和地形条件，以及已有控制点的情况，小三角网可布置成三角锁[图 7.12（a）]、中点多边形[图 7.12（b）]、大地四边形[图 7.12（c）]和线形锁[图 7.12（d）]。

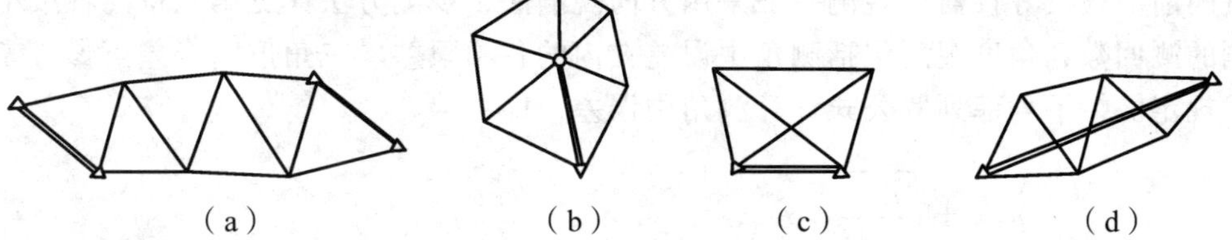

图 7.12　小三角网的形式

三角网中直接测量的边称基线（baseline）。三角锁一般在两端都布设一条基线，线形锁则是两端附合在高级点上的三角锁，故不需设置基线。起始边附合在高级点上的三角网也不需设置基线。

二、小三角测量的外业

1. 选　点

选点前应收集测区内已有的地形图和控制测量资料。在已有的地形图上初步拟订布网方案，然后到实地对照、修改，最后确定选定点位。选点时既要考虑到各级小三角测量的技术要求，又要考虑到测图和用图方面的要求。一般应注意以下几点：

（1）三角形应接近等边三角形，困难地区内角也不应大于 120°或小于 30°。

（2）三角形的边长应符合规范的规定。

（3）三角点应选在地势较高，视野开阔，便于测图和加密的地方，选在便于观测和便于保存点位的地方，相邻点间应通视良好。

（4）基线应选在地势平坦而无障碍便于丈量的地方，使用测距仪时还应避开发热体和强电磁场的干扰。

三角点选定后应埋设标志，可根据需要采用大木桩或混凝土标石，三角点选定后，应编

号命名绘制点之记。观测时可用三根竹杆吊挂一大垂球，为便于观测，可在悬挂线上加设照准用的竹筒，也可用三根铁丝竖立一标杆作为照准标志（图 7.13）。

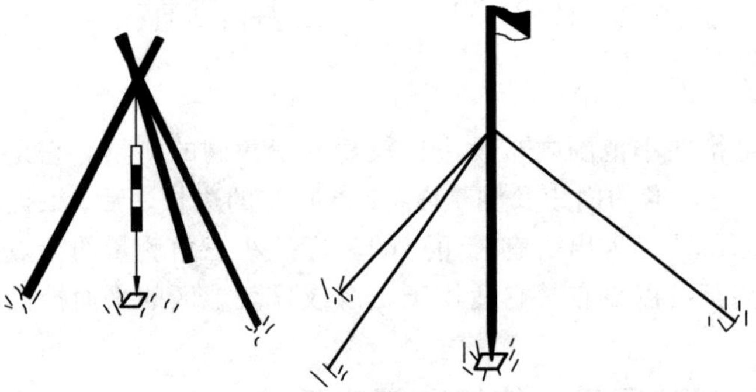

（a）（b）

图 7.13 照准标志

2. 角度观测

观测前应检校好仪器。观测一般采用方向观测法，观测方法详见第三章。各级小三角角度观测的测回数、角度观测包括测角中误差在内的各项限差、三角形闭合差可参考表 7.1 有关技术规定。按下列菲列罗公式计算测角中误差，即：

$$m_\beta = \pm\sqrt{\frac{[\overline{\omega}\overline{\omega}]}{3n}}$$

3. 基线测量

基线是计算三角形边长的起算数据，要求保证必要的精度。起始边应优先采用光电测距仪观测，观测前测距仪应经过检定。观测所得斜距应加气象、加常数、乘常数等改正，然后化算成平距。当用钢尺丈量基线时，应按第四章用钢尺作精密丈量的方法进行。钢尺应经过检定。丈量可用单尺进行往返丈量或双尺同向丈量。

4. 起始边定向

与高级网联测的小三角网，可根据高级点的坐标，用坐标反算得出的高级点间的坐标方位角和所测的连接角，推算出起始边的坐标方位角。对于独立的小三角网，可直接测定起始边的真方位角或磁方位角进行定向。

三、小三角测量的内业计算

小三角测量的内业计算包括两项内容：观测角的近似平差和三角点的坐标计算。近似平差的特点，就是将部分几何条件所产生的闭合差分别进行处理，使观测值之间的矛盾能得到较合理解决。以单三角锁为例，如图 7.14 所示，应满足下列几何条件：一是三角形内角之和应等于 180°，称为图形条件。二是从一条基线开始经一系列三角形推算至另一基线应等于该基线的已知值，称为基线条件。三角锁平差的任务就是改正角度观测值，以满足这两种条件。然后再根据平差改正后的角度计算边长和坐标。

计算前应先检查角度观测值、各三角形的闭合差、基线的长度等是否超限，然后绘制略图，并进行编号。如图 7.14 所示，从起始边 B_1 开始按推算方向对三角形进行编号。三角形三内角的编号分别用 a、b、c 及其相应三角形号作为下角号。a、b 称为传距角，a 角对着推进边，b 角对着已知边。c 角称为间隔角，其所对的边称为间隔边。计算略图上应标明点号、三角形号、角号、基线号。角度和基线的观测值则填写在计算表内（见表 7.7）。

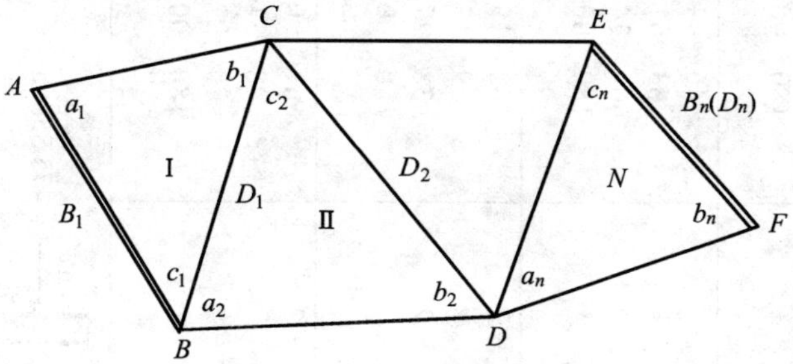

图 7.14　单三角锁内业计算

1. 角度闭合差的计算与调整——第一次角度改正数

各三角形内角之和应等于 180°。如果不等于 180°，则角度闭合差为：

$$f_i = a_i + b_i + c_i - 180^\circ \tag{7.18}$$

角度闭合差应不超过表 7.1 规定。如在限值以内，则将闭合差按相反的符号平均分配到三个内角上，角度的第一次改正值为：

$$v_{ai} = v_{bi} = v_{ci} = -\frac{f_i}{3} \tag{7.19}$$

各角度观测值加上相应的第一次改正值后，得第一次改正后的角值 a_i'、b_i'、c_i'。作为检核，第一次改正后的角值之和应等于 180°。角度闭合差凑整分配后的余数可分在较大的角上，使条件完全满足。

2. 基线闭合差的计算与调整——第二次角度改正数

从基线 B_{I} 推算到基线 B_{II}，推算值 B_{II}'' 应等于其已知值 B_{II}，即满足基线条件。按起始边 B_{I} 和经第一次改正后的传距角 a_i'、b_i'，依次推算各三角形的边长如下：

$$D_1 = B_{\mathrm{I}} \frac{\sin a_1'}{\sin b_1'}$$

$$D_2 = D_{\mathrm{I}} \frac{\sin a_2'}{\sin b_2'} = B_{\mathrm{I}} \frac{\sin a_1' \cdot \sin a_2'}{\sin b_1' \cdot \sin b_2'}$$

$$\vdots$$

$$D_n = B_{\mathrm{II}}'' = B_{\mathrm{I}} \frac{\sin a_1' \cdot \sin a_2' \cdots \sin a_n'}{\sin b_1' \cdot \sin b_2' \cdots \sin b_n'} = B_{\mathrm{I}} \frac{\prod_{i=1}^{n} \sin a_i'}{\prod_{i=1}^{n} \sin b_i'}$$

表 7.7　三角锁近似平差计算表

三角形编号	角度编号	角度观测值 /(° ′ ″)	第一次改正数 /(″)	第一次改正后的角值 /(° ′ ″)	第二次改正数 /(″)	第二次改正后的角值 /(° ′ ″)	边长/m
1	2	3	4	5	6	7	8
Ⅰ	b_1	60 44 27	−1	60 44 26	+2	60 44 28	(B_1) 527.853
	c_1	56 06 36	−1	56 06 35		56 06 35	502.252
	a_1	63 09 00	−1	63 08 59	−2	63 08 57	539.812
	$\sum$	180 00 03	−1	180 00 00		180 00 00	
		$f_1=+3''$					
Ⅱ	b_2	46 44 26	−3	46 44 23	+2	46 44 25	539.812
	c_2	63 51 35	−3	63 51 32		63 51 32	665.420
	a_2	69 24 08	−3	69 24 05	−2	69 24 03	693.849
	$\sum$	180 00 09	−9	180 00 00		180 00 00	
		$f_2=+9''$					
Ⅲ	b_3	102 19 34	+3	102 19 37	+2	102 19 39	
	c_3	39 13 19	+2	39 13 21		39 13 21	449.099
	a_3	38 27 00	+2	38 27 02	−2	38 27 00	441.640
	$\sum$	179 59 53	+7	180 00 00		180 00 00	
		$f_3=+7''$					
Ⅳ	b_4	61 00 26	+2	61 00 28	+2	61 00 30	
	c_4	48 31 44	+2	48 31 46		48 31 46	378.327
	a_4	70 27 44	+2	70 27 46	−2	70 27 44	($B_{Ⅱ}$) 475.837
	$\sum$	179 59 54	+6	180 00 00		180 00 00	
		$f_4=-6''$					

辅助计算：

$f_{\beta容}=\pm30''$（按二级小三角）　$B_{\mathrm{I}}=527\ 853\ \mathrm{m}$　$B_{\mathrm{II}}=475\ 837\ \mathrm{m}$　$B'_{\mathrm{II}}=B_{\mathrm{I}}\dfrac{\prod\sin a'}{\prod\sin b'}=475.858\ \mathrm{m}$　$W=B'_{\mathrm{II}}-B_{\mathrm{II}}=+0.021\ \mathrm{m}$

$$W_{限}=\pm2\times475.858\sqrt{\left(\frac{10''}{\rho''}\right)^2\times3.663\ 8+\left(\frac{1}{20\ 000}\right)^2+\left(\frac{1}{20\ 000}\right)^2}=\pm0.111\ \mathrm{m}>0.021\ \mathrm{m}$$

$$v''_a=-v''_b=-\frac{W\rho''}{B'_{\mathrm{II}}(\sum\cot a'+\sum\cot b')}=\frac{-0.021\rho''}{475.858\times4.333\ 2}=-2''.1$$

检验 $W=B_{\mathrm{I}}\dfrac{\prod\sin\hat{a}}{\prod\sin\hat{b}}-B_{\mathrm{II}}=475.858-475.837=+0.001\ \mathrm{m}$

如 B_{II}' 不等于其实测长 B_{II}，则产生基线闭合差 W，即：

$$W = B_{\text{II}}' - B_{\text{II}} = B_{\text{I}} \frac{\prod_{i=1}^{n} \sin a_i'}{\prod_{i=1}^{n} \sin b_i'} - B_{\text{II}} \tag{7.20}$$

W 应不超过规定的限差，其限差 $W_{\text{根}}$ 可按下式计算：

$$W_{\text{根}} = \pm 2B_{\text{II}} \sqrt{\left(\frac{m_\beta''}{\rho''}\right)^2 \left(\sum_{i=1}^{n} \cot^2 b_i'\right) + \left(\frac{m_{B_{\text{I}}}}{B_{\text{I}}}\right)^2 + \left(\frac{m_{B_{\text{II}}}}{B_{\text{II}}}\right)^2} \tag{7.21}$$

式中，m_β'' 为容许的测角中误差，a_i'、b_i' 为第一次改正后的各传距角；$\frac{m_{B_{\text{I}}}}{B_{\text{I}}}$ 和 $\frac{m_{B_{\text{II}}}}{B_{\text{II}}}$ 为基线相对中误差的限值。

由于基线的精度较高，其误差可忽略不计。为了使 $W = 0$，还需对传距角 a_i'、b_i' 进行第二次改正。设第二次改正数为 v_a、v_b，改正后的相应角为 a、b，代入式（7.20），则基线条件方程可写成如下形式：

$$B_{\text{I}} \frac{\prod_{i=1}^{n} \sin a_i}{\prod_{i=1}^{n} \sin b_i} - B_{\text{II}} = 0 \tag{7.22}$$

为了解算改正数 v_a、v_b，需要把上式线性化。按泰勒公式展开，取其一次幂项。故

$$F = F_0 + \frac{\partial F}{\partial a_1} \cdot \frac{v_{a1}''}{\rho''} + \frac{\partial F}{\partial a_2} \cdot \frac{v_{a2}''}{\rho''} + \cdots + \frac{\partial F}{\partial b_1} \cdot \frac{v_{b1}''}{\rho''} + \frac{\partial F}{\partial b_2} \cdot \frac{v_{b2}''}{\rho''} + \cdots$$

式中

$$F_0 = B_{\text{I}} \frac{\prod_{i=1}^{n} \sin a_i'}{\prod_{i=1}^{n} \sin b_i'} - B_{\text{II}} = W \tag{a}$$

$$\frac{\partial F}{\partial a_i} = B_{\text{I}} \frac{\prod_{i=1}^{n} \sin a_i'}{\prod_{i=1}^{n} \sin b_i'} \cot a_i' = B_{\text{II}}' \cot a_i' \tag{b}$$

$$\frac{\partial F}{\partial b_i} = -B_{\text{I}} \frac{\prod_{i=1}^{n} \sin a_i'}{\prod_{i=1}^{n} \sin b_i'} \cot a_i' = -B_{\text{II}}' \cot b_i' \tag{c}$$

将（a）、（b）、（c）代入式（7.20）得：

$$W + B'_{\text{II}}\sum_{i=1}^{n}\cot a'_i \frac{v''_{ai}}{\rho''} - B'_{\text{II}}\sum_{i=1}^{n}\cot b'_i \frac{v''_{bi}}{\rho''} = 0 \tag{7.23}$$

第二次改正采用平均分配的原则，为了不破坏已经满足的图形条件，使第二次改正数 v_a 和 v_b 的绝对值相等而符号相反，即令

$$v''_a = -v''_b = v''$$

则式（7.23）可写成

$$v'' = v''_a = -v''_b = -\frac{W\rho''}{B'_{\text{II}}\sum_{i=1}^{n}(\cot a'_i + \cot b'_i)} \tag{7.24}$$

将第一次改正后的角值 a'_i 、b'_i 分别加第二次改正数 v''_a 、v''_b 得第二次改正后的角值，即平差后角值为：

$$\left.\begin{aligned}\hat{a}_i &= a'_i + v''_a \\ \hat{b}_i &= b'_i + v''_b \\ \hat{c}_i &= c_i\end{aligned}\right\} \tag{7.25}$$

3. 边长与坐标的计算

根据基线 I 的长度及平差后的角值，用正弦定理依次推算出三角形的边长。

计算三角点的坐标时，可把各三角点组成一闭合导线 *ACEFDBA*（图 7.15）。按起始边的 *AB* 的坐标方位角，推算出各边的坐标方位角；然后计算各边的坐标增量；最后根据起始点 *A* 的坐标，依次计算出其他各点的坐标。

第五节　测角交会定点

交会定点是通过测量交会点与周边已知坐标点所构成三角形的水平角来计算交会点的平面坐标，是加密控制点常用的方法之一。它可以采用在数个已知控制点上设站，分别向待定点观测方向或距离，也可以在待定点上设站向数个已知控制点观测方向或距离，然后计算待定点的坐标。交会定点方法有前方交会法、后方交会法和自由设站法等。下面介绍两种常用方法：前方交会法和测边交会法。

一、前方交会

如图 7.15 所示，在已知点 *A*、*B* 上设站测定待定点 *P* 与控制点的夹角α、β，即可得到 *AP* 边的方位角 $\alpha_{AP} = \alpha_{AB} - \alpha$ ，*BP* 边的方位角 $\alpha_{BP} = \alpha_{BA} + \beta$ 。*P* 点的坐标可由两已知直线 *AP* 和 *BP* 交会求得，直线 *AP* 和 *BP* 的点斜式方程为：

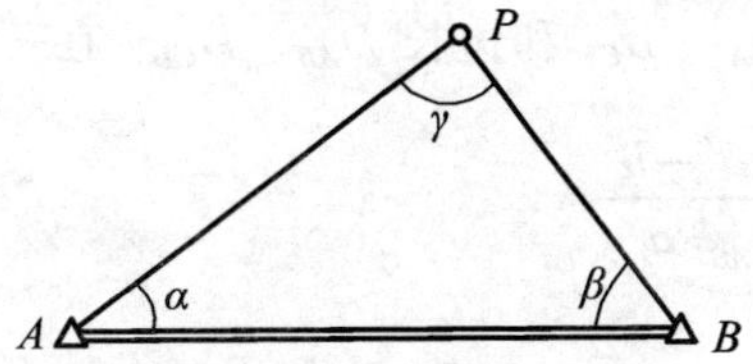

图 7.15　前方交会

$$x_P - x_A = (y_P - y_A)\cdot\cot\alpha_{AP}$$

$$x_P - y_P\cdot\cot\alpha_{AP} + y_A\cdot\cot\alpha_{AP} - x_A = 0 \qquad (a)$$

和

$$x_P - x_B = (y_P - y_B)\cdot\cot\alpha_{BP}$$

$$x_P - y_P\cdot\cot\alpha_{BP} + y_B\cdot\cot\alpha_{BP} - x_B = 0 \qquad (b)$$

（b）式减去（a）式得：

$$y_P = \frac{y_A\cot\alpha_{AP} - y_B\cdot\cot\alpha_{BP} - x_A + x_B}{\cot\alpha_{AP} - \cot\alpha_{BP}} \qquad (7.26)$$

则

$$x_P = x_A + (y_P - y_A)\cdot\cot\alpha_{AP} \qquad (7.27)$$

前方交会中，由未知点至相邻两起始点方向间的夹角称为交会角。交会角过大或过小，都会影响 P 点位置测定精度，要求交会角一般应大于 30°并小于 150°。一般测量中，都布设三个已知点进行交会，这时可分两组计算 P 点坐标，设两组计算 P 点坐标分别为(x'_P, y'_P)，(x''_P, y''_P)。当两组计算 P 点的坐标较差ΔD 在容许限差内，即：

$$\Delta D = \sqrt{(x'_P - x''_P)^2 + (y'_P - y''_P)^2} \leqslant 0.2M$$

式中，M 为测图比例尺分母；ΔD 以 mm 为单位。则取两组的平均值作为 P 点的最后坐标。

二、测边交会

除测角交会法外，还可测边交会定点，通常采用三边交会法，如图 7.16 所示。图中 A、B、C 为已知点，a、b、c 为测定的边长。

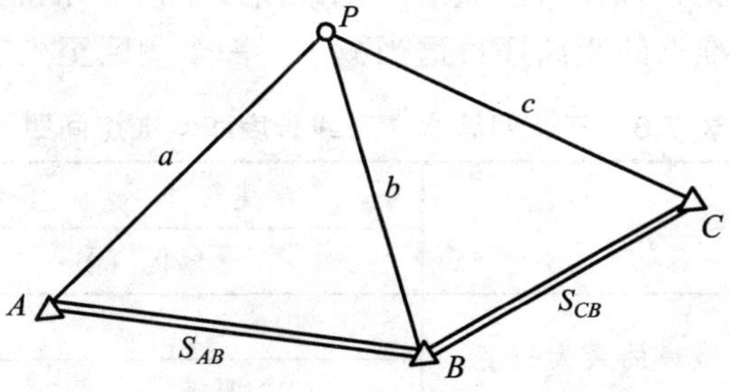

图 7.16　测边交会

由已知点反算边的方位角α_{AB}、α_{CB}和边长D_{AB}、D_{CB}。在三角形 ABP 中，

$$\cos A=\frac{D_{AB}^2+a^2-b^2}{2\cdot S_{AB}\cdot a}$$

则

$$\alpha_{AP}=\alpha_{AB}-A$$

$$\left.\begin{aligned}x'_P&=x_A+a\cdot\cos\alpha_{AP}\\y'_P&=y_A+a\cdot\sin\alpha_{AP}\end{aligned}\right\}\tag{7.28}$$

同样，在三角形 CBP 中，

$$\cos C=\frac{D_{CB}^2+c^2-b^2}{2\cdot S_{CB}\cdot c}$$

$$\alpha_{CP}=\alpha_{CB}+C$$

$$\left.\begin{aligned}x''_P&=x_C+c\cdot\cos\alpha_{CP}\\y''_P&=y_C+c\cdot\sin\alpha_{CP}\end{aligned}\right\}\tag{7.29}$$

按（7.28）式和（7.29）式计算的两组坐标，其较差在容许限差内，则取它们的平均值作为 P 点的最后坐标。

第六节　高程控制测量

一、三、四等水准测量

小地区一般以三、四等水准网作为测区的首级控制网，地形测量时再用图根水准测量或三角高程测量进行加密。三、四等水准点的高程应从附近的一、二等水准点引测，布设成附合或闭合水准路线。只有在山区等特殊情况下，才允许布设支线水准。

水准路线一般尽可能沿铁路、公路以及其他坡度较小、施测方便的路线布设。尽可能避免穿越湖泊、沼泽和江河地段。水准点应选土质坚实、地下水位低、易于观测的位置。凡易受淹没、潮湿、震动和沉陷的地方，均不宜作水准点位置。水准点选定后，应埋设水准标石和水准标志，并绘制点之记，以便日后查寻。水准路线长度和水准点的间距，可参照表 7.8 的规定。对于工矿区，水准点的距离还可适当减小。一个测区至少应埋设三个水准点。

表 7.8　三、四等水准路线长度和水准点间距

水准点间距	建筑物	1～2 km
	其他地区	2～4 km
环线或附合于高级点水准路线的最大长度	三等	50 km
	四等	16 km

1. 三、四等水准测量的技术要求

三、四等水准测量主要技术要求见表 7.4，测站技术要求见表 7.9。

表 7.9　三、四等水准测量测站技术要求

等　级	视线长度 /m	前、后视距离差 /m	前、后视距离累积差 /m	红、黑面读数差 /mm	红、黑面高差之差/mm
三　等	≤65	≤3	≤6	≤2	≤3
四　等	≤80	≤5	≤10	≤3	≤5

2. 三、四等水准测量的方法

三、四等水准测量观测应在通视良好、望远镜成像清晰及稳定的情况下进行。下面介绍自动安平水准仪及双面尺观测三等水准测量的程序。

1）一站观测程序

（1）在测站上安置水准仪，使圆水准气泡居中，后视水准尺黑面，用上、下视距丝读数，计入表 7.10 中（1），（2）位置；用中丝读数，计入表中（3）位置。

（2）前视水准尺黑面，用上下视距丝读数，计入表中（4），（5）位置；用中丝读数，计入表中（6）位置。

（3）前视水准尺红面，用中丝读数，计入表中（7）位置。

（4）后视水准尺红面，用中丝读数，计入表中（8）位置。

以上观测顺序简称："后视—前视—前视—后视（黑黑红红）"；一般一对尺子交替使用。四等水准测量的观测顺序是："后视（黑面）—后视（红面）—前视（黑面）—前视（红面）"。

2）一站计算与检核（见表 7.10）

（1）视距计算与检核。

根据前、后视的上、下丝读数计算前后视的视距

后视距离：　　（9）=（1）-（2）

前视距离：　　（10）=（4）-（5）

计算前后视距差：　　（11）=（9）-（10）

对于三等水准，（11）不超过 3 m；对于四等水准，（11）不超过 5 m。

计算前后视距累积差（12）：

$$(12) = 本站\ (11) + 前站\ (12)$$

其中（9），（10）以 0.1 m 为单位；（11），（12）以 m 为单位。对于三等水准，（12）不超过 6 m；对于四等水准，（12）不超过 10 m。

（2）水准尺读数检核。

同一水准尺黑面与红面读数差点检核：

$$(13) = (6) + K - (7)$$

$$(14) = (3) + K - (8)$$

表 7.10 三、四等水准测量记录表格

组别： 仪器型号： 姓名： 年 月 日

测站编号	点号	后尺 上丝 / 下丝；后视距；视距差 d	前尺 上丝 / 下丝；前视距；累积差 $\sum d$	方尺及尺号	标尺读数 黑面	标尺读数 红面	K+黑−红	备注
		(1)	(4)	后	(3)	(8)	(14)	
		(2)	(5)	前	(6)	(7)	(13)	
		(9)	(10)	后—前	(15)	(16)	(17)	
		(11)	(12)	h	(18)			
1	BM_2—TP_1	1426	0801	后	1211	5998	0	
		0995	0371	前	0586	5273	0	
		43.1	43.0	后—前	+0.625	+0.725	0	
		0.1	+0.1	h	+0.6250			
2	TP_1—TP_2	1812	0570	后	1554	6241	0	
		1296	0052	前	0311	5097	+1	
		51.6	51.8	后—前	+1.243	+1.144	−1	
		−0.2	−0.1	h	+1.2435			
3	TP_2—TP_3	0889	1713	后	0698	5486	−1	
		0507	1333	前	1523	6210	0	
		38.2	38.0	后—前	−0.825	−0.724	−1	
		+0.2	+0.1	h	−0.8245			
4	TP_3—TP_4	1891	0758	后	1708	6395	0	
		1525	0390	前	0574	5361	0	
		36.6	36.8	后—前	+1.134	+1.034	0	
		−0.2	−0.1	h	+1.1340			
检核计算	$\sum(9)=169.5$		$\sum(3)=5.171$		$\sum(8)=24.120$			
	$\sum(10)=169.6$		$\sum(6)=2.994$		$\sum(7)=21.941$			
	$\sum(9)-\sum(10)=-0.1$		$\sum(15)=+2.177$		$\sum(16)=+2.179$			
	$\sum(9)+\sum(10)=339.1$		$\sum(15)+\sum(16)=+4.356$		$2\sum(18)=+4.356$			

K 为双面尺红面和黑面分划的零点差(一对水准尺，一把为 4 787 mm，一把为 4 687 mm)。对于三等水准（13）、（14）不超过 2 mm，对于四等水准（13）、（14）不超过 3 mm。

（3）高差计算与检核。

按前后视水准尺红黑面中丝读数分别计算一站高差：

黑面高差： （15）＝（3）－（6）

红面高差： （16）＝（8）－（7）

红黑面高差之差： （17）＝（15）－（16）＝（14）－（13）

对于三等水准，（17）不超过 3 mm；对于四等水准，（17）不超过 5 mm。

红黑面高差之差在容许范围以内时，取其平均值作为该站点观测高差，即：

$$(18) = \{(16) + (15)\}/2$$

（4）每页水准测量记录计算和检核。

一测段的返测结束后，应进行测段的检核计算。

视距差检核：$\sum(9) = \sum(1) - \sum(2)$

$$\sum(10) = \sum(4) - \sum(5)$$

$$\sum(9) - \sum(10) = \text{本页末站}(12) - \text{前页末站}(12)$$

高差部分：

$$\sum(3) - \sum(6) = \sum(15)$$

$$\sum(8) - \sum(7) = \sum(16)$$

$$\sum(15) + \sum(16) = 2\sum(18)$$

一测段的往返测结束后，还要做测段小结，这里不再详述。

3. 测量中的实施要点说明

（1）三等水准测量必须进行往返观测。当使用 DS_1 和因瓦标尺时，可采用单程双转点观测，观测程序仍按后—前—前—后，即黑—黑—红—红。

（2）四等水准测量除支线水准必须进行往返和单程双转点观测外，对于闭合水准和附合水准路线，均可单程观测。每个测站上观测程序也可为后—后—前—前，即黑—红—黑—红。采用单面尺，用后—前—前—后的读数程序时，在两次前视之间必须重新整置仪器，用双仪高法进行测站检查。

（3）三、四等水准测量每一测段的往测和返测，测站数均应为偶数，否则应加入标尺点误差改正。由往测转向返测时，两根标尺必须互换位置，并应重新安置仪器。

（4）在每一测站上，三等水准测量不得两次对光。四等水准测量尽量少作两次对光。

（5）工作间歇时，最好能在水准点上结束观测。否则应选择两个坚固可靠、便于放置标尺的固定点作为间歇点，并作出标记。间歇后，应进行检查。如检查两点间歇点高差不符值三等水准小于 3 mm，四等小于 5 mm，则可继续观测。否则须从前一水准点起重新观测。

（6）在一个测站上，只有当各项检核符合限差要求时，才能迁站。如其中有一项超限，可以在本站立即重测，但须变更仪器高。如果仪器已迁站后才发现超限，则应在前一水准点或间歇点重测。

（7）当每公里测站数小于 15 时，闭合差按平地限差公式计算；如超过 15 站，则按山地限差公式计算。

（8）当成像清晰、稳定时，三、四等水准的视线长度，可容许按规定长度放大 20%。

（9）水准网中，结点与结点之间或结点与高级点之间的附合水准路线长度，应为规定的 0.7 倍。

（10）当采用单面标尺进行三、四等水准观测时，变更仪器高前后所测两尺垫高差之差的限制，与红黑面所测高差之差的限差相同。

二、三角高程测量

三角高程控制网一般是在平面网的基础上，布设成三角高程网或高程导线。为保证三角高程网的精度，应采用四等水准测量联测一定数量的水准点，作为高程起算数据。三角高程网中任一点到最近高程起算点的边数，当平均边长为1 km时，不超过10条，平均边长为2 km时，不超过4条。竖直角观测是三角高程测量的关键工作，对竖直角观测的要求见表7.11。为减少垂直折光变化的影响，应避免在大风或雨后初晴时观测，也不宜在日出后和日落前2 h内观测，在每条边上均应作对向观测。觇标高和仪器高用钢尺丈量两次，读至毫米，其较差对于四等三角高程不应大于2 mm，对于五等三角高程不大于4 mm。

光电测距三角高程测量的精度较高，且可提高工效，故应用较广。高程路线应起闭于高级水准点，高程网或高程导线的边长应不大于1 km，边数不超过6条。竖直角用DJ_2级经纬仪，在四等高程测3个测回，五等测2个测回。距离应采用标称精度不低于（$5\ mm + 5\times10^{-6}$）的测距仪，四等高程测往返各一测回，五等测一个测回。光电测距三角高程测量的各项技术要求见表7.11。

表7.11　光电测距三角高程测量主要技术要求

等　级	仪　器	竖直角测回数（中丝法）	指标差较差/(″)	竖直角较差/(″)	对向观测高差较差/mm	附合路线或环线闭合差/mm
四　等	DJ_2	3	≤7	≤7	$40\sqrt{D}$	$20\sqrt{\sum D}$
五　等	DJ_2	2	≤10	≤10	$60\sqrt{D}$	$30\sqrt{\sum D}$
图　根	DJ_6	2	≤25	≤25	$400D$	$40\sqrt{\sum D}$

注：D为光电测距边长度（km）。

三角高程路线各边的高差计算见表7.12。高差计算后再计算路线闭合差，并进行闭合差的分配和高程的计算。

表7.12　三角高程路线高差计算表

测站点	Ⅲ 10	401	401	402	402	Ⅲ 12
觇　点	401	Ⅲ 10	402	401	Ⅲ 12	402
觇　法	直	反	直	反	直	反
α	+3°24′15″	−3°22′47″	−0°47′23″	+0°46′56″	+0°27′32″	−0°25′58″
S/m	577.157	577.137	703.485	703.490	417.653	417.697
$h'=S\sin\alpha$/m	+34.271	−34.024	−9.696	+9.604	+3.345	−3.155
i/m	1.565	1.537	1.611	1.592	1.581	1.601
v/m	1.695	1.680	1.590	1.610	1.713	1.708
$f=0.34\dfrac{D^2}{R}$/m	0.022	0.022	0.033	0.033	0.012	0.012
$h=h'+i-v+f$/m	+34.163	−34.145	−9.642	+9.942	+3.225	−3.250
$h_{平均}$/m	+34.154		−9.630		+3.238	

三、图根高程测量

测量图根平面控制点高程的工作，称图根高程测量。它是在国家高程控制网或地区首级高程控制网的基础上，采用图根水准测量或图根三角高程测量来进行的。

图根水准测量采用一般水准测量方法，详见第二章。

在地形起伏较大的地区，可采用图根三角高程测量。图根三角高程路线应起闭于水准测量测定的水准点上。三角高程路线沿图根点布设，交会点也可组成在三角高程路线中。三角高程路线的边数不要超过 12 条。不能组成在高程路线内的交会点，可有不少于三个方向观测单独计算，各方向推算出高程的较差不得超过 0.2 H（H 为基本等高距）。图根三角高程测量又分图根经纬仪三角高程测量和图根光电测距三角高程测量。图根光电测距三角高程测量常与图根光电测距导线合并进行。图根三角高程测量的各项技术要求见表 7.11。

四、跨河水准测量

当水准路线需要跨越较宽的河流或山谷时，因跨河视线较长，超过了规定的长度，使水准仪 i 角的误差、大气折光和地球曲率误差均增大，且读尺困难。所以必须采用特殊的观测方法，这就是跨河水准测量方法。

进行跨河水准测量，首先是要选择好跨河地点，如选在江河最窄处，视线避开草丛沙滩的上方，仪器站应选在开阔通风处，跨河视线离水面 2～3 m 以上。跨河场地仪器站和立尺点的位置见图 7.17。当使用两台水准仪作对向观测时，宜布置成图中的（a）或（b）的形式。图中 I_1、I_2 为仪器站，b_1、b_2 为立尺点，要求跨河视线尽量相等，岸上视线 I_1b_1、I_2b_2 不少于 10 m 并相等。当用一台水准仪观测时，宜采用图中（c）的形式，此时图中 I_1、I_2 既是仪器站又是立尺点。这种布置除了要观测跨河高差 $h_{b_1I_2}$ 和 $h_{b_2I_1}$ 外，还应观测同岸点高差 $h_{b_1I_1}$ 和 $h_{b_2I_2}$，以便求出 b_1b_2 的高差。

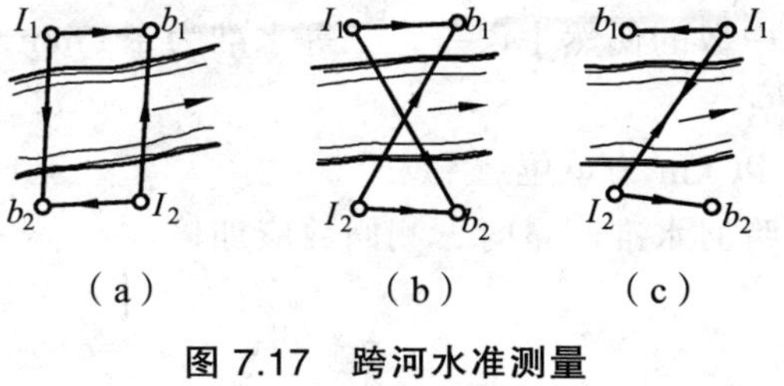

图 7.17　跨河水准测量

跨河水准测量，通常用精密水准仪，跨河水准测量需制作特定的照准觇牌。视线小于 500 m 时采用光学测微器法；视线大于 500 m 则采用微倾螺旋法，觇牌构造见图 7.18。觇牌涂成黑色或白色，上面画有一个矩形标志线，其宽一般为跨越距离的 1/25 000，长度约为宽度的 5 倍，觇板中央开一矩形小窗口，在小窗口中装有一条水平的指标线。指标线恰好平分矩形标志线的宽度。觇板可在标尺面上下移动，并能固定在水准标尺的任一位置。

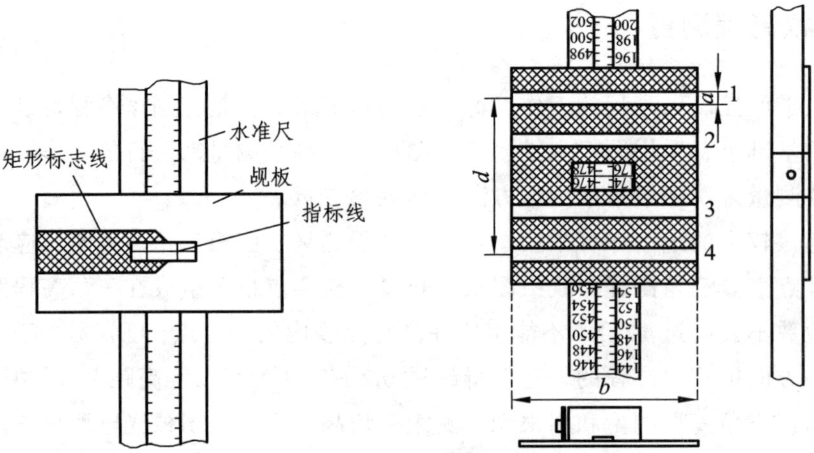

图 7.18 特制照准觇板

用光学测微法观测的方法如下：

（1）观测本岸近标尺。直接照准标尺分划线，用光学测微器读数两次。

（2）观测对岸标尺。测站指挥对岸人员将觇板沿水准尺上下移动，直至觇板上的矩形标尺线精确对准水准尺上最邻近水平视线的分划线，则根据水准标尺上分划线的注记读数和用光学测微器测定的觇标指标线的平移量，就可以得到水平视线在对岸水准标尺上的精确读数，构成一组观测。然后移动觇板重新对准标尺分划线，按同样顺序进行第二组观测。

以上（1）、（2）两步操作，称一测回的上半测回。

（3）上半测回完成后，立即将仪器迁至对岸，并互换两岸标尺。然后进行下半测回观测。下半测回应先测远尺再测近尺，观测每一标尺的操作与上半测回相同。

由上、下半测回组成一测回。

用两台仪器观测时，应从两岸同时作对向观测。由两台仪器各测的一测回组成一个双测回。三、四等跨河水准测量应测两个双测回。各双测回互差的限值按下式计算：

$$d = 4M_{\Delta}\sqrt{N \cdot S} \tag{7.30}$$

式中 M_{Δ}——每公里高差中数的偶然中误差，三等水准为 ± 3 mm，四等水准为 ± 5 mm；

N——双测回测回数；

S——跨河视线长，以 km 为单位。

当用一台水准仪进行跨河水准测量时，测回数应加倍。

第八章　大比例尺地形图的测绘与应用

第一节　地形图的基本知识

一、概　述

地球表面上的物体概括起来可以分为地物和地貌两大类。

地物是指地球表面自然形成或人工修建的有明显轮廓的固定物体，如道路、桥梁、房屋、耕地、河流、湖泊、植被、电线杆等。地貌是指地面高低起伏的变化地势，如平原、丘陵、山地、高山、洼地、深谷等。

从狭义上讲，地形是指地貌。从广义上讲，地形就是地物和地貌的总称。测量学中用地形图表示地物、地貌以及地面点之间的相互位置关系。

地形图是把地面上的地物和地貌的形状、大小和位置，采用正射投影的方法，运用特定的符号和注记，按照一定的比例尺缩绘在平面的图形。地形图既表示地物的平面位置，又表示地物的形态。如果图纸上只表示地物的平面位置，而不反映地貌的形态，则称平面图。

如果考虑地球曲率的影响，采用地图投影的方法绘制的全球、全国、全省的大区域的图称为地图。地形图是规划、设计工作的重要依据，在进行道路、桥梁、地下管道和房屋建筑等各种工程的规划和建设时，都必须对拟建地区的情况做周密的调查研究，以便使规划、设计从实际情况出发，使工程得以顺利进行。

地形图是用许多专用符号和注记表示出来的，如果符号不统一，就会给地形图的使用者造成混乱。国家测绘机关曾颁发了各种比例尺的《地形图表示》，各种企业部门也都按照国家的规定，结合本部门的特点，补充了一些具体的图例，供测绘和识图时使用。

二、比例尺

地形图上某一线段与实地相应线段的水平长度之比，称为地形图的比例尺。根据表示方法的不同，可以将比例尺分为数字比例尺和直线比例尺两种。

1. 数字比例尺

用分子为 1 的分数形式表示的比例尺称为数字比例尺。

设图上某一直线段的长度为 d，它所表示的地面上相应直线的水平距离为 D，则图的比例尺为：

$$d/D = 1/M \qquad (8.1)$$

式中，分母 M 为缩小或放大的倍数，分母越大比例尺就越小；反之，分母越小比例尺就越大。地形图上常用的数字比例尺有 1∶500、1∶1 000、1∶2 000、1∶5 000、1∶10 000、1∶250 000 等。

例如，在比例尺为 1∶2 000 的地形图上，测得两点间距离 d 为 2.58 cm，则地面上相应的水平距离 D 为：

$$D = Md = 2\,000 \times 2.58\ \text{cm} = 5\,160\ \text{cm} = 51.6\ \text{m}$$

反之，若实地水平距离 $D = 216$ m，则在 1∶5 000 的图上的距离 d 就为：

$$d = D/M = 216\ \text{m}/5\,000 = 0.043\,2\ \text{m} = 4.32\ \text{cm}$$

通常以 1∶500 ~ 1∶10 000 的比例尺称为大比例尺，1∶25 000 ~ 1∶100 000 的比例尺称为中比例尺，小于 1∶100 000 的比例尺称为小比例尺。

数字比例尺按地形图图示规定，书写在图廓下方正中位置。

2. 直线比例尺

用图上线段长度表示实际水平距离的比例尺，称为直线比例尺，又称图示比例尺，如图 8.1 所示。直线比例尺一般都画在地形图的底部中央，以 2 cm 为基本单位，绘制方法如下：

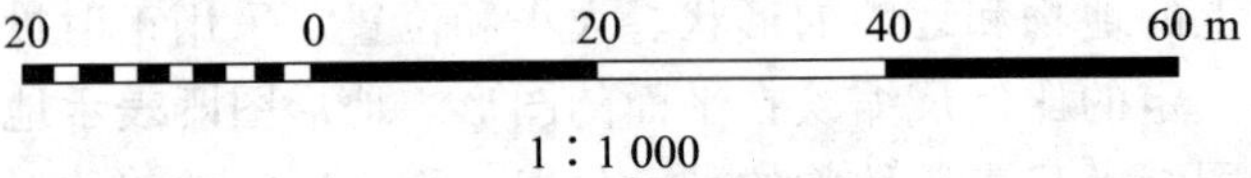

图 8.1 直线比例尺

（1）先在图上绘制一条直线，在该直线一端开始截取 2 cm 或 1 cm 相等的线段，这些线段称为比例尺的基本单位。

（2）将最左端的基本单位再分成 20 或 10 等分，然后，在基本单位的右分点上注记 0。

（3）自 0 点起，在向左向右的各分点上注记不同的线段所代表的实际长度。

图纸在干湿情况不同时，是有伸缩的。图纸在使用过程中也会变形，若用木制的三棱尺去量图上两点间的距离，则必然产生一些误差。为了用图的方便，以便减小图纸伸缩而引起的误差，一般在图廓的下方绘一直线比例尺，用以直接量度图上直线的实际水平距离。用图时以图上所绘的直线比例尺为准，则由于图纸的伸缩产生的误差就可以基本消除。

使用直线比例尺时，要用两脚规的两脚尖对准图上所需要量距的两点，然后把两脚规移至直线比例尺上，使一脚对准 0 点右边某个整分划线上，从另一脚尖读取左边的小分划线，并估读出余数，将两脚尖读数相加，就可以直接读出距离来了。

3. 比例尺精度

（1）定义。地形图上 0.1 mm 所代表的实地水平距离称为比例尺精度，人们用肉眼能直接分辨出的图上最小距离为 0.1 mm。假如地面上某距离按比例尺缩小后，长度短于 0.1 mm 时，则在图上是表示不出来的。

（2）计算公式：

$$\delta = 0.1 \times M \text{ mm} \tag{8.2}$$

式中，δ为比例尺精度；M为地形图数字比例尺分母。

比例尺大小不同，比例尺精度就不同，见表 8.1。

表 8.1 常用比例尺精度

比例尺	1∶500	1∶1 000	1∶2 000	1∶5 000	1∶10 000
比例尺精度/m	0.05	0.1	0.2	0.5	1

4. 比例尺精度的意义

（1）当测图比例尺确定后，根据比例尺的精度，可以使我们了解在测绘地形图时，在图上表示地物或地貌究竟准确到什么程度。例如，测绘 1∶1 000 比例尺的地形图时，测量地面上实际相应长度只需 0.1 m，而地面上小于 0.1 m 的地物在地形图上表示不出来。

（2）为了使某种地物和地貌能在图上表示出来，可按照要求确定测图比例尺。如要求在图上能表示出 1 m 长的物体，则所用的比例尺不应小于 1∶10 000。

第二节 地物和地貌在地形图上的表示方法

一、地物在地形图上的表示方法

地形是地物和地貌的总称。地面上各种天然和人为的附着物如植被、河流、道路、建筑物等称为地物。地球表面高低起伏的形态，称为地貌，如高山、平原、丘陵、盆地等。地形图上的主要内容是地物和地貌，在地形图上地物都用规定的符号表示，表示地物的符号称为地物符号。我国由国家测绘局制定、技术监督局发布《地形图图示》，对地形图上的符号做了统一的规定，按不同的比例尺分为若干册。测绘地形图时，应按照比例尺的不同选用相应的地形图图示所规定的符号来绘制；同时，应以最新版本为依据。表 8.2 是《地形图图示》的一部分。

地物的符号可分为以下几种：

1. 比例符号

凡是能将地物的外部轮廓依测图比例尺测绘到图上时，则可得到该地物外部轮廓的相似图形。这类图形符号就是比例符号。比例符号不仅能反映出地物的位置、类别，而且能反映出地物的形状和大小。例如，房屋、田地、湖泊、水库等。

表 8.2 地形图图示

编号	符号名称	图 例	编号	符号名称	图 例
1	三角点	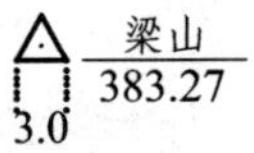	12	小三角点	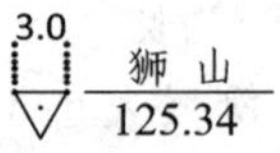
2	导线点	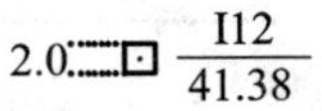	13	水准点	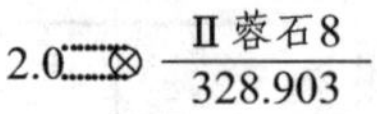
3	普通房屋	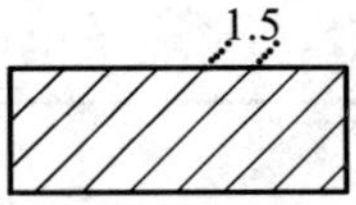	14	高压线	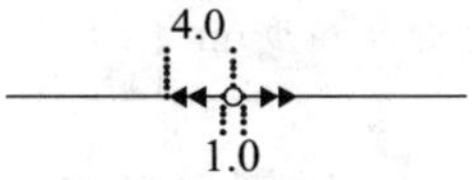
4	水 池		15	低压线	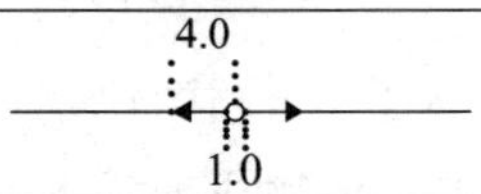
5	村 庄	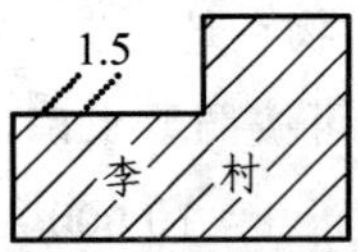	16	通信线	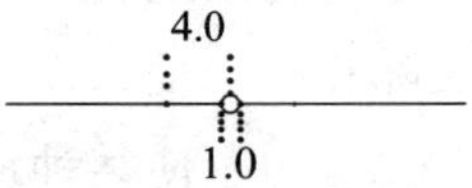
			17	砖石及混凝土围墙	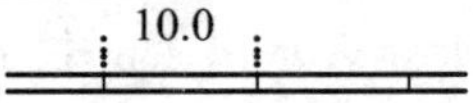
6	学 校		18	土 墙	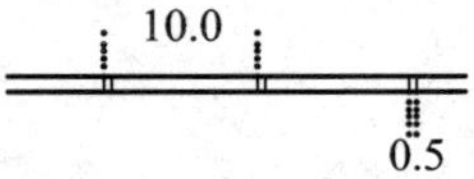
7	医 院		19	等高线	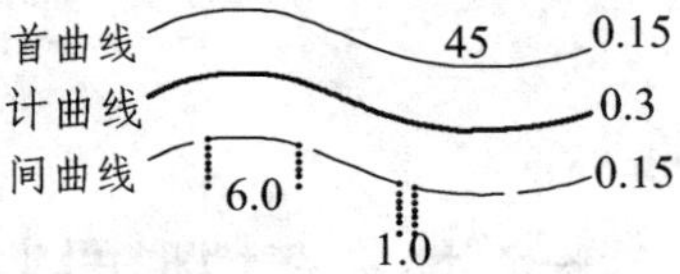
8	工 厂				
9	坟 地	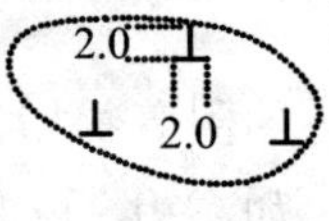	20	梯田坎	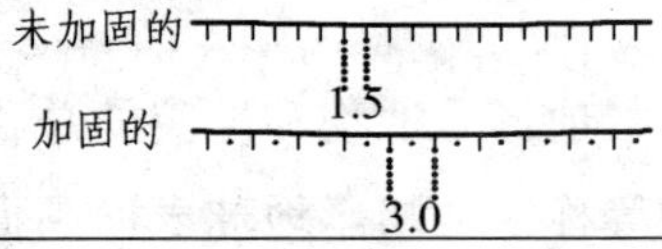
10	宝 塔	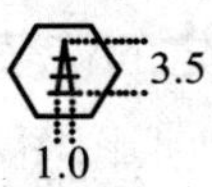	21	垄	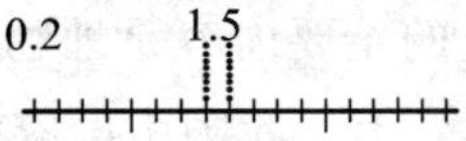
11	水 塔	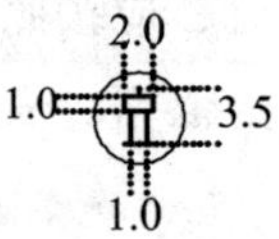	22	独立树	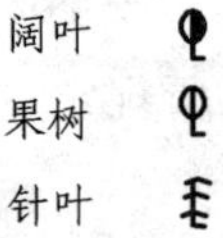

2. 非比例符号

有些地物的轮廓很小，若按测图比例尺缩小后在图上仅为一个点，而这些地物又很重要，不能舍去时，则可按统一规定了形状和大小的符号，将其表示在图上，这类符号称为非比例符号，如控制点、路灯、旗杆等。非比例符号只表示地物的几何定位中心或中心线的位置，表明地物类别，而不能反映出地物实际的形状和大小。

运用非比例符号时，要注意符号的定位中心和地物的定位中心一致，这样才能在图上准确地反映地物的位置。非比例符号的定位点基本遵循以下几点要求（见表 8.2）。

（1）规则的图形符号，如圆形、矩形、三角形等，定位点在其几何图形的中心。

（2）宽底符号，如水塔、烟囱、蒙古包等，定位点在底线中点上。

（3）底部为直角三角形的符号，如风车、路标等，定位点在直角的顶点。

（4）几种几何图形组成的符号，如电信发射塔、气象站等，定位点在其下方图形的中心点或交叉点上。

（5）下方没有底线的符号，如山洞、纪念亭等，定位点在其下方两端点间的中点上。

3. 半依比例符号

对于一些线状延伸的狭长地物，如管线、围墙、通讯线路等，其长度可依测图比例尺缩小后表示，而宽度不能缩绘，只能按统一规定符号的粗细描绘，这类地物符号称为半依比例符号，也称为线状符号。半依比例符号的中心线应为线状地物的中心线位置。半依比例符号能表示出地物几何中心位置、类别和长度，不反映地物的实际宽度。

4. 地物注记符号

地物注记就是用文字、数字或特定的符号对地形图上的地物做补充和说明，如图上注明的地名、控制点名称、高程、房屋的层数、河流名称、深度、流向等。

二、地貌在地形图上的表示方法

地貌是指地表的高低起伏形态。在大比例尺地形图中，通常用等高线、特殊地貌符号和高程注记点相互配合起来表示地貌。用等高线表示地貌不仅能表示地貌的起伏形态，还能准确表示出地面的坡度和高程，同时还能显示一定的立体感。

1. 等高线的概念

等高线是地面上高程相等的相邻点按照实际地形连成的闭合曲线，也就是水平面（严格来说是水准面）与地貌的交线。

如图 8.2 所示，假想一个山头被水淹没，不久水即往下降落，每降落一定高度，记录水面与山的交线，然后把这些交线垂直投影在一个共同的水面上，并按相应的比例尺缩绘在图纸上，就可以得到等高线图。如开始水面的高程为 53 m，则图上从里向外各等高线高程分别为 52 m，51 m，50 m…

2. 等高距和等高线平距

地形图上相邻等高线的高差，称为等高距，用 h 表示。在同一幅地形图内，等高距是相同的。地形图上等高线的疏密与所用等高距的大小有关。若所用等高距过小，则图上等高线将多而密集，所表示的地貌形态尽管比较细致，但野外测图工作量也相应加大；同时将因等高线过密而影响图面清晰，不利于地形图的使用。反之，若使用等高距过大，则图上等高距将少而稀疏，所表示的地貌形态粗放、简略，从而满足不了用途要求。因此，实际工作中选择适当的测图等高距，是十分重要的。

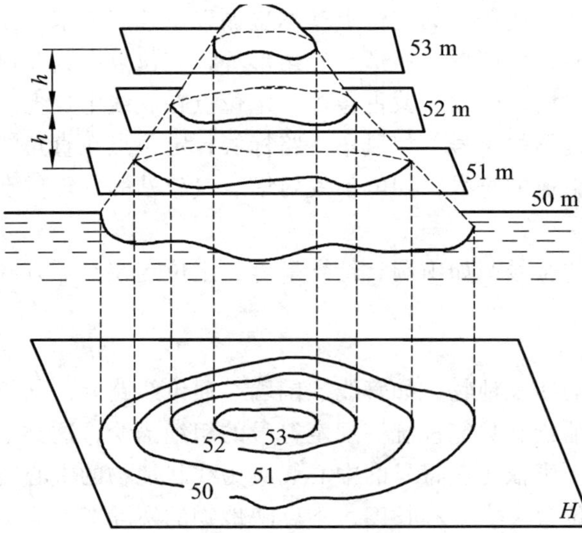

图 8.2　等高线

等高距的大小，通常根据测图比例尺大小、测区的地形类别及测图目的等因素来选定。各类测量规范中对等高距的选择有统一规定，实际作业时，可按照规范结合实际地形和比例尺选定。其中，工程测量规范规定的大比例尺地形图基本等高距如表 8.3 中所示。等高线即是从高程起算面开始，按照所选定的测图等高距的整倍数所绘制的。

表 8.3　大比例尺地形图的基本等高距　　单位：m

地形类别	比例尺			
	1∶500	1∶1 000	1∶2 000	1∶5 000
平坦地	0.5	0.5	1	2
丘陵地	0.5	1	2	5
山地	1	1	2	5
高山地	1	2	2	5

相邻等高线之间的水平距离称等高平距，用 d 表示。在同一幅地形图上，等高线平距越小表示坡度越大，反之坡度越小。因此可根据图上等高线的疏密程度来判断坡度的陡缓。

3. 等高线的种类

地形测图时，由于地面坡度的变化，有时按基本等高距测绘的等高线还不能将某些局部起伏形态充分显示出来。这时，可根据实际情况增测半距等高线或辅助等高线以充分显示局部地貌。所以等高线分为以下几种：

（1）首曲线：按基本等高距测绘的等高线，在地形图上用 0.15 mm 宽的细实线绘制。

（2）计曲线：从 0 m 首曲线起算，每隔四条首曲线加粗一条等高线，该等高线称为计曲线。计曲线的高程值总是为等高距的 5 倍。在地形图上用 0.3 mm 宽的粗实线绘制并注记其高程。其目的主要是为读取高程时方便。

（3）间曲线：对于坡度很小的局部区域。当用基本等高线不足以反映地貌特征时，可按

1/2 基本等高距加绘一条等高线，该等高线称为间曲线。在地形图上用 0.15 mm 宽的长虚线绘制。

在某些等高线上可以绘一条短线（示坡线）表示斜坡下降的方向。

4. 等高线的特性

（1）在同一条等高线上各点的高程相等，但高程相等的点不一定在同一条等高线上。

（2）等高线是闭合曲线，不能中断（间曲线除外），如果不在同一幅图内闭合，则必定在相邻的其他图幅内闭合。

（3）地形图上不同高程的等高线不能相交或重合，但是一些特殊地貌，如陡崖、陡坎在地形图上的等高线就会重合在一起。这些地貌必须加绘相应地貌符号表示。悬崖的等高线可能相交，且相交成双，如图 8.3 所示。

（4）等高线与山脊线和山谷线正交。山脊等高线应凸向低处，山谷等高线应凸向高处。

（5）等高线平距的大小与地面坡度大小成反比。等高线平距大表示地面坡度小；等高线平距小则表示地面坡度大；平距相等则坡度相同。

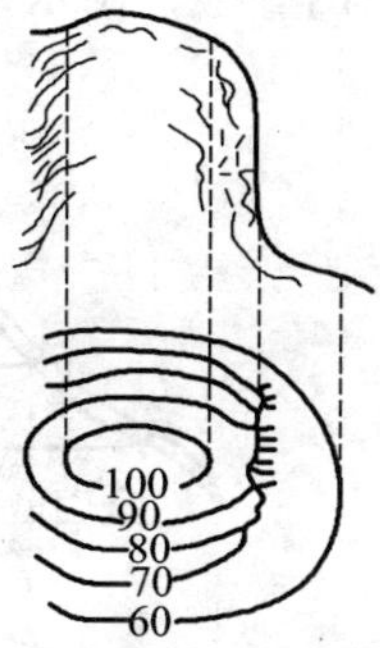

图 8.3　悬崖等高线

5. 等高线表示地貌

地面上地貌的形态是多样的，对它进行仔细分析后，就会发现它们不外乎是几种典型地貌的综合。了解和熟悉用等高线表示典型地貌的特征，将有助于识读、应用和测绘地形图。典型地貌有：

1）山丘和洼地（盆地）

山丘和洼地的等高线都是一组闭合曲线。在地形图上区分山丘或洼地的方法是：凡是内圈等高线的高程注记大于外圈者为山丘，小于外圈者为洼地。如果等高线上没有高程注记，则用示坡线来表示，如图 8.4 所示。

示坡线是垂直于等高线的短线，用以指示坡度下降的方向。示坡线从内圈指向外圈，说明中间高，四周低，为山丘。示坡线从外圈指向内圈，说明四周高，中间低，故为洼地，如图 8.5 所示。

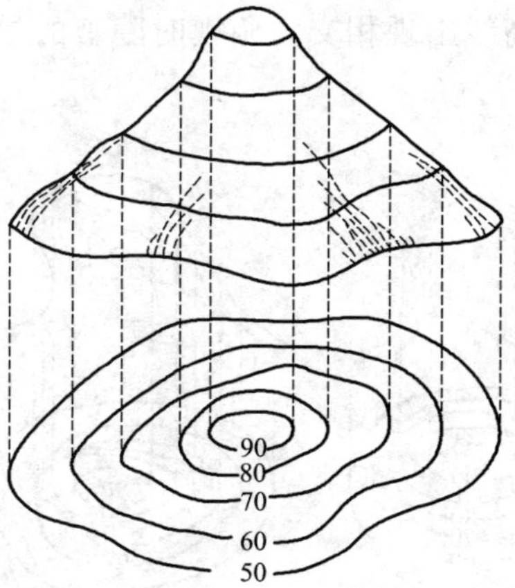

图 8.4　山头

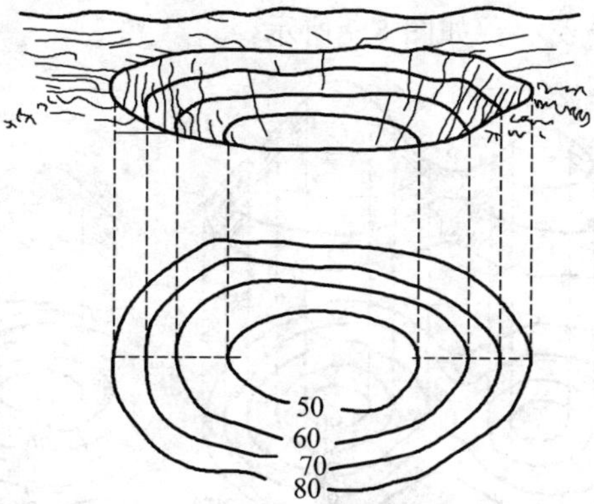

图 8.5　洼地

2）山脊和山谷

山脊是沿着一个方向延伸的高地。山脊的最高棱线称为山脊线。山脊等高线表现为一组凸向低处的曲线，如图 8.6 所示。

山谷是沿着一个方向延伸的洼地，位于两山脊之间。贯穿山谷最低点的连线称为山谷线。山谷等高线表现为一组凸向高处的曲线，如图 8.7 所示。

山脊附近的雨水必然以山脊线为分界线，分别流向山脊的两侧，因此，山脊又称分水线。而在山谷中，雨水必然由两侧山坡流向谷底，向山谷线汇集，因此，山谷线又称集水线。

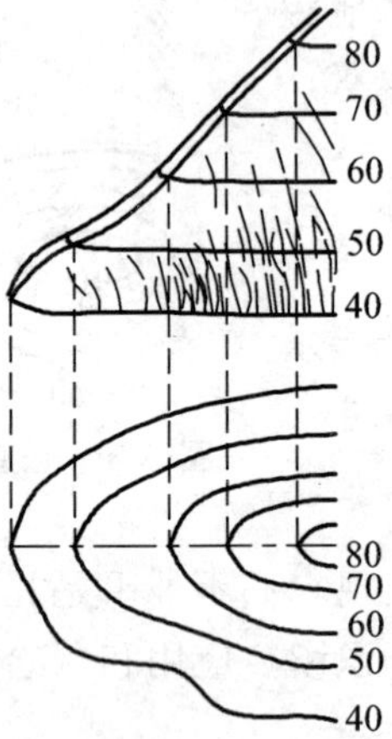

图 8.6 山脊

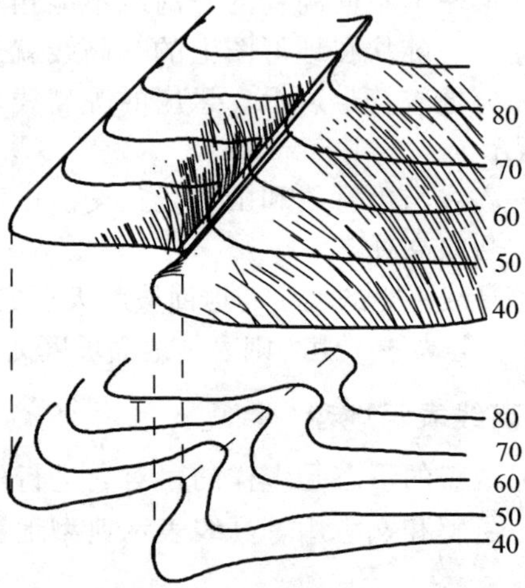

图 8.7 山谷

3）鞍 部

鞍部是相邻两山头之间呈马鞍形的低凹部位。鞍部往往是山区道路通过的地方，也是两个山脊与两个山谷会合的地方。鞍部等高线的特点是在一圈大的闭合曲线内，套有两组小的闭合曲线，如图 8.8 所示。

4）陡崖和悬崖

陡崖是坡度在 70°以上的陡峭崖壁，有石质和土质之分。

悬崖是上部突出，底部凹进的陡崖，这种地貌的等高线出现相交。俯视时隐蔽的等高线用虚线表示，如图 8.9 所示。

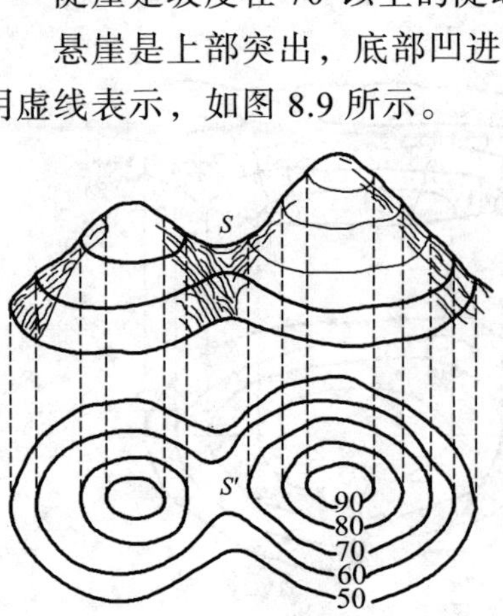

图 8.8 鞍部

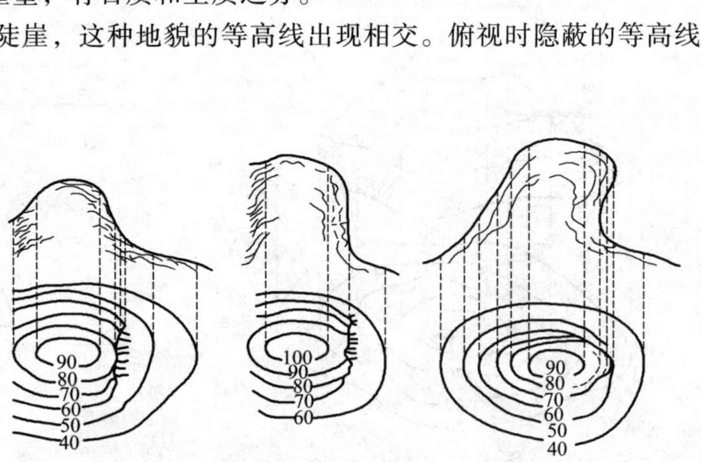

图 8.9 陡崖

第三节　地物和地貌的测绘

地形图测绘的内容包括地物测绘和地貌测绘两大部分。

一、地物的测绘

1. 地物测绘的一般原则

（1）地物测绘主要是将地物的形状特征点测定下来，例如：地物的转折点、交叉点、曲线上的弯曲变换点、独立地物的中心点等。连接这些特征点，便得到与实地相似的地物形状。

（2）凡能依比例尺表示的地物，就应将其水平投影位置的几何形状测绘到地形图上，如房屋、双线河流、球场等。或是将它们的边界位置表示到图上，边界内再充填绘入相应的地物符号，如森林、草地等。对于不能依比例尺表示的地物，则测绘出地物的中心位置并以相应的地物符号表示，如水塔、烟囱、小路等。

（3）地物测绘必须依测图比例尺，按地形测量规范和地形图图式的要求，经综合取舍，将各种地物表示在图上。

地物测绘主要是将地物的形状特征点（也即其碎部点）准确地测绘到图上，例如地物的转折点、交叉点、曲线上的弯曲交换点等。连接这些特征点，便得到与实地相似的地物图像。

2. 居民地的测绘

居民地中各类建筑物均应测绘。城市、工矿区中的房屋排列较为整齐，呈整列式。而乡村的房屋则以不规则的排列居多，呈散列式。散立式或独立式房屋均应分别测绘。

3. 道路的测绘

道路分为铁路、公路、大车路、乡村小路等，包括道路的附属建筑物，如车站、桥函、路堑、路堤、里程碑等，均应测绘在图上。

各种道路均属线状地物，一般由直线和曲线两部分组成。选择道路特征点，一是直线与曲线的变换点，二是曲线本身的变换点。

铁路应实测轨道中心线。在 1∶500、1∶1 000 比例尺测图时，应按比例尺描绘轨宽。铁路上的高程应测轨面高程（曲线部分测内轨面），但标高仍注在中心位置。铁路两测的附属性建筑物，应按实际位置，根据现行图式要求进行描绘。

公路也必须按实际测绘，特征点可选在路面中心或路的一侧，按实际路面宽度依比例尺描绘，在公路符号上应注明路面材料，如沥青、碎石等。

乡村大车路路面宽度不均匀，变化大，道路边界有时不太明显，测绘时，标尺立于道路中心，按平均路宽绘出。

人行小路可择要测绘，人行小路弯曲较多，要注意取舍，取舍后的位置离其实际位置不应大于图上的 0.4 mm。

4. 水系的测绘

水系测绘方法与道路测绘方法类似。不同的是河流、湖泊、水库等，除测绘岸边外，还应测定水涯线（测图时的临时水位线），并适当注记其高程。

泉源、水井应在其中心立尺测定，但在水网地区，当其密度较大时，可按实际需要进行取舍。水井应测井台高程。

对水库、水闸、水坝等水工设施，均应按比例描绘。

土堤的堤高在 0.5 m 以上才表示。堤顶宽度、斜坡堤基底宽度，应按实际测绘，并注明堤顶高程。

5. 独立地物的测绘

独立地物对于用图时判定方位、确定位置有着重要的作用，应着重表示。独立地物应准确测定其位置。凡图上独立地物轮廓大于符号尺寸的，应依比例尺符号测绘；小于符号尺寸的，依非比例符号表示。独立地物符号的定位点的位置，在现行图式上均有相应的规定。

开采的或废弃的井，应测定其井口轮廓，若井口在图上小于井口符号时，应以非比例符号表示。开采的矿井应加注产品名称，如“煤”、“铜”等。通风井亦用矿井符号表示，加注“风”字，并加绘箭头，入风箭头向下，排风箭头朝上，斜井井口及平硐洞口需按真方向表示，符号底部为井的入口。

6. 测量控制点的表示

各级测量控制点，在图上必须精确表示。图上几何符号的几何中心，就是相应控制点的图上位置。控制点点名和高程以分式表示，分子为点名，分母为高程，分式注记在符号的右侧。水准点和经水准点引测的三角点、小三角点的高程，一般注至 0.001 m，以三角高程测量测定的控制点的高程一般注至 0.01 m。

7. 地物测绘中跑尺的方法

立尺员依次在各碎部点立尺的作业，通常称为跑尺。立尺员跑尺好坏，直接影响着测图速度和质量，在某种意义上说，立尺员起着指挥测图的作用。立尺员除须正确地选择地物特征点外，应结合地物分布情况，采用适当的跑尺方法，尽量做到不漏测、不重复测。

二、地貌的测绘

地貌千姿百态，但从几何的观点分析，可以认为它是由许多不同形状、不同方向、不同倾角和不同大小的面组合而成。这些面的相交棱线，称为地性线。地性线有两种，一种是由两个不同走向的坡度面相交而成的棱线，称为方向变化线，如山谷线、山脊线；另一种是由两个不同倾斜的坡面相交而成的棱线，称为坡度变化线，如陡坡与缓坡的交界线、山坡与平地交接的坡麓线等。在实际地貌测绘中，确定地性线的空间位置，并不需要确定棱线上的所有点，而只需测定各棱线交点的空间位置就够了，这些棱线交点称地貌特征点。测定地貌特征点，以地性线构成地貌的骨架，地貌的形态就容易表示出来了。故地貌的测绘，主要是测绘这些地貌特征点及其地性线。

1. 测定地貌特征点

地貌特征点有：山的最高点、洼地的最低点、谷口点、鞍部的最低点、地面坡度和方向的变化点等。根据以上这些特征点采用极坐标法或交会法测定，在图纸平面位置用小点表示，高程注记在它的旁边。

2. 绘制地性线

当测绘出一定数量的特征点后，绘图员应及时依实际情况，用铅笔连接地性线。图 8.10 中虚线表示山脊线，实线表示山谷线。地性线应随地貌特征点陆续测定而随时连接。

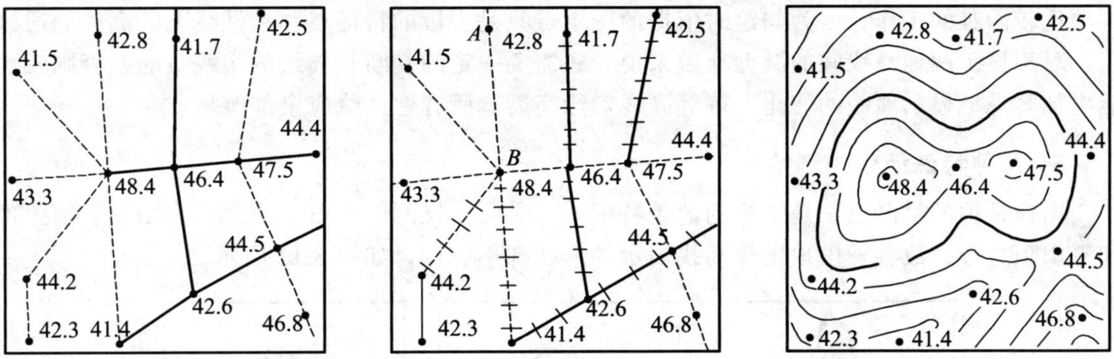

图 8.10　地性线

3. 确定等高线的通过点

根据图上地性线描绘等高线，需确定地性线上等高线通过的点位。由于地性线上所有倾斜变化点在测定地貌变化点时已确定，故同一地性线上两相邻特征点间，可认为是等倾斜的。在选择了一定等高距的条件下，同一地性线上等高线通过点的间距应是相等的。为此，可按高差与平距成比例的关系来求算等高线在地性线上的通过点，如图 8.11 所示。

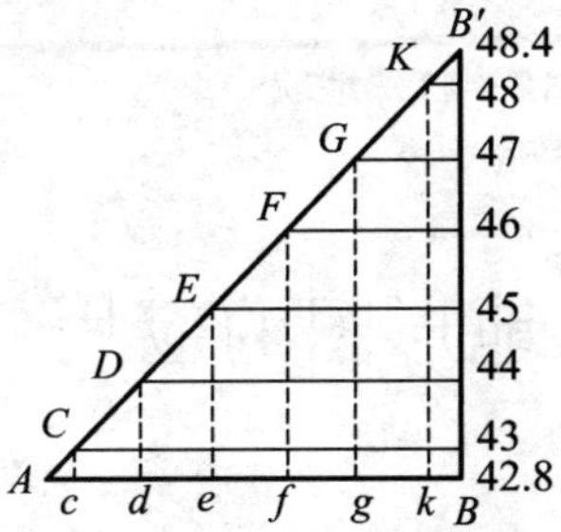

$$kB = \frac{AB}{h_{AB'}} \cdot h_{kB}$$

$$Ac = \frac{AB}{h_{AB'}} \cdot h_{Ac}$$

图 8.11　确定等高线的通过点

$h_{AB'} = 48.4 - 42.8 = 5.6\ \text{m}$

$AB = 21\ \text{mm}$

$h_{Ac} = 43 - 42.8 = 0.2\ \text{m}$

$h_{kB'} = 48.4 - 48.0 = 0.4\ \text{m}$

代入式中，得 $Ac = 21/5.6 \times 0.2 = 0.8$ mm

$$kB = 21/5.6 \times 0.4 = 1.5 \text{ mm}$$

4. 对照实际情况勾绘等高线

在地性线上，由内插确定出各等高线的通过点后，就可依据实际地貌，用圆滑的曲线依次连接地性线上同高程的各点，这样便得到一条条等高线，如图 8.12 所示。

实际作业时，决不是等到把全部等高线在地性线上的通过点确定下来后再勾绘等高线，而是一边求出相邻地性线上的同高程等高线通过点，就一边依实际地貌勾绘出等高线，即等高线应随测随绘。但在时间紧迫、地形又不复杂的情况下可先行插绘计曲线。勾绘等高线是一项比较困难的工作，因为勾绘时依据的图上点只是少量的特征点和地性线上等高线的通过点，对于显示两地性线间的微型地貌来说，还需要一定的判断和描绘的实践技能，否则就不能更加客观地显示地貌的变化。待等高线勾绘完后，所有地性线应全部擦掉。

5. 几种特殊地貌的测绘

山顶是山的最高点，是主要的地貌特征点，必须立尺测绘。由于山顶有尖山顶、圆山顶和平山顶之分，故各种山顶用等高线表示的形状都不一样，如图 8.12 所示。

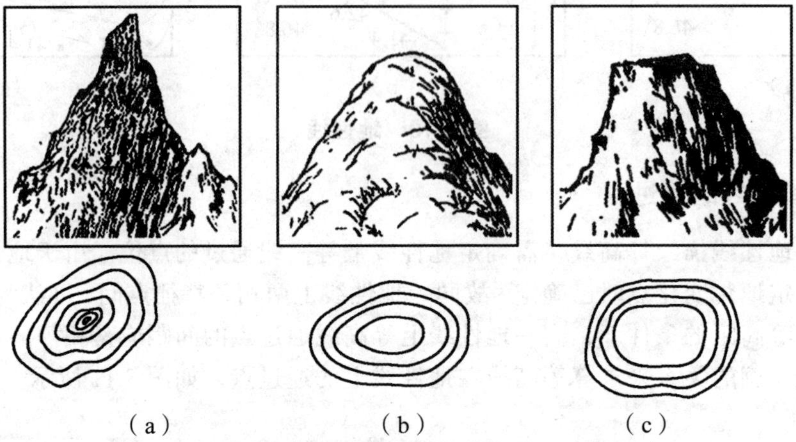

图 8.12 特殊地貌

第四节 地形图的应用

一、求点的坐标

利用地形图进行规划设计，首先要知道设计点的平面位置，通常是根据图廓坐标和点的图上位置，内插出设计点的平面直角坐标。

大比例尺地形图上绘有 10 cm × 10 cm 的坐标格网，并在图廓的西、南边上注有纵、横坐标值，如图 8.13 所示。

欲求图 8.13 中 P 点的直角坐标，可以通过从 P 点作平行于直角坐标格网的直线，交格网线于 e、f、g、h 点。用比例尺（或直尺）量出 ae 和 ag 两段距离，则 P 点的坐标为：

$$x_P = x_a + ae = 21\,100 + 27 = 21\,127\ \text{m}$$

$$y_P = y_a + ag = 32\,100 + 29 = 32\,129\ \text{m}$$

为了防止图纸伸缩变形带来的误差，可以采用下列计算公式消除：

$$x_P = x_a + \frac{ae}{ab}\cdot l = 21\,100 + \frac{27}{99.9}\times 100 = 21\,127.03\ \text{m}$$

$$y_P = y_a + \frac{ag}{ad}\cdot l = 32\,100 + \frac{29}{99.9}\times 100 = 32\,129.03\ \text{m}$$

式中，l 为相邻格网线间距。

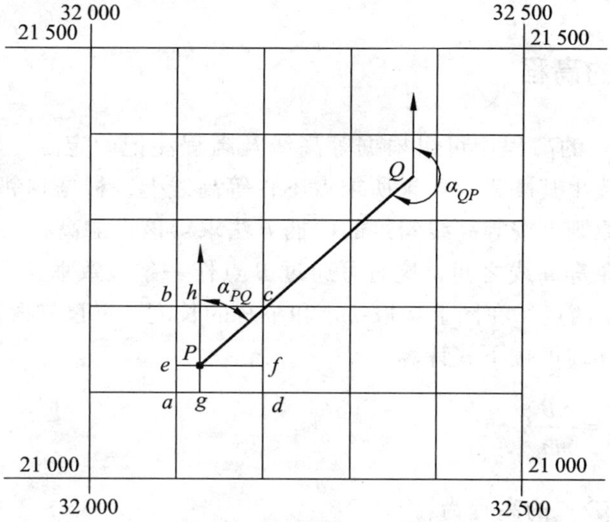

图 8.13　确定点的坐标

二、求两点间的水平距离

1. 解析法

为了消除图纸变形的影响，可根据两点的坐标计算水平距离。首先，求出图上 A、B 两点的坐标（x_A、y_A）、（x_B、y_B），然后按下式计算 AB 的水平距离：

$$D_{AB} = \sqrt{(x_B - x_A)^2 + (y_B - y_A)^2} \tag{8.3}$$

2. 在图上直接量取

用两脚规在图上直接量出 A、B 两点的长度，再与地形图上的直线比例尺比较，即可得出 AB 的水平距离。当精度要求不高时，可用比例尺直接在图上量取。

三、确定直线的方位角

欲求直线 AB 的坐标方位角，依反正切函数，先求出图上 A、B 两点的坐标（x_A，y_A）、（x_B，y_B），然后按下式计算出直线 AB 坐标方位角。

$$a_{AB} = \arctan\frac{y_B - y_A}{x_B - x_A} = \arctan\frac{\Delta y_{AB}}{\Delta y_{AB}} \tag{8.4}$$

当直线 AB 距离较长时，按式 8.4 可取得较好的结果。当精度要求不高时，可由量角器在图上直接量取其坐标方位角。通过 A、B 两点分别作坐标纵轴的平行线，然后用量角器的中心分别对准 A、B 两点量出直线 AB 的坐标方位角 α'_{AB} 和直线 BA 的坐标方位角 α'_{BA}，则直线 AB 的坐标方位角为：

$$\alpha_{AB} = \frac{1}{2}(\alpha'_{AB} + \alpha'_{BA} \pm 180°) \tag{8.5}$$

四、求地面点的高程

对于地形图上一点的高程，可以根据等高线及高程注记确定之。如该点正好在等高线上，可以直接从图上读出其高程。如果所求点不在等高线上，根据相邻等高线间的等高线平距与其高差成正比例原则，按等高线勾绘的内插方法求得该点的高程。如图 8.14 所示，B 点位于 32 m 和 34 m 两条等高线之间，这时可通过 B 点作一条大致垂直于两条等高线的直线，分别交等高线于 m、n 两点，在图上量取 mn 和 mB 的长度，又已知等高距为 $h = 2$ m，则 B 点相对于 m 点的高差 h_{mB} 可按下式计算：

$$h_{mB} = \frac{mB}{mn}h \tag{8.6}$$

设 $\dfrac{mB}{mn}$ 的值为 0.8，则 B 点的高程为：

$$H_B = H_m + h_{mB} = 32\text{ m} + 0.8 \times 2\text{ m} = 33.6\text{ m}$$

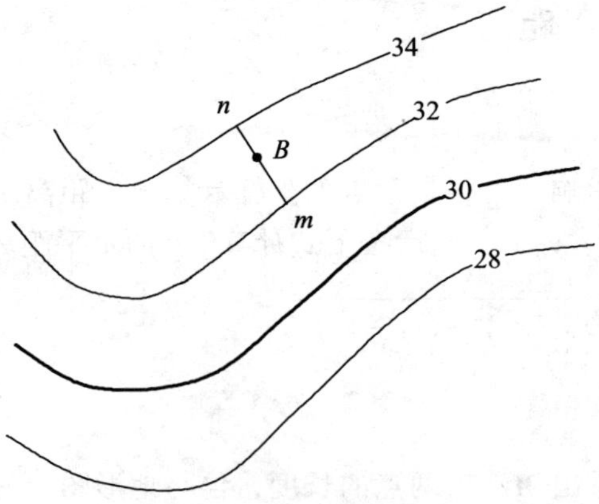

图 8.14　确定点的高程

根据等高线勾绘的精度要求，也可以用目测估算的方法确定图上一点的高程。

五、求直线的坡度

设地面两点间的水平距离为 D，高差为 h，直线的坡度 i 为其高差与相应水平距离之比：

$$i=\frac{h}{D}=\frac{h}{d\times M} \tag{8.7}$$

式中，d 为地形图上 m、n 两点间的长度（以米为单位），见图 8.15；M 为地形图比例尺分母。坡度 i 常以百分率表示。图中 m、n 两点间高差为 $h_{mn}=1.0\ \text{m}$，量得直线 mn 的图上距离为 7 mm，并设地形图比例尺为 1∶2 000，则直线 mn 的地面坡度为 $i=7.14‰$。如果两点间的距离较长，中间通过疏密不等的等高线，则上式所求地面坡度为两点间的平均坡度。

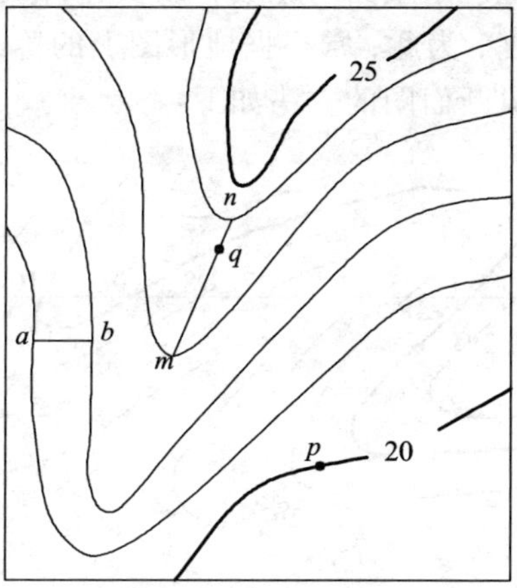

图 8.15　确定坡度

六、按坡度限值选定最短路线

道路、管线工程中，往往需要在地形图上按设计坡度选定最佳路线。如图 8.16 所示，在等高距为 h、比例尺为 1∶M 的地形图上，有 A、B 两点，需在其间确定一条设计坡度等于 i 的最佳路线。首先计算满足该坡度要求的路线通过图上相邻两条等高线的最短平距 d：

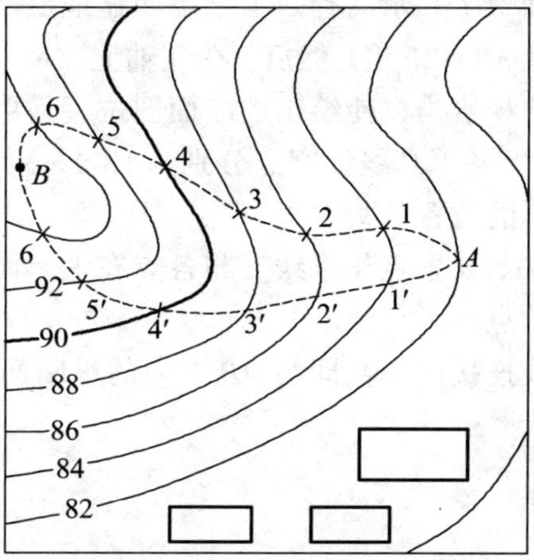

图 8.16　利用坡度求最短路线

$$d=\frac{h}{i}\cdot M \tag{8.8}$$

首先在图上以 A 点为圆心，以 d 为半径画圆弧，交 84 m 等高线于 1 号点，再以 1 号点为圆心，以 d 为半径画圆弧，交 86 m 等高线于 2 号点，依此类推直至 B 点；再自 A 点始，按同法沿另一方向交出 1′、2′…直至 B 点。这样得到的两条线路坡度都等于 i，同时距离也都最短，再通过现场踏勘，从中选择一条施工条件较好的线路为最佳路线。

七、按一定方向绘制纵断面图

在工程设计中，为了合理地确定线路的纵坡，以及进行填、挖方量的概算，需要较详细地了解沿线路方向上的地面坡度，为此，常根据地形图上的等高线，来绘制地面的纵断面图。以图 8.17 为例，画 AB 方向的纵断面图的方法如下：

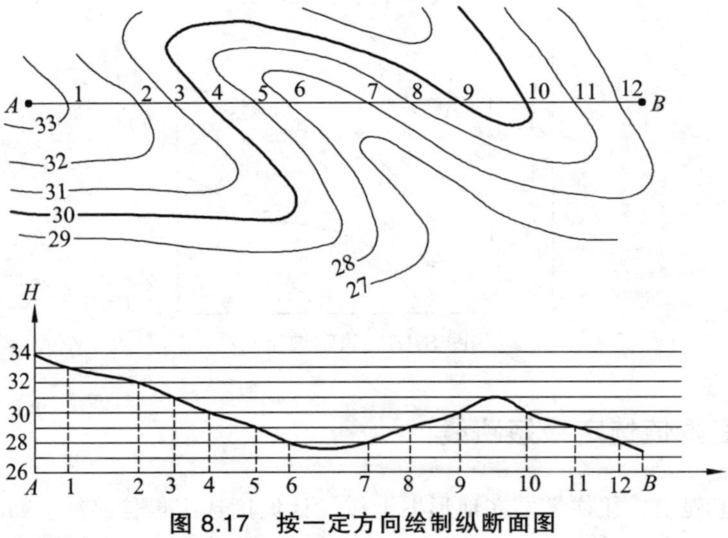

图 8.17　按一定方向绘制纵断面图

（1）首先在图纸上绘制直角坐标系。以横轴 AB 表示水平距离。水平距离比例尺一般与地形图的比例尺相同。以纵轴 AH 表示高程。为了更明显地反映出地面的起伏情况，一般高程比例尺比水平距离比例尺大 10～20 倍。然后，在纵轴上注明高程，并按等高距作与横轴平行的高程线。高程起始值要选择恰当，使绘出的断面图位置适中。

（2）设 AB 直线与地形图上各等高线的交点分别为 1，2，3，…将各交点至 A 的距离截取到横轴上，定出各点在横轴上的位置。

（3）自横轴上的 1，2，…，B 各点作垂线，与各点在地形图上的高程值相对应的高程线相交，其交点就是纵断面上的点。

（4）把相邻点用光滑曲线连接起来，即为 AB 方向的纵断面图。

八、确定汇水面积

如图 8.18 所示，修筑道路时有时要跨越河流或山谷，这时就必须建桥梁或涵洞，而修水库必须筑坝拦水，而桥梁涵洞孔径的大小，水坝的设计位置与坝高，水库的蓄水量等都要根据汇集于这个地区的水流量来确定汇集水流量的面积，称为汇水面积。汇水面积的边界线是由一系列的山脊线连接而成的。

图 8.18 确定汇水面积

确定汇水面积的边界线时，应注意以下几点：

（1）边界线（除公路桥梁段外）应与山脊线一致，且与等高线垂直。

（2）边界线是经过一系列的山脊线、山尖和鞍部的曲线，并与河谷的指定断面（公路或水坝的中心线）闭合。

第五节 数字地形图测量

一、数字化测图概述

传统的地形测量通常利用大平板、小平板、经纬仪将区域内的各种地物、地形的空间位置和几何形状进行测定，测得的观测值用图解的方法转化为图形，测量成果绘制在白纸（或聚酯薄膜）上。由于这一转化过程几乎都是在野外实现的，即使是图纸的室内整饰一般也要在测区驻地完成，劳动强度大，效率也不高；并且这个转化过程还使测得的数据精度大幅度降低。随着信息量剧增，纸质图已难以负载诸多信息，变更、修改也极不方便，实在难以适应当前经济建设的需要。

数字化测图是 20 世纪 80 年代发展起来的一种测绘地形图方法。从广义上说，数字化测图包括：利用全站仪或其他测量仪器进行野外数字化测图；利用数字扫描仪对传统地形图进行数字化；借助解析测图仪或立体坐标量测仪对航片、卫片进行数字化测图等技术。利用上述技术将采集到的地形数据传输到计算机，并利用成图软件进行数据处理，成图显示，再经编辑、修改生成合格的地形图。最后将地形数据和地形图分类建立数据库，并用数控绘图仪或打印机输出地形图或相关数据。

上述以计算机为核心，在外接输入、输出硬件设备和相应软件的支持下，对地形空间数据进行采集、传输、处理、编辑、入库管理和成图输出的整个系统，称之为自动化数字测图系统，如图 8.19 所示。

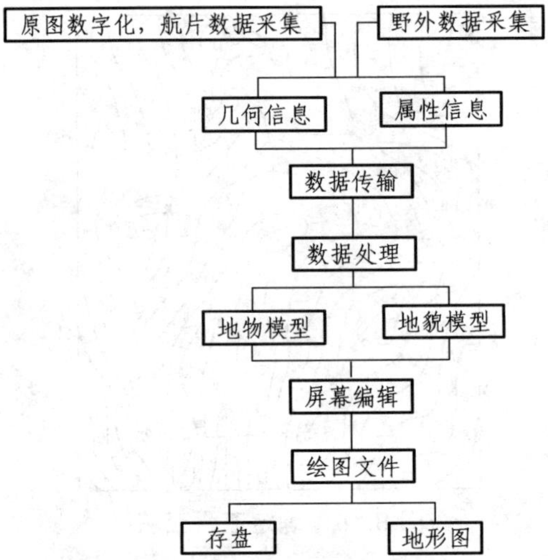

图 8.19　数字测图系统

数字化测图不仅可以利用计算机辅助绘图，减轻测绘人员的劳动强度，保证地形图绘图质量，提高绘图效率，而且对数据的共享具有深远意义。利用计算机进行数据处理，可以直接建立数字地面模型和电子地图，为建立地理信息系统提供可靠的原始数据，以供国家、城市和行业部门的现代化管理，以及工程设计人员进行计算机辅助设计（CAD）使用。提供地图数字图像等信息资料已成为一些政府管理部门和工程设计、建设单位必不可少的工作，正越来越受到各行各业的普遍重视。通常，将利用电子全站仪在野外进行数字化地形数据采集，并利用计算机绘制大比例尺地形图的工作，简称数字测图。

我国从 1983 年开始研究大比例尺地形图的野外数字化测图方法，并逐步在全国测绘行业推广使用。其发展过程大致可分为以下两个阶段：

第一阶段：主要利用电子全站仪在野外测量，将采集到的地形数据通过电子手簿记录，同时人工绘制标注测点点号的草图，到室内将测量数据直接由记录器传输到计算机，再由人工按草图编辑图形文件，并键入计算机自动成图，经人机交互编辑修改，最终生成数字地形图，由绘图仪绘制地形图。

第二阶段：仍采用野外测记模式，但成图软件有了实质性的进展。主要变化在两个方面：一是开发了智能化的外业数据采集软件；二是计算机成图软件能直接对接收的地形信息数据进行处理。

数字化测图技术在野外采集工作的实质是解析法测定地形点的三维坐标，是一种先进的地形图测绘方法，与图解法传统地形测绘方法相比，其优点非常明显，主要变化在以下几个方面：

（1）自动化程度高。采用全站仪在野外采集数据，自动记录存档，并可以直接传输给计算机进行数据处理、绘图，不但提高了工作效率，而且减少了测量错误的发生，使得绘制的地形图精确、美观、规范。同时计算机处理地形信息，建立数据和图形数据库，并能生成数字地图和电子地图，有利于后续的成果应用和信息管理工作。

（2）精度高。白纸测图除了重要的坐标点注记坐标外，其大量的碎部点坐标是不保留而直接绘制到图上的，其点位精度由测图比例尺保证，并受到绘制过程中人为因素如刺点、划线等影响。数字化测图记录的是观测数据或坐标，在记录、存储、成图过程中，数据自动传输并由计算机处理，不受测图比例尺和绘制过程中人为因素的影响，完全体现外业测量的精度。

（3）现势性强。数字化测图克服了传统测图不能连续更新的困难。数字化测图的成果保存是将点的定位信息和属性信息存入计算机，当数据需要更新时，只需输入变化信息的坐标、代码，经过编辑处理，很快便可以得到更新的图像，而不需要重新绘制，从而可以确保地图的现势性和可靠性；

（4）易于保存。绘制在图纸上的地图信息随着时间的推移，会因图纸的变形而产生误差，图纸的保存也很不方便。数字化测图的成果以数字保存信息，避免了对图纸的依赖，而且易于保存。

（5）使用方便。数字化测图采用解析法测定点位坐标，其依据的是测量控制点，测量成果的精度均匀一致，并且与绘图比例尺，利用分层管理的野外实测数据，可以方便地绘制不同比例尺的地形图或不同用途的专题地图，实现了一测多用，增强了数据的共享性，同时便于地形图的检查、修测和更新。

尽管数字化测图具有很大优点，但它也有不足之处。一是一次性投资大，成本高；二是野外采集各类信息编码复杂；三是城镇地物十分密集而又复杂的地区，数字化测图往往遇到很多障碍而难以实施。随着计算机技术的发展，数字化测图的一些缺点正得到改进，并逐步向内外业一体化发展。

二、野外数据采集的方法

1. 数据采集的作业模式

数字化测图的野外数据采集作业模式主要有野外测量记录，室内计算机成图的数字测记模式；野外数字采集，便携式计算机实时成图的电子平板测绘模式。

图 8.20 为电子全站仪在野外进行数字地形测量数据采集的示意图，也可以采用普通测量仪器施测，手工键入实测数据。从图 8.20 中可以看出，其数据采集的原理与普通测量方法类似，所不同的是全站仪不但可以测出碎步点至已知点间的距离和角度，而且还可直接测算出碎步点的坐标，并自动记录。

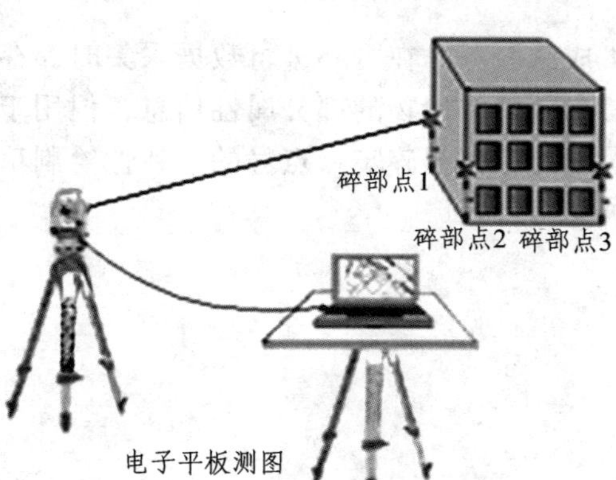

图 8.20　全站仪在野外测图

由于地形图不是在现场直接绘出，而是依据电子手簿中存储的数据，由计算机软件自动处理，并控制数控仪自动完成地形图的绘制，这就存在野外采集的数据与实地或图形之间的对应关系问题。为使绘图人员或计算机能够识别所采集的数据，便于对其处理和加工，必须对仪器实测的每一个碎步点给予一个确定的地形信息编码。

2. 碎步测量的步骤

1）测图的准备工作

野外数字化测图前，必须按照规范对所使用的测量仪器进行检验，如电子全站仪的轴系关系是否满足要求，水平角、竖直角和距离测量的精度是否符合限差要求，光学对中器及各种螺旋是否正常，以及反射棱镜常数的测定和设置等；还需要安装、调试好所使用的电子手簿及数字化测图软件，并通过数据接口传输或按菜单提示键盘输入图根控制点的点号、平面坐标和高程。

2）设置测站与检核

将全站仪安置于测站点上，经过对中、整平后量取仪器高，打开全站仪，进入数据采集菜单，设置全站仪的测站信息、后视信息。测站信息包括测站点点号、测站点坐标（X、Y）和高程 H、仪器高、目标高等。输入测站点信息后瞄准后视点，输入后点信息，包括后视点点号、后视点坐标（X、Y）或后视点坐标方位角、后视点高程 H。最后瞄准第三个已知点，直接测量出该点的坐标并与已知坐标比较，若两者之间的较差满足要求即可进行下面的碎步点测量工作，否则应检查原始数据，并找出原因。

3）碎步点测量

碎步点测量方法可以根据实测条件和测区具体情况来选择，主要有极坐标法、方向交会法、距离测量法、方向距离交会法、堪丈法。全站仪数字化测图一般情况下采用的是极坐标法，即设站之后直接瞄准碎步点的棱镜测量，并保存所测数据。

碎步点的选取主要考虑能反映地物地貌特征及地形图碎步点密度要求来决定。碎步点主要有地物地貌的特征点，如房屋的拐点、地物的边界点、独立地物点、地形特征线上的点等。点密度主要是根据地图比例尺来决定，一般根据图上 2 cm 一个碎步点密度来考虑。

4）草图的绘制

草图主要为室内计算机成图服务。在野外进行数据采集时保存的是碎步点坐标信息、点号信息、编码信息。编码信息包含有地物的部分属性信息，但用于绘图还有很多不方便的地方。所以在进行碎步测量的同时应根据碎步点点号的一致性绘制草图。

第三篇

铁路工程测量

第九章　施工测量的基本工作

施工测量是指把图纸上设计好的工程建（构）筑物位置（包括平面和高程位置）在实地标定出来的工作，即按设计的要求将工程建（构）筑物各轴线的交点、道路中线、桥墩等点位标定在相应的地面上。这项工作又称为测设或放样。这些待测设的点位是根据控制点或已有建筑物特征点与待测设点之间的角度、距离和高差等几何关系，应用测绘仪器和工具标定出来的。因此，测设已知水平距离、测设已知水平角、测设已知高程是施工测量的基本工作。

第一节　测设已知水平距离

测设已知水平距离是从地面一已知点开始，沿已知方向测设出给定的水平距离以定出第二个端点的工作。根据测设的精度要求不同，可分为一般测设方法和精确测设方法。

一、用钢尺测设已知水平距离

1. 一般方法

在地面上，由已知点 A 开始，沿给定方向，用钢尺量出已知水平距离 D 定出 B 点。为了校核与提高测设精度，在起点 A 处改变读数，按同法量已知距离 D 定出 B' 点。由于量距有误差，B 与 B' 两点一般不重合，其相对误差在允许范围内时，则取两点的中点作为最终位置。

2. 精确方法

当水平距离的测设精度要求较高时，按照上面一般方法在地面测设出的水平距离，还应再加上尺长、温度和高差 3 项改正，但改正数的符号与精确量距时的符号相反，即：

$$S = D - \Delta_l - \Delta_t - \Delta_h \tag{9.1}$$

式中 S——实地测设的距离；

D——待测设的水平距离；

Δ_l——尺长改正数，$\Delta_l = D \times \frac{l - l_0}{l_0}$，$l_0$ 和 l 分别是所用钢尺的名义长度和钢尺检定的长度；

Δ_t——温度改正数，$\Delta_t = \alpha \times D \times (t - t_0)$，$\alpha = 1.25 \times 10^{-5}$ 为钢尺的线膨胀系数；t 为测设时的温度；t_0 为钢尺检定时的标准温度，一般为 20 °C；

Δ_h—倾斜改正数，$\Delta_h = -\frac{h^2}{2D}$，$h$ 为线段两端点的高差。

【例 9.1】 如图 9.1 所示，欲测设水平距离 AB，所使用钢尺的尺长方程式为：$l_t = 30.000\ \text{m} + 0.003\ \text{m} + 1.2 \times 10^{-5} \times 30(t - 20\ ^\circ\text{C})\ \text{m}$；测设时的温度为 5 °C，$AB$ 两点之间的高差为 1.2 m，试求计算测设时在实地应量出的长度是多少？

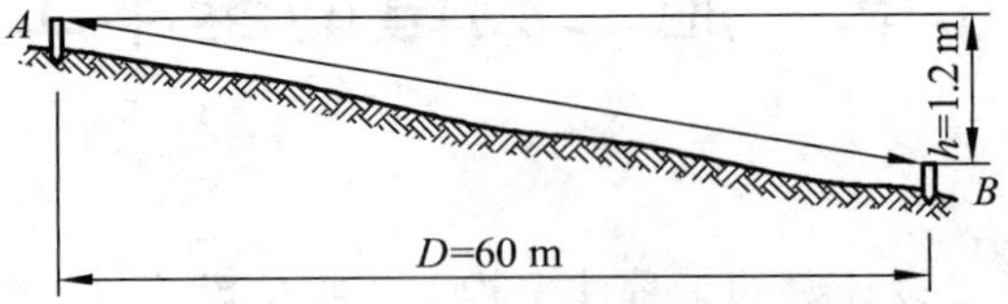

图 9.1 距离测量

【解】 根据精确量距公式算出 3 项改正：

尺长改正：

$$\Delta_l = \frac{\Delta l}{l_0} \times D = \frac{0.003}{30} \times 60 = 0.006\ \text{m}$$

温度改正：$\Delta_t = \alpha \times D \times (t - t_0) = 60 \times 1.2 \times 0.000\,01 \times (5 - 20) = -0.011\ \text{m}$

倾斜改正：$\Delta_h = -\frac{h^2}{2D} = -\frac{1.2^2}{2 \times 60} = -0.012\ \text{m}$

实地测设水平距离为 $S = D - \Delta_l - \Delta_t - \Delta_h = 60 - 0.006 + 0.011 + 0.012 = 60.017\ \text{m}$

测设时，自线段的起点 A 沿给定的 AB 方向量出 S，定出终点 B，即得设计的水平距离 D。为了检核，通常再放样一次，若两次放样之差在允许范围内，则取平均位置作为终点 B 的最后位置。

二、光电测距仪测设已知水平距离

用光电测距仪测设已知水平距离与用钢尺测设方法大致相同。如图 9.2 所示，光电测距仪安置于 A 点，反光镜沿已知方向 AB 移动，使仪器显示的距离大致等于待测设距离 D，定出 B'点，测出 B'点反光镜的竖直角及斜距，计算出水平距离 D'。再计算出 D'与需要测设的水平距离 D 之间的改正数 $\Delta D = D - D'$。根据 ΔD 的符号在实地沿已知方向用钢尺由 B'点量 ΔD 定出 B 点，AB 即为测设的水平距离 D。

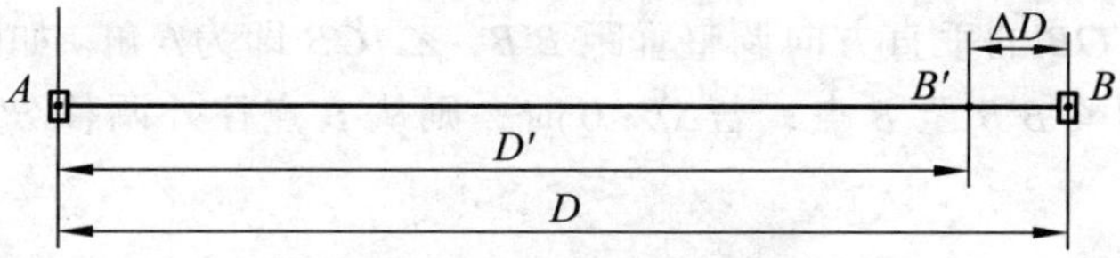

图 9.2　光电测距示意图

现代的全站仪瞄准位于 B 点附近的棱镜后，能够直接显示出全站仪与棱镜之间的水平距离 D'，因此，可以通过前后移动棱镜使其水平距离 D'等于待测设的已知水平距离 D 时，即可定出 B 点。

为了检核，将反光镜安置在 B 点，测量 AB 的水平距离，若不符合要求，则再次改正，直至在允许范围之内为止。

第二节　测设已知水平角

测设已知水平角就是根据一已知方向测设出另一方向，使它们的夹角等于给定的设计角值。按测设精度要求不同分为一般方法和精确方法。

一、一般方法

当测设水平角精度要求不高时，可采用此法，即用盘左、盘右取平均值的方法。如图 9.3 所示，设 OA 为地面上已有方向，欲测设水平角 β，在 O 点安置经纬仪，以盘左位置瞄准 A 点，配置水平度盘读数为 0°00′00″。转动照准部使水平度盘读数恰好为 β 值，在视线方向定出 B_1 点。然后用盘右位置，重复上述步骤定出 B_2 点，取 B_1 和 B_2 中点 B，则 $\angle AOB$ 即为测设的 β 角。

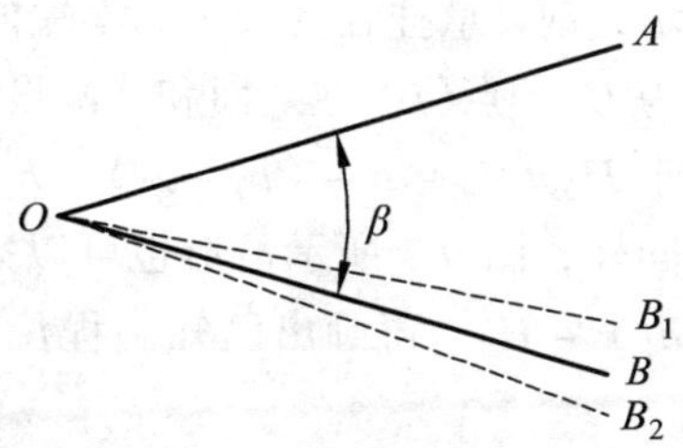

图 9.3　一般方法的角度放样

该方法也称为盘左盘右分中法，正倒镜分中法。

二、精确方法

当测设精度要求较高时，可采用精确方法测设已知水平角。如图 9.4 所示，安置经纬仪于 O 点，按照上述一般方法测设出已知水平角 $\angle AOB'$，定出 B'点。然后较精确地测量 $\angle AOB'$ 的角值，一般采用多个测回取平均值的方法，设平均角值为 β'，测量出 OB'的距离。按下式计算 B'点处 OB'线段的垂距 $B'B$。

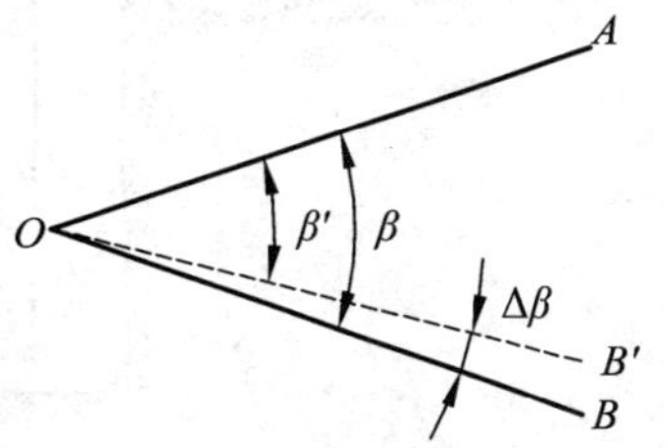

图 9.4　角度放样

$$B'B = \frac{\Delta\beta''}{\rho''} \times OB' = \frac{\beta' - \beta}{206\ 265''} \times OB' \qquad (9.2)$$

然后，从 B'点沿 OB'的垂直方向调整垂距 $B'B$，$\angle AOB$ 即为β角。如图 9.4 所示，若$\Delta\beta>0$时，则从 B'点往内调整 $B'B$ 至 B 点；若$\Delta\beta<0$时，则从 B'点往外调整 $B'B$ 至 B 点。

第三节 测设已知高程

测设已知高程就是根据已知点的高程，通过引测，把设计高程标定在固定的位置上。如图 9.5 所示，已知高程点 A，其高程为 H_A，需要在 B 点标定出已知高程为 H_B 的位置。其方法是：

在 A 点和 B 点中间安置水准仪，精平后读取 A 点的标尺读数为 a，则仪器的视线高程为 $H_i=H_A+a$，由图可知测设已知高程为 H_B 的 B 点标尺读数应为：

$$b=H_i-H_B \tag{9.3}$$

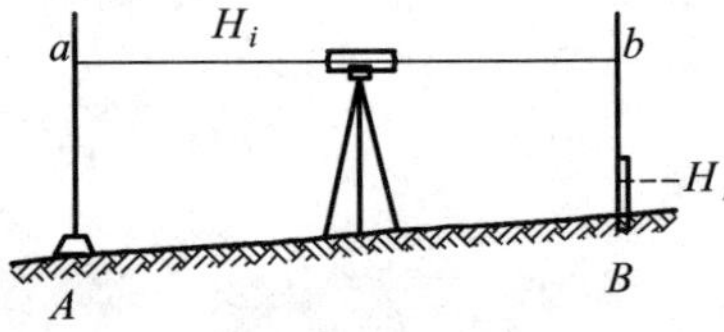

图 9.5 高程测设

将水准尺紧靠 B 点木桩的侧面上下移动，直到尺上读数为 b 时，沿尺底画一横线，此线即为设计高程 H_B 的位置。测设时应始终保持水准管气泡居中。

在建筑设计和施工中，为了计算方便，通常把建筑物的室内设计地坪高程用 ±0 标高表示，建筑物的基础、门窗等高程都是以 ±0 为依据进行测设。因此，首先要在施工现场利用测设已知高程的方法测设出室内地坪高程的位置。

当待测设点与已知水准点的高差较大时，则可以采用悬挂钢尺的方法进行测设。如图 9.6 所示，钢尺悬挂在支架上，零端向下并挂一重物，A 是已知高程为 H_A 的水准点，B 是待测设高程为 H_B 的点位。在地面和待测设点位附近安置水准仪，分别在标尺和钢尺上读数 a_1、b_1 和 a_2。由于 $H_B=H_A+a_1-(b_1-a_2)-b_2$，则可以计算出 B 点处标尺的读数 $b_2=H_A+a-(b_1-a_2)-H_B$。同样，图 9.7 所示情形也可以采用类似方法进行测设，即计算出前视读数 $b_2=H_A+a_1+(a_2-b_1)-H_B$，再画出已知高程位 H_B 的标志线（图 9.7）。

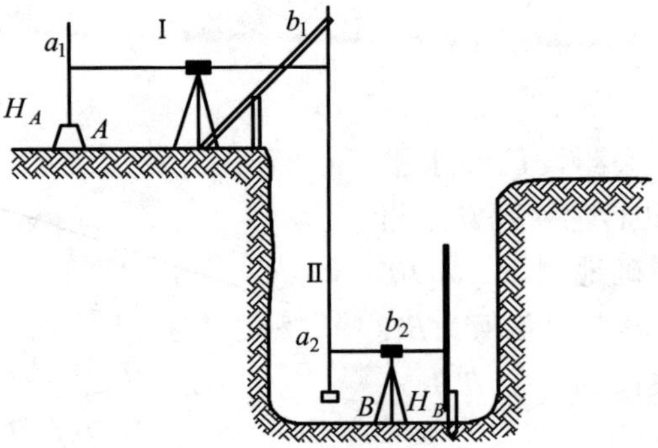

图 9.6 悬挂钢尺高程测设（1）

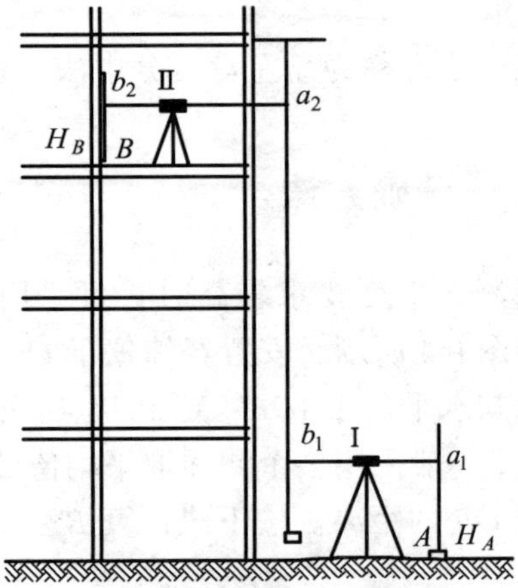

图 9.7 悬挂钢尺高程测设（2）

第四节　测设点的平面位置

点的平面位置测设是根据已布设好的控制点的坐标和待测设点的坐标,反算出测设数据，即控制点和待测设点之间的水平距离和水平角，再利用上述测设方法标定出设计点位。根据所用的仪器设备、控制点的分布情况、测设场地地形条件及测设点精度要求等条件，可以采用以下几种方法进行测设工作。

一、直角坐标法

直角坐标法是建立在直角坐标原理基础上测设点位的一种方法。当建筑场地已建立有相互垂直的主轴线或建筑方格网时，一般采用此法。

如图 9.8 所示，A、B、C、D 为建筑方格网或建筑基线控制点，1、2、3、4 点为待测设建筑物轴线的交点，建筑方格网或建筑基线分别平行或垂直待测设建筑物的轴线。根据控制点的坐标和待测设点的坐标可以计算出两者之间的坐标增量。下面以测设 1、2 点为例，说明测设方法。

首先计算出 A 点与 1、2 点之间的坐标增量，即：

$$\Delta x_{A1} = x_1 - x_A$$

$$\Delta y_{A1} = y_1 - y_A$$

测设 1、2 点平面位置时，在 A 点安置经纬仪，照准 C 点，沿此视线方向从 A 沿 C 方向测设水平距离Δy_{A1}定出 1′点；再安置经纬仪于 1′点，盘左照准 C 点（或 A 点），转 90°给出视线方向，沿此方向分别测设出水平距离Δx_{A1}和Δx_{12}定 1、2 两点。同法以盘右位置再定出 1、2 两点，取 1、2 两点盘左和盘右的中点即为所求点位置。

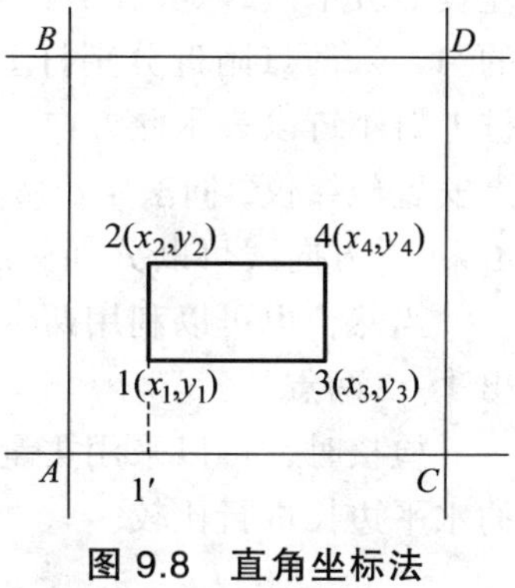

图 9.8　直角坐标法

采用同样的方法可以测设 3、4 点的位置。

检查时，可以在已测设的点上架设经纬仪，检测各个角度是否符合设计要求，并丈量各条边长。

如果待测设点位的精度要求较高，可以利用精确方法测设水平距离和水平角。

二、极坐标法

极坐标法是根据控制点、水平角和水平距离测设点平面位置的方法。在控制点与测设点间便于钢尺量距的情况下，采用此法较为适宜，而利用测距仪或全站仪测设水平距离，则没有此项限制，且工作效率和精度都较高。

如图 9.9 所示，A（x_A，y_A）、B（x_B，y_B）为已知控制点，1（x_1，y_1）、2（x_2，y_2）点为待测设点。根据已知点坐标和

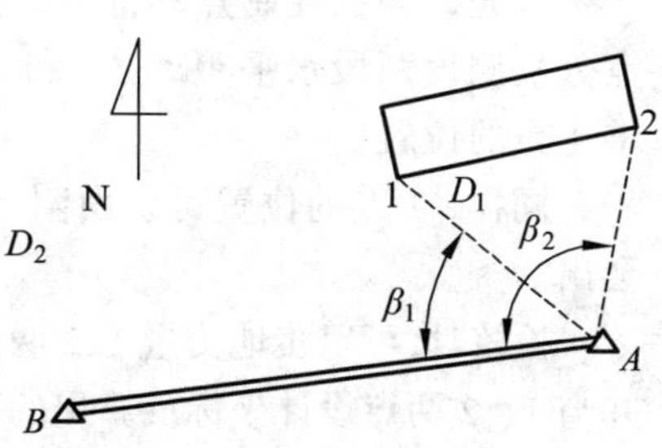

图 9.9　极坐标法

测设点坐标，按坐标反算方法求出测设数据，即：D_1，D_2，$\beta_1=\alpha_{A1}-\alpha_{AB}$，$\beta_2=\alpha_{A2}-\alpha_{AB}$。

测设时，经纬仪安置在 A 点，后视 B 点，置度盘为零，按盘左盘右分中法测设水平角β_1、β_2，定出 1、2 点方向，沿此方向测设水平距离 D_1、D_2，则可以在地面标定出设计点位 1、2 两点。

检核时，可以采用丈量实地 1、2 两点之间的水平边长，并与 1、2 两点设计坐标反算出的水平边长进行比较。如果待测设点 1、2 的精度要求较高，可以利用前述的精确方法测设水平角和水平距离。

三、角度交会法

角度交会法是在 2 个控制点上分别安置经纬仪，根据相应的水平角测设出相应的方向，根据两个方向交会定出点位的一种方法。此法适用于测设点离控制点较远或量距有困难的情况。

如图 9.10 所示，根据控制点 A、B 和测设点 1、2 的坐标，反算测设数据β_{A1}、β_{A2}、β_{B1}和β_{B2}角值。将经纬仪安置在 A 点，瞄准 B 点，利用β_{A1}、β_{A2}角值按照盘左盘右分中法，定出 A_1、A_2 方向线，并在其方向线上的 1、2 两点附近分别打上两个木桩（俗称骑马桩），桩上钉小钉以表示此方向，并用细线拉紧。然后，在 B 点安置经纬仪，同法定出 B_1、B_2 方向线。根据 A_1 和 B_1、A_2 和 B_2 方向线可以分别交出 1、2 两点，即为所求待测设点的位置。

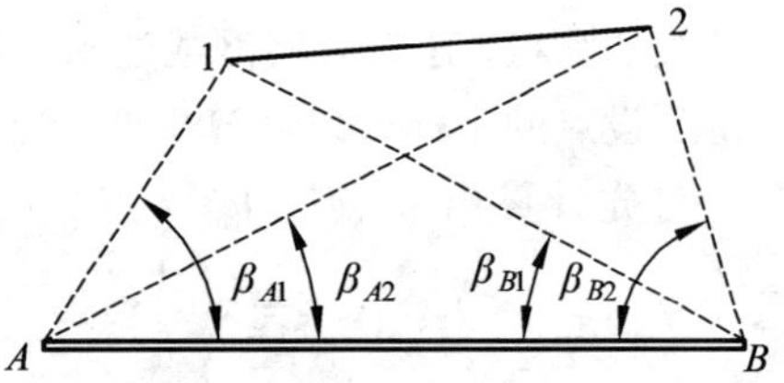

图 9.10 角度交会

当然，也可以利用两台经纬仪分别在 A、B 两个控制点同时设站，测设出方向线后标定出 1、2 两点。

检核时，可以采用丈量实地 1、2 两点之间的水平边长，并与 1、2 两点设计坐标反算出的水平边长进行比较。

四、距离交会法

距离交会法是从两个控制点利用两段已知距离进行交会定点的方法。当建筑场地平坦且便于量距时，用此法较为方便。

如图 9.11 所示，A、B 为控制点，1 点为待测设点。

首先，根据控制点和待测设点的坐标反算出测设数据 D_A 和 D_B，然后用钢尺从 A、B 两点分别测设两段水平距离 D_A 和 D_B，其交点即为所求 1 点的位置。

同样，2 点的位置可以由附近的地形点 P、Q 交会出。

检核时，可以实地丈量 1、2 两点之间的水平距离，并与 1、2 两点设计坐标反算出的水平距离进行比较。

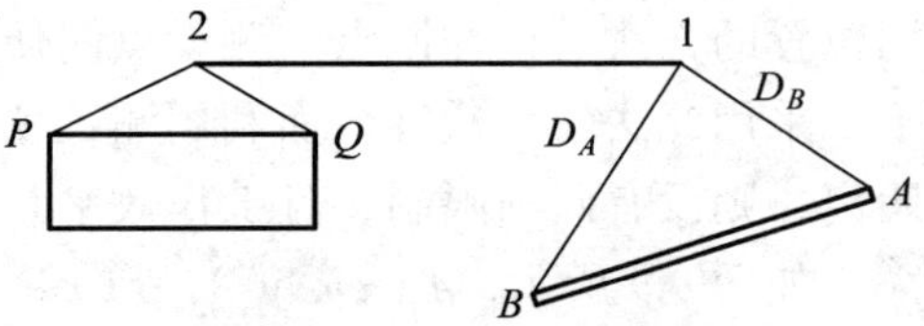

图 9.11 距离交会

五、十字方向线法

十字方向线法是利用两条互相垂直的方向线相交得出待测设点位的一种方法。如图 9.12 所示，设 A、B、C 及 D 为一个基坑的范围，P 点为该基坑的中心点位，在挖基坑时，P 点则会遭到破坏。为了随时恢复 P 点的位置，则可以采用十字方向线法重新测设 P 点。

首先，在 P 点架设经纬仪，设置两条相互垂直的直线，并分别用两个桩点来固定。当 P 点被破坏后需要恢复时,则利用桩点 $A'A''$ 和 $B'B''$ 拉出两条相互垂直的直线，根据其交点重新定出 P 点。

为了防止由于桩点发生移动而导致 P 点测设误差，可以在每条直线的两端各设置两个桩点，以便能够发现错误。

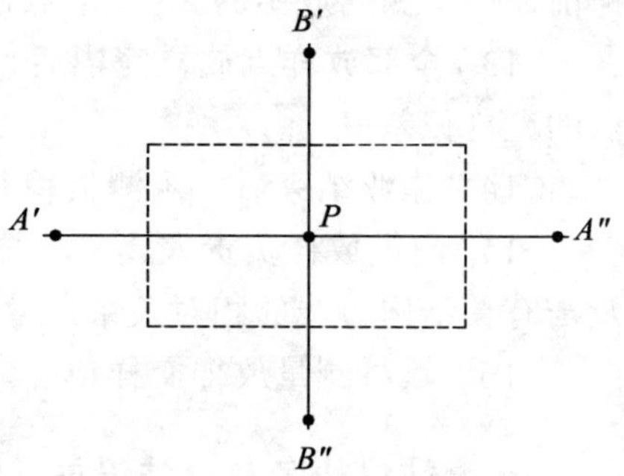

图 9.12　十字方向线法

六、全站仪坐标测设法

全站仪不仅具有测设高精度、速度快的特点，而且可以直接测设点的位置。同时，在施工放样中受天气和地形条件的影响较小，从而在生产实践中得到了广泛应用。

1. 全站仪坐标法设站 + 极坐标法放样

（1）在控制点上架设全站仪并对中整平，初始化后检查仪器设置：气温、气压、棱镜常数；输入（调入）测站点的三维坐标，量取并输入仪器高，输入（调入）后视点坐标，照准后视点进行后视。如果后视点上有棱镜，输入棱镜高，可以马上测量后视点的坐标和高程并与已知数据检核。

（2）瞄准另一控制点，检查方位角或坐标；在另一已知高程点上竖棱镜或尺子检查仪器的视线高。利用仪器自身计算功能进行计算时，记录员也应进行相应的对算以检核输入数据的正确性。

（3）在各待定测站点上架设脚架和棱镜，量取、记录并输入棱镜高，测量、记录待定点的坐标和高程。以上步骤为测站点的测量。

（4）在测站点上按步骤（1）安置全站仪，照准另一立镜测站点检查坐标和高程。

（5）记录员根据测站点和拟放样点坐标反算出测站点至放样点的距离和方位角。

（6）观测员转动仪器至第一个放样点的方位角，指挥司镜员移动棱镜至仪器视线方向上，测量平距 D。

（7）计算实测距离 D 与放样距离 $D°$ 的差值：$\Delta D = D - D°$，指挥司镜员在视线上前进或后退 ΔD。

（8）重复过程（7），直到 ΔD 小于放样限差（非坚硬地面此时可以打桩）。

（9）检查仪器的方位角值，棱镜气泡严格居中（必要时架设三脚架），再测量一次，若 ΔD 小于限差要求，则可精确标定点位。

（10）测量并记录现场放样点的坐标和高程，与理论坐标比较检核。确认无误后在标志旁加注记。

（11）重复（6）~（10）的过程，放样出该测站上的所有待放样点。

（12）如果一站不能放样出所有待放样点，可以在另一测站点上设站继续放样，但开始放样前还须检测已放出的 2~3 个点位，其差值应不大于放样点的允许偏差。

（13）全部放样点放样完毕后，随机抽检规定数量的放样点并记录，其差值应不大于放样点的允许偏差值。

（14）作业结束后，观测员检查记录计算资料并签字。

（15）测量放样负责人逐一将标注数据与记录结果比对，同时检查点位间的几何尺寸关系及与有关结构边线的相对关系尺寸并记录，以验证标注数据和所放样点位无误。

（16）填写测量放样交样单。

2. 全站仪边角交会法设站 + 极坐标法放样

此法如图 9.13 所示。

（1）在未知点 P 上架设全站仪，整平；在已知点 A 上安置棱镜，量测棱镜高；在已知点 B、C 上安置照准标志。

（2）测量 PA 间平距 D、高差 D_H 和 PA 至 PB、PC 方向间的水平角 α，β。

（3）用 D、α 及 A、B 点的坐标计算 P 点的一组坐标；用 D、β 及 A、C 点的坐标计算 P 点的另一组坐标；两组坐标的差值不超过规定限差，取中数即为 P 点的最后坐标。

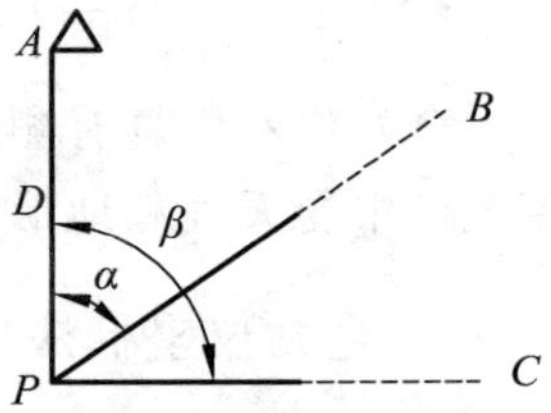

图 9.13　全站仪边角交会

（4）根据 A 点的高程 H_A 和高差 D_H 计算仪器的视线高：$H_{视} = H_A - D_H$。

（5）如果需要可以将 P 点坐标投影到地面上，并作好标记。量取仪器高，求出地面 P 点的高程。

（6）用极坐标法开始放样，放样过程与“全站仪坐标法设站 + 极坐标法放样”之“（4）~（16）”步骤相同。

第五节　已知坡度线的测设

已知坡度线的测设就是在地面上定出一条直线，其坡度值等于已给定的设计坡度。在交通线路工程、排水管道施工和敷设地下管线等项工作中经常涉及该问题。

如图 9.14 所示，设地面上 A 点的高程为 H_A，AB 两点之间的水平距离为 D，要求从 A 点沿 AB 方向测设一条设计坡度为 $i\%$ 的直线 AB，即在 AB 方向上定出 1、2、3、4、B 各桩点，使其各个桩顶面连线的坡度等于设计坡度 $i\%$。具体测设时，先根据设计坡度 $i\%$ 和水平距离 D 计算出 B 点的高程：

$$H_B = H_A + i\% \times D$$

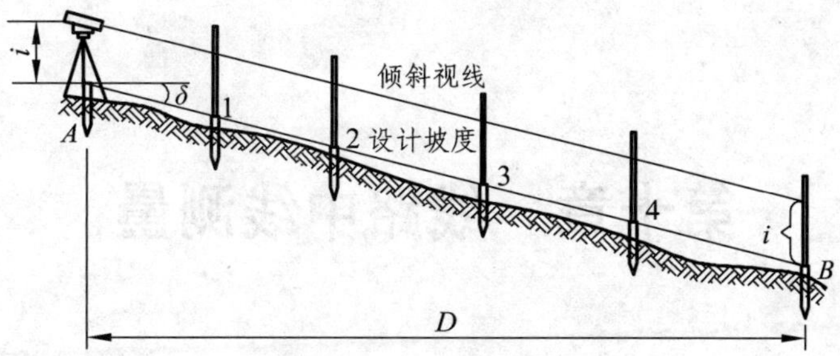

图 9.14　坡度放样

计算 B 点高程时，注意坡度 $i\%$ 的正、负，在图 9.14 中 $i\%$ 应取负值。

然后，按照第三节所述测设已知高程的方法，把 B 点的设计高程测设到木桩上，则 AB 两点连线的坡度等于已知设计坡度 $i\%$。

在 AB 间加密 1、2、3、4 等点，可以采用下列两种方法：

（1）当设计坡度较小时，在 A 点安置水准仪，使一个脚螺旋在 AB 方向线上，另两个脚螺旋的连线大致与 AB 线垂直，量取仪器高 i，用望远镜照准 B 点水准尺，旋转在 AB 方向上的脚螺旋，使 B 点桩上水准尺上的读数等于 i，此时仪器的视线即为设计坡度线。在 AB 中间各点打上木桩，并在桩上立尺使读数皆为 i，这样各桩桩顶的连线就是测设坡度线。

（2）当设计坡度较大时，可利用全站仪定出中间各点。

第十章　线路中线测量

第一节　概　述

线路测量的主要任务之一是线路中心线的测量，简称中线测量。中线测量在施工阶段自始至终是一项主要的测量工作，路基、桥梁、涵洞、隧道等工程属于线路的组成部分，施工前首先要求各自的中心线符合线路总体要求。中线测量的主要任务，是把图上设计好的线路中心线在地面上标定出来，作为工程施工的依据。

一、平面线路组成

铁路与公路线路因为受地形、地质、技术或经济等因素的限制，不能以一条直线延续始终，而是隔一定距离就要改变方向。在改变方向处，需要将相邻的直线用曲线连接起来，这种曲线称为平面曲线。这样在线路上形成直线和曲线两部分，在设置线路中线位置时，先测设直线位置，然后再测设曲线。平面线路组成如图 10.1 所示。

- 平面线路
  - 直线
  - 曲线
    - 圆曲线
    - 缓和曲线

图 10.1　平面线路组成

铁路和公路上所采用的平面曲线按性质分主要有圆曲线和缓和曲线两种。圆曲线是同一半径的圆弧，如图 10.2（a）所示；缓和曲线是连接直线和圆曲线的过渡曲线，也是连接不同半径圆弧的过渡曲线，其半径由无穷大（直线半径）逐渐变化为圆曲线半径，如图 10.2（b）所示。在公路线路中根据公路的等级和圆曲线半径的大小来决定是否加设缓和曲线；铁路线路干线中都要加缓和曲线。

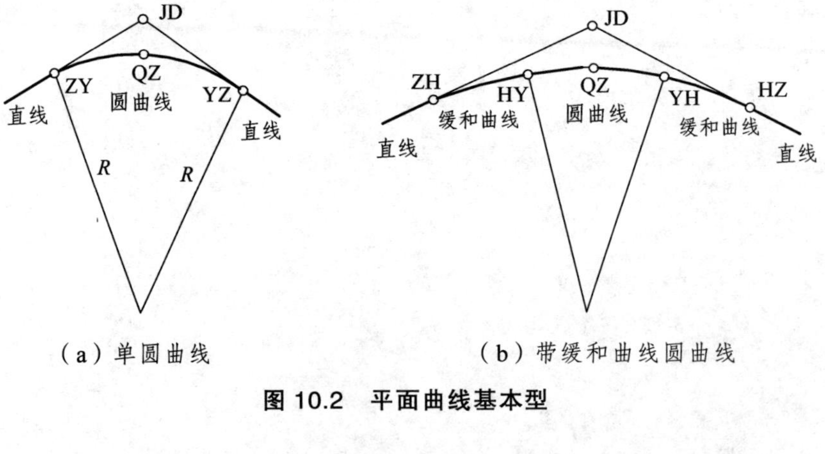

（a）单圆曲线　　　　（b）带缓和曲线圆曲线

图 10.2　平面曲线基本型

二、交点和转向角

1. 交　点

交点是指路线在前进过程中改变方向时，两相邻直线段延长线相交的点位，用“JD”表示如图 10.3 中 JD_1、JD_2。交点是确定中线直线段方向和测设曲线的重要控制点。

2. 转向角

转向角是在线路前进过程中由一个方向偏向另一方向，偏转后的方向与原方向的夹角，习惯用α表示。转角有左转和右转之分，按线路前进方向，偏转后在方向的左侧称为左转向角，反之称为右转向角。如图 10.3 中α_1、α_2。

3. 转　点

在相邻两控制点间距离较远或不通视的情况下，需要在两控制点间都看得见而且较方便的地方测设一些供放线、交点、测角、量距等使用的点，这样的点称为转点，用 ZD 表示，如图 10.3 中 ZD_1，ZD_2。

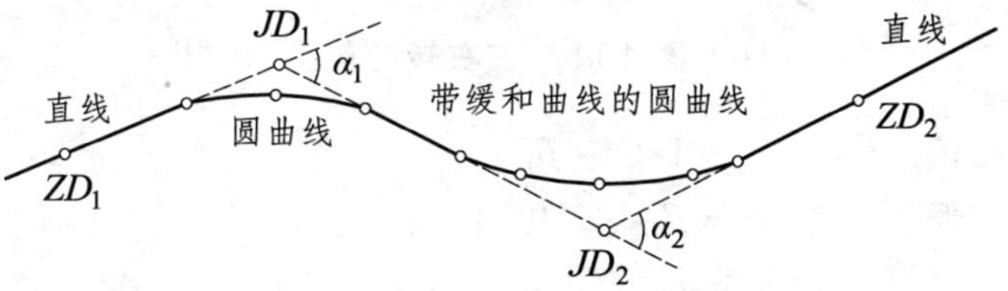

图 10.3　曲线交点，转点和转向角

4. 交点和转向角的测设

1）穿线交点法定线步骤

（1）量支距：从地形图的初测导线点（1、2、3、4…点）或转点，量取初测导线的垂线到设计的线路中心线的距离。如图 10.4（a）所示（初测主要工作是对批准的线路方案进行带状地形图测绘，作为纸上定线依据）。

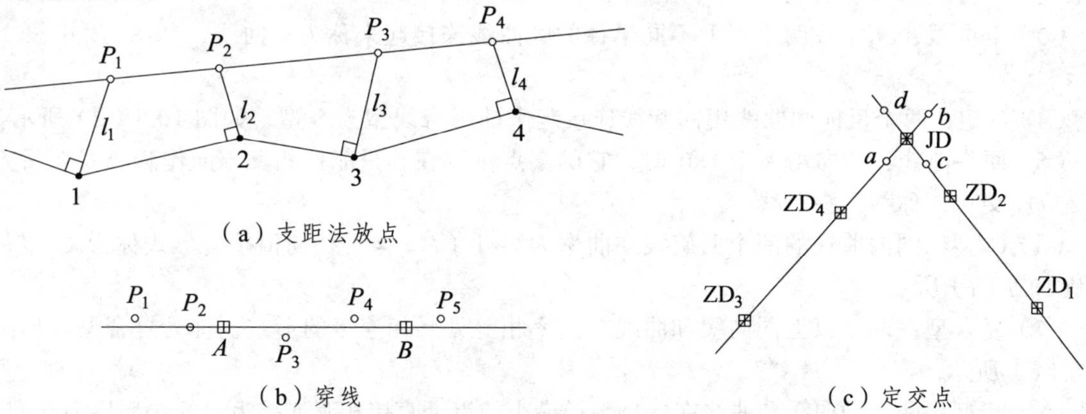

图 10.4　交点测设示意图

（2）放支距：在现场找到相应初测导线点，根据量得的距离用皮尺和方向架在地面上定出各中线点。理论上讲，上述各线段上所放临时点应在同一直线，但由于图解数据和测设误差的影响，实际所放各点并不会在一条直线上，如图 10.4（b）所示。这时可根据现场实际，采用目估法或经纬仪视准法穿线，经过比较与选择，使定出的直线为尽可能多地穿过或靠近临时点的直线 *AB*。最后在 *A*、*B* 或 *AB* 方向线打下两个以上的转点桩（ZD），确定直线后取消临时桩点。这一工作称为穿线。

（3）定交点：用正倒镜延长直线方法定出两直线交点（JD），如图 10.4（c）所示。

2）转向角测定

线路的交点和转点确定后，可测量各交点的转向角。通常是测定线路前进方向的右角，如图 10.5 所示。为了测设曲线，还要通过所测的右角计算出线路的偏角。实测线路的转角（α）有左、右之分，通常是观测线路前进方向的右角β（转折角），再根据β算出α。

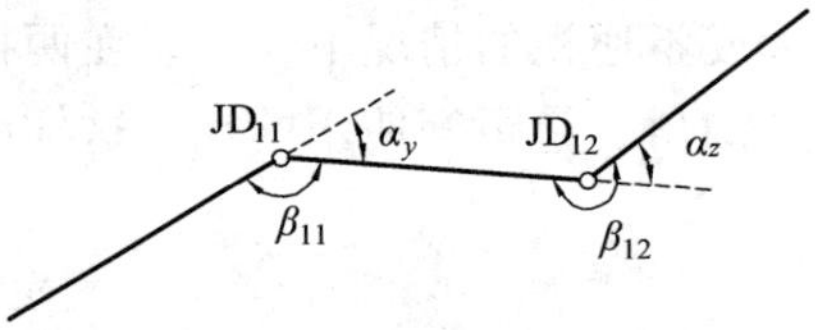

图 10.5 左右转向角

当$\beta < 180°$时，右偏　　$\alpha_y = 180° - \beta_{11}$；

当$\beta > 180°$时，左偏　　$\alpha_z = \beta_{12} - 180°$。

三、线路平面线型

路线中线是由直线和平曲线两部分组成。平曲线是由圆曲线和缓和曲线组成，缓和曲线采用回旋线形式。

当直线、圆曲线、回旋线相互组合连接时，可根据具体情况选用下述几种线型组合形式：

（1）简单型：简单型是按直线→圆曲线→直线的顺序组合，如图 10.6（a）所示。

（2）基本型：基本型是按直线→回旋线→圆曲线→回旋线→直线的顺序组合，如图 10.2 所示。

（3）复曲线：两个或两个以上不同半径的圆曲线连接起来称为复曲线，如图 10.6（b）所示。

（4）S 型：两个反向圆曲线用回旋线连接起来的组合线型为 S 型，如图 10.6（c）所示。

（5）回头曲线：转向角大于 180°时，它的交点不存在，只能按相反方向作延长线在后方相交成虚交点，称为回头曲线。

（6）C 型：同向曲线的两个回旋线在曲率为零处（$R = \infty$）径向衔接的形式称为 C 型，如图 10.6（f）所示。

（7）复合型：两个以上同向缓和曲线在曲率相等处互相连接的形式，称为复合型，如图 10.6（e）所示。

（8）凸型：两个同向缓和曲线在各自半径最小的点上直接相互连接组成的线型称为凸型，如图 10.6（d）所示。

（9）卵型：一段缓和曲线连接两个同向圆曲线组成的线型称为卵型。

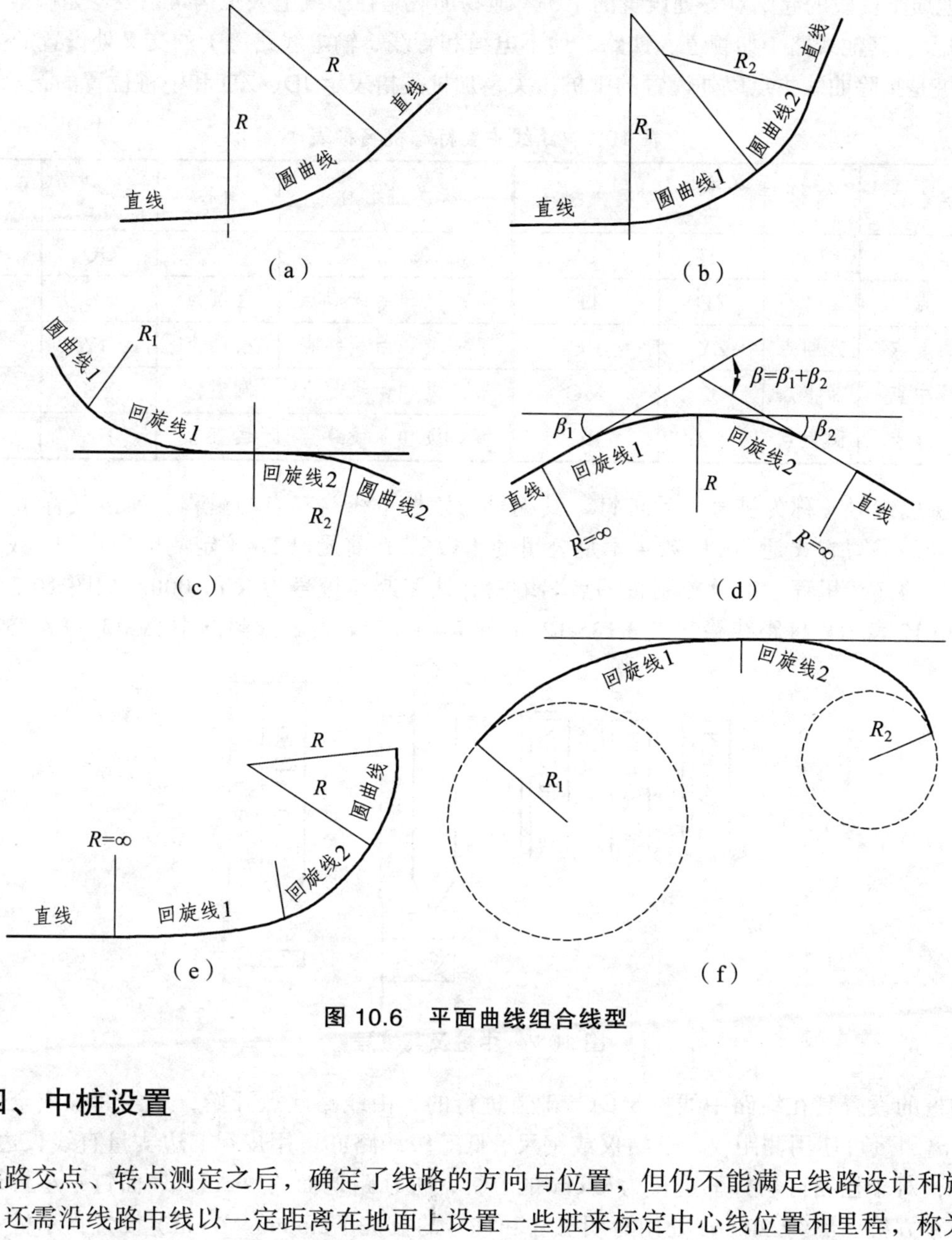

图 10.6　平面曲线组合线型

四、中桩设置

线路交点、转点测定之后，确定了线路的方向与位置，但仍不能满足线路设计和施工的需要，还需沿线路中线以一定距离在地面上设置一些桩来标定中心线位置和里程，称为线路中线桩，简称中桩。中桩分为控制桩、整桩和加桩，中桩是线路纵横断面测量和施工测量的依据。

控制桩是线路的骨干点，它包括线路的起点、终点、转点、曲线主点和桥梁与隧道的端点等，目前采用的控制桩符号为汉语拼音标识，见表 10.1。

整桩是由线路的起点开始，间隔规定的桩距 10 设置的中桩，10 对于直线段一般为 20 m、40 m 或 50 m，曲线上根据曲线半径 R 选择，一般为 5 m、10 m、20 m。百米桩、公里桩均为整桩。

加桩分为地形加桩、地物加桩、曲线加桩及关系加桩。地形加桩是在沿中线方向地形坡度变化点、地质不良段的起讫点等处设置的中桩。地物加桩是在中线上人工构筑物处（如桥梁、涵洞等），以及与其他线路（如管道、铁路、地下电缆和管线、输电线路等）的交叉处设置的中桩。曲线加桩是指除曲线主点以外设置的中桩。关系加桩是指表示 JD、ZD 和中桩位置的指示桩。

表 10.1 路线主要标志桩名称表

标志桩名称	简称	汉语拼音缩写	英文缩写	标志桩名称	简称	汉语拼音缩写	英文缩写
转角点	交点	JD	IP	公切点		GQ	CP
转　点		ZD	TR	第一缓和曲线起点	直圆点	ZH	TS
圆曲线起点	直圆点	ZY	BC	第一缓和曲线终点	缓圆点	HY	SC
圆曲线中点	曲中点	QZ	MC	第二缓和曲线起点	圆缓点	YH	CS
圆曲线终点	圆直点	YZ	BC	第二缓和曲线终点	缓直点	HZ	ST

中桩应编号（称为桩号）后桩钉，其编号为该桩至线路起点的里程，所以又称里程桩。

桩号的书写方式是“公里数 + 不足公里的米数”，其前冠以 DK（定测阶段里程）或 K（表示竣工后的连续里程）以及控制桩的点名缩写，线路起点桩号为 K0 + 000。如图 10.7 所示，K3 + 135.12 表示该桩距线路起点 3 135.12 m，涵 K4 + 752.8 表示该涵洞中心距起点 4 752.8 m。

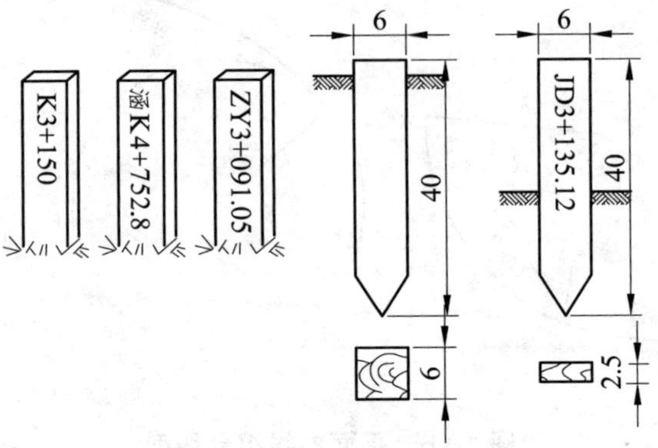

图 10.7 中桩及其桩号

中桩的设置是在线路中线标定的基础上进行的，由线路起点开始，用经纬仪或全站仪定线，距离测量可使用测距仪、全站仪或钢尺，低等级线路亦可用皮尺，边丈量直线长边设置。钉桩时，对于控制桩均打下边长为 6 cm 的方桩，桩顶距地面约 2 cm，顶面钉一小钉表示点位，并在方桩一侧约 20 cm 处用写明桩名和桩号的板桩（2.5 cm × 6 cm）设置指示桩。其他中桩一律用板桩钉在点位上，高出地面约 15 cm，露出桩号，桩号字面朝向线路起点。

第二节　圆曲线测设

曲线测设是定测阶段中线测量的主要工作，其任务是在经放线测量已标定于地面的连续折线两相邻直线间布置曲线，按规定间距测设位于其上的所有中线桩，并以各种桩点予以标定，作为日后施工的依据。

曲线测设通常分两步进行：

第一步：曲线主要点测设，即在地面上标定曲线主要点；

第二步：曲线详细测设，即在主点间按一定桩距（整桩距或整桩号）施测中线桩。

铁路圆曲线半径一般取 50 m、100 m 的整倍数。Ⅰ、Ⅱ级铁路的最小半径在一般地区分别为 500 m 和 400 m；Ⅲ级铁路的最小半径在一般地区为 400 m，在特殊困难地区为 350 m。

公路圆曲线半径规定，高速公路的最小半径在平原微丘区为 650 m，在山岭重丘区为 250 m；一级公路在上述两种地区分别为 400 m 和 125 m；二级公路在上述两种地区分别为 250 m 和 60 m；三级公路在上述两种地区分别为 125 m 和 30 m；四级公路在上述两种地区分别为 60 m 和 15 m。

曲线半径规定不是一成不变的，而是根据《规范》规定改变而改变。

一、圆曲线主要点

如图 10.8 所示，下列诸点均有特定位置，且控制着圆曲线的方向，故称为圆曲线的主要点。

JD—交点，圆曲线两条切线的交点。

ZY—直圆点，按线路里程增加的方向由直线段进入圆曲线之点，为圆曲线起点。

QZ—曲中点，既圆曲线的中点；

YZ—圆直点，按线路里程增加的方向由圆曲线进入直线之点，为圆曲线终点。

在上述各点中，ZY、QZ、YZ 为圆曲线主点，JD 为测设圆曲线主点的控制点。

二、圆曲线要素及计算

如图 10.8 所示，经过线路放线测量，圆曲线的两条切线的交点已经标定于地面，为了测设圆曲线主要点（ZY、QZ、YZ）并推算其里程，必须先计算下列圆曲线要素：

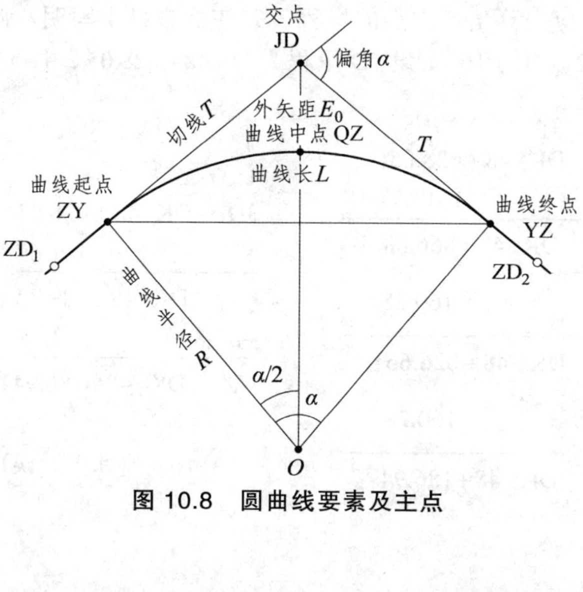

图 10.8　圆曲线要素及主点

T——切线长，即交点至直圆点或圆直点的直线长度；

L——曲线长，即圆曲线的长度（ZY→QZ→YZ 圆弧的长度）；

E_0——外矢距，为 JD 点到 QZ 点的距离；

q——切曲差，从直圆点分别沿切线和曲线到圆直点的折线与曲线长度之差；

α——转向角，路线通过圆曲线由始切线转入末切线后的方向的改变量；

R——圆曲线的半径，设计时选配（参照规范）。

在上述圆曲线要素中，R 为设计时选配，α 由现场实测得到，其他圆曲线要素由以下公式计算得到：

$$\left.\begin{aligned}&\text{切线长}\quad T=R\tan\frac{\alpha}{2}\\&\text{曲线长}\quad L=\frac{\pi}{180}R\alpha\\&\text{外矢距}\quad E_0=R\left(\sec\frac{\alpha}{2}-1\right)\\&\text{切曲差}\quad q=2T-L\end{aligned}\right\}\tag{10.1}$$

【例 10.1】 已知现场实测线路右转向角 $\alpha_y=18°22'00''$，设计圆曲线半径 $R=1\,000$ m，求曲线要素 T、L、E_0、q 值。

【解】 切线长 $T=R\tan\frac{\alpha}{2}=1\,000\times\tan\frac{18°22'00''}{2}=161.666$ m

曲线长 $L=\frac{\pi}{180°}R\alpha=\frac{\pi}{180°}\times1\,000\times18°22'00''=320.559$ m

外矢距 $E_0=R\left(\sec\frac{\alpha}{2}-1\right)=1\,000\left(\sec\frac{18°22'00''}{2}-1\right)=12.984$ m

切曲差 $q=2T-L=2\times161.666-320.559=2.773$ m

三、圆曲线主点里程计算

在主点测设之前，应先算出各主点的里程，并在标志桩上写明。圆曲线的主点里程增加的方向为 ZY→QZ→YZ。如例 10.1，设 JD 里程为 DK48+028.05，主点里程计算过程如下（主点里程算至 cm）：

JD	DK	48+028.05
$-T$		161.67
ZY	DK	47+866.38
$+\frac{L}{2}$		160.28
QZ	DK	48+026.66
$+\frac{L}{2}$		160.28
YZ	DK	48+186.94

计算检核

JD	DK	48+028.05
$+T$		161.67
	DK	48+189.72
$-q$		2.78
YZ	DK	48+186.94

(计算无误)

四、圆曲线主点的测设

如图 10.8 所示，圆曲线主点测设步骤如下：

（1）置镜于 JD，后视始切线上的转点 ZD_1，从 JD 沿视线方向丈量切线长 T (161.67 m)，打桩定出 ZY 点。

（2）转动照准部，瞄准末切线上的转点 ZD_2，从 JD 沿视线方向丈量切线长 T (161.67 m)，打桩定出 YZ 点。

（3）置镜于 JD 不动，后视 ZD_1 或 ZD_2，转动照准部，向曲线内侧拨角 $\frac{180°-\alpha}{2}$，从 JD 沿视线方向量外矢距 E_0 (12.98 m)，得 QZ 点。

注：① 测设主点时，凡标定方向或拨角，均应采用正倒镜分中法；

② 凡丈量距离均应进行往返测，并达到《规范》规定的精度要求。

第三节　圆曲线的详细测设

圆曲线的主点 ZY、QZ、YZ 标定于地面后，虽然控制了圆曲线的方向和位置，但无法详细描绘曲线形状，还不能满足施工的需要，因而还必须对圆曲线进行详细测设，定出圆曲线上的加密点，这些点称为曲线中桩。铁路《测规》规定，圆曲线中桩里程宜为 20 m 的整倍数（通常称为 20 m 整桩），且中桩的间距宜为 20 m，以标定曲线的形状。常用的圆曲线测设方法有长弦偏角法、短弦偏角法、极坐标法、切线支距法等。这里以短弦偏角（见图 10.9）和切线支距法为例说明曲线中桩的测设方法。

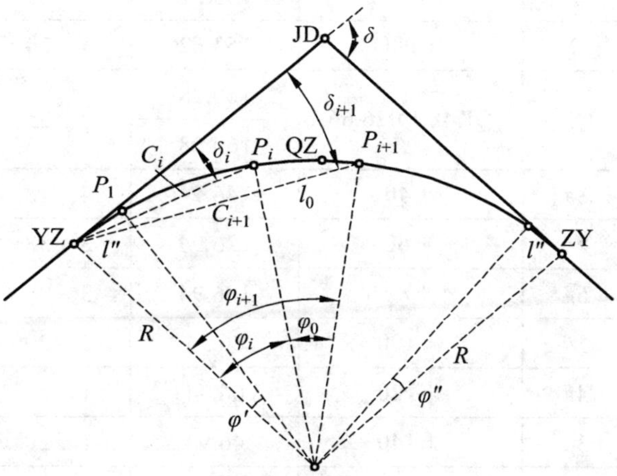

图 10.9

一、短弦偏角法

1. 计算公式

圆心角　$\varphi_i = \dfrac{180° \times l_i}{\pi R}$

偏角　$\delta_i = \dfrac{90° \times l_i}{\pi R}$

弦长（长弦）　$C_i = 2R\sin\dfrac{\varphi_i}{2} = 2R\sin\delta_i$

式中　C_i——待测曲线中桩到置镜点（ZY 或 YZ）的直线长，即弦长；

l_i——待测曲线中桩到置镜点（ZY 或 YZ）的曲线长；

R——圆曲线半径。

2. 基本概念

（1）正拨：当照准部顺时针旋转时，所拨的偏角方向与度盘读数增加方向一致，称为正拨（正拨时，平盘读数 = δ_i）。

（2）反拨：当照准部逆时针旋转时，所拨的偏角方向与度盘读数减小方向一致，称为反拨（反拨时，平盘读数 = 360° − δ_i）。

如例 10.1，各中桩偏角及弦长计算列于表 10.1 中；

表 10.1　短弦偏角计算表

点号	里　程	弧　长 l_i/m	偏　角 /（°　′　″）	平盘读数 /（°　′　″）	正反拨	弦　长 C_i/m
ZY	DK47 + 866.38					
1	+ 880	13.62	0　23　25	0　23　25	正拨	13.62
2	+ 900	33.62	0　57　47	0　57　47	↓	33.62
3	+ 920	53.62	1　32　10	1　32　10		53.61
4	+ 940	73.62	2　06　33	2　06　33		73.67
5	+ 960	93.62	2　40　55	2　40　55		93.58
6	+ 980	113.62	3　15　18	3　15　18		113.56
7	48 + 000	133.62	3　49　41	3　49　41		133.52
8	+ 020	153.62	4　24　03	4　24　03		153.47
QZ	DK48 + 026.66	160.28	4　35　30	4　35　30		160.11
		160.28		355　24　30		160.11
8#	+ 40	146.94	4　12　34	355　47　26	↑	146.80
7#	+ 60	126.94	3　38　12	356　21　48		126.86
6#	+ 80	106.94	3　03　49	356　56　11		106.89
5#	+ 100	86.94	2　29　26	367　30　34		86.91
4#	+ 120	66.94	1　55　04	358　04　56		66.93
3#	+ 140	46.94	1　20　41	358　39　19		46.94
2#	+ 160	26.94	0　46　18	359　13　42		26.94
1#	+ 180	6.94	0　11　56	359　48　04	反拨	6.94
YZ	DK48 + 186.94					
备注	$\alpha_y = 18°22'00''$ $R = 1\ 000$ m $T = 161.666$ m $L = 320.559$ m $q = 2.773$ m	$E_0 = 12.984$ m JD　DK　48 + 028.05 ZY　DK　47 + 866.38 QZ　DK　48 + 026.66 YZ　DK　48 + 186.94	$\delta_i = \dfrac{90° \times l_i}{\pi R}$ $C_i = 2R\sin\delta_i$			

1. 放样方法

曲线详细测设时，可由 ZY 点测设至 YZ 点。为避免过长的距离测设，通常采用对称式，分别以 ZY 点和 YZ 点为置镜点向 QZ 点进行。所以在测设数据计算和测设过程中，其δ分为正拨与反拨。当曲线在切线的右侧时，δ顺时针方向拨角，此时平盘读数 = δ_i；当曲线在切线左侧时，δ逆时针方向拨角，此时平盘读数 = 360° − δ_i。以表 10.1 中数据为例，参照图 10.9，曲线中桩具体测设步骤如下：

1）自 ZY 向 QZ 方向

（1）置镜于 ZY 点，后视 JD 点方向，将水平度盘配至 0°00′00″。

（2）顺时针拨角 $\delta_1 = 0°23'25''$，此时水平度盘读数为 0°23′25″，从 ZY 点沿视线方向量取弦长 $C_1 = 13.62$ m，定出 1#点。

（3）继续顺拨角 $\delta_2 = 0°57'47''$，此时水平读盘读数为 0°57′47″，从 ZY 点沿视线方向量取弦长 $C_2 = 33.62$ m，定出 2#点。

（4）以此类推，依次拨偏角 δ，从 ZY 点沿视线方向量弦长 C 定出所有中线桩至 QZ 点。

2）自 YZ 向 QZ 方向

（1）置镜于 YZ 点，后视 JD 点方向，将度盘配至 0°00′00″。

（2）逆时针拨角 $\delta_1 = 0°11'56''$，此时水平读盘读数为 359°48′04″，从 YZ 点沿视线方向量取弦长 $C_1 = 6.94$ m，定出 1#点。

（3）逆时针拨角 $\delta_2 = 0°46'18''$，此时水平读盘读数为 359°13′42″，从 YZ 点沿视线方向量取弦长 $C_2 = 26.94$ m，定出 2#点。

（4）以此类推，依次拨偏角 δ，水平读盘读数分别为 $360° - \delta$，从 YZ 点沿视线方向量弦长 C 定出所有中线桩至 QZ 点。

3）曲线校核

（1）纵向误差。为了校核曲线是否闭合，应该丈量 QZ 点至其最近邻点的距离，其实际距离与理论距离之差称纵向误差。例如表 10.1 中，QZ 点最近邻点里程 DK48+020，QZ 点里程 DK48+026.66，两点的理论距离为 6.66 m，如用钢尺直接丈量该段距离得 6.65 m，则纵向误差为 −0.01 m。

（2）横向误差。在 QZ 点的最近相邻点 DK48+020，从理论偏角 4°24′03″基础上使读数增大到 QZ 点偏角读数 4°35′30″，如视线没通过已经测设好的 QZ 上，则从 QZ 点量至望远镜视线与两切线的内角平分线的交点的距离称横向误差。

（3）铁路测规中铁路曲线测量精度要求。

纵向（切线方向）误差限差：$\dfrac{L}{2\,000}$（平地）

$\dfrac{L}{1\,000}$（山地）（L 为所测曲线段长度）

横向（半径方向）误差限差：±0.1 m

二、切线支距法（直角坐标法）

如图 10.10 所示，切线支距法是以 ZY 点、YZ 点为坐标原点，以指向 JD 的切线方向为 x 轴正方向，以过 ZY 点、YZ 点与切线垂直且指向曲线内侧的方向为 y 轴正方向建立的直角坐标系。

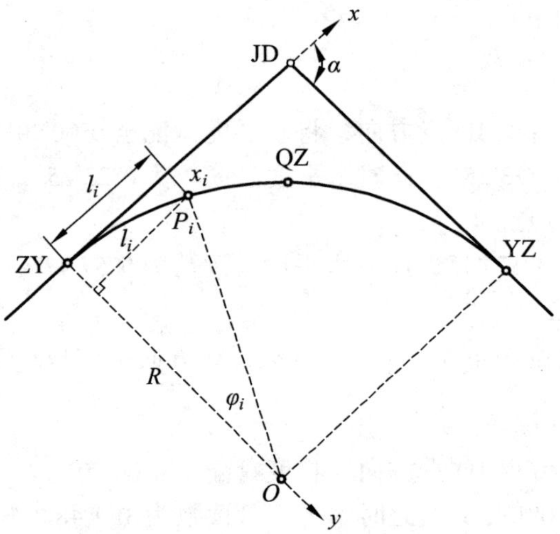

图 10.10

1. 坐标计算

$$\left.\begin{aligned} x_i &= R\sin\varphi_i \\ y_i &= R(1-\cos\varphi_i) \\ \varphi_i &= \frac{180^\circ \times l_i}{\pi R} \end{aligned}\right\} \tag{10.2}$$

R——为圆曲线半径；

l_i——所求点到 ZY 点（YZ 点）的曲线长；

φ_i——曲线长 l_i 所对应的圆心角。

2. 放样方法

（1）置镜于 ZY 点后视 JD 点，沿视线方向分别量取 x_1，x_2，…，x_n 得各中线桩在切线上的垂足点。

（2）分别置镜于各垂足点从切线方向向曲线内侧拨角 90°，定出 y 方向，分别量取 y 坐标，标定出各中线桩，直至 QZ 点。

（3）置镜于 YZ 点后视 JD 点，按上述步骤依次测设另半条曲线中桩。

如例 10.1，各中桩坐标计算列于表 10.2 中。

表 10.2　曲线中桩坐标计算表

点号	里　程	弧长 l_i /m	圆心角 /(° ′ ″)	坐标 x_i /m	坐标 y_i /m
ZY	DK 47 + 866.38				
1	+ 880	13.62	0　46　49	13.62	0.09
2	+ 900	33.62	1　55　35	33.62	0.56
3	+ 920	53.62	3　04　20	53.59	1.44
4	+ 940	73.62	4　13　05	73.55	2.71
5	+ 960	93.62	5　21　50	93.48	4.38
6	+ 980	113.62	6　30　36	113.38	6.45
7	48 + 000	133.62	7　39　21	133.22	8.91
8	+ 020	153.62	8　48　06	153.01	11.78
QZ	DK 48 + 026.66	160.28	9　11　00	159.59	12.82
		160.28		160.11	12.82
8	+ 40	146.94	8　25　09	146.41	10.78
7	+ 60	126.94	7　16　23	126.60	8.04
6	+ 80	106.94	6　07　38	106.74	5.71
5	+ 100	86.94	4　58　53	86.83	3.78
4	+ 120	66.94	3　50　07	66.89	2.24
3	+ 140	46.94	2　41　22	46.92	1.10
2	+ 160	26.94	1　32　37	26.94	0.36
1	+ 180	6.94	0　23　51	6.94	0.02
YZ	DK 48 + 186.94				
备注	$\alpha_y = 18°22'00''$ $R = 1\,000$ m $T = 161.666$ m $L = 320.559$ m	$E_0 = 12.984$ m JD　DK　48+028.05 ZY　DK　47+866.38 QZ　DK　48+026.66 YZ　DK　48+186.94		$\varphi_i = \dfrac{180° \times l_i}{\pi R}$ $x_i = R\sin\varphi_i$ $y_i = R(1-\cos\varphi_i)$	

第四节　圆曲线加缓和曲线及其主点测设

一、缓和曲线的作用及性质

缓和曲线位于直线和圆曲线之间，是用来连接直线和圆曲线的过渡性曲线，其作用是增加旅客的舒适度；平衡向心力；曲线外轨的超高需要逐渐增加或减少；轨距加宽的过程逐渐加宽；缓和机车对轨道的冲击让离心力逐渐消失（让旅客几乎感觉不到）。

当车辆在曲线上高速行驶时，会产生离心力，对车辆的运行安全和旅客的舒适度有影响。离心力的大小取决于车体重量、运行速度和圆曲线的半径。由于离心力的影响，使曲线外轨的负荷压力骤然增大，内轨负荷压力相应减小，当离心力超过某一限度时，列车就有脱轨和倾覆的危险。为了克服离心力的影响，铁路在曲线部分采用外轨逐渐超高，轨距逐渐加宽的办法，公路采用外侧路面超高的办法来平衡离心力的作用，从而保证列车安全运行。无论是外轨超高还是内轨加宽都不可能突然进行，而是逐渐完成的，因此在直线与圆曲线之间加设一段曲线，其曲率半径 ρ 从直线的曲率半径 ∞（无穷大）逐渐变化到圆曲线的半径 R，这样的曲线称为缓和曲线，缓和曲线长用 l_0 表示。

在此曲线上任一点的曲率半径 ρ 与曲线的长度 l 成反比。

$$\rho l = c \tag{10.3}$$

式中 c——常数，称曲线半径变更率。

当 $l = l_0$ 时，$\rho = R$，代人式（10.3）得

$$c = \rho l = Rl_0 \tag{10.4}$$

式（10.3）是缓和曲线必要的前提条件。在实际应用中，能满足上面要求的曲线，我国常采用的是辐射螺旋线。

二、缓和曲线方程式

如图 10.11 所示，回旋曲线上任一点 p 的切线与缓和曲线起点 ZH（或 HZ）切线的交角为 β，该角值与 p 点到缓和曲线起点曲线长 L 所对的中心角相等，在 p 点处取一微分弧段 dl，所对的中心角为 dβ，由数学关系可推导出：

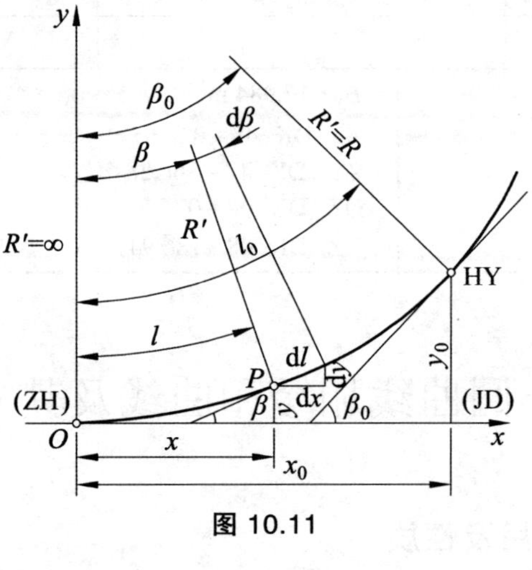

图 10.11

$$\beta = \frac{l^2}{2Rl_0} \times \frac{180°}{\pi} \tag{10.5}$$

当 $l = l_0$ 时，则：

$$\beta_0 = \frac{l_0}{2R} \times \frac{180^\circ}{\pi} \tag{10.6}$$

式中　β_0——缓和曲线角，与缓和曲线全长所对的中心角相等；

l——缓和曲线上任一点到缓和曲线起点 ZH（或 HZ）的曲线长；

l_0——缓和曲线长度；

R——圆曲线半径。

根据图 10.9 所示建立坐标系，按照 $c = \rho l$ 为条件推出的缓和曲线方程为：

$$\left.\begin{aligned} x &= l - \frac{l^5}{40c^2} + \frac{l^9}{3\,456c^4} + \cdots \\ y &= \frac{l^3}{6c} - \frac{l^7}{336c^3} + \frac{l^{11}}{42\,240c^5} + \cdots \end{aligned}\right\} \tag{10.7}$$

根据测设要求的精度，实际应用中可将高次项舍去，并顾及到 $c = Rl_0$，则上式变为

$$\left.\begin{aligned} x &= l - \frac{l^5}{40R^2 l_0^2} \\ y &= \frac{l^3}{6Rl_0} \end{aligned}\right\} \tag{10.8}$$

当 $l = l_0$ 时，可得 HY（或 YH）点的坐标：

$$\left.\begin{aligned} x_0 &= l_0 - \frac{l_0^3}{40R^2} \\ y_0 &= \frac{l_0^2}{6R} \end{aligned}\right\} \tag{10.9}$$

三、加缓和曲线后曲线的变化

（1）圆曲线内移，两种方法：

① 半径不变，圆心内移；

② 圆心不变，半径减小。

（2）切线长增大。

（3）曲线长增大。

四、加缓和曲线后曲线主点

如图 10.12 所示，增设缓和曲线后，曲线主要点有：

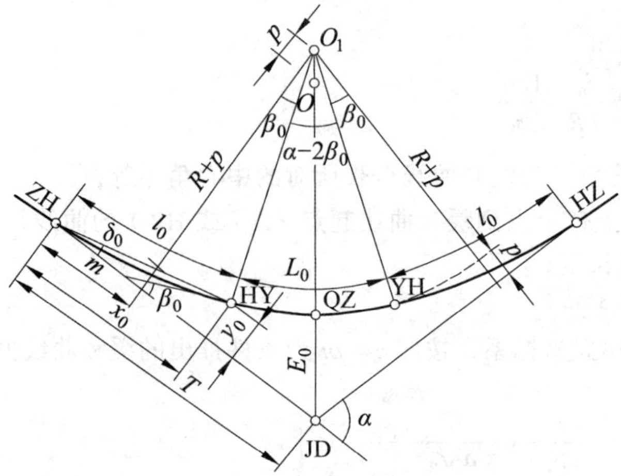

图 10.12

JD——交点，曲线两条切线的交点。

ZH——直缓点，按线路里程增加的方向由直线段进入缓和曲线之点，为始端缓和曲线起点。

HY——缓圆点，按线路里程增加的方向由缓和曲线进入圆曲线之点，为始端缓和曲线终点。

QZ——曲中点，既曲线的中点。

YH——圆缓点，按线路里程增加的方向由圆曲线进入缓和曲线之点，为末端缓和曲线终点。

HZ——缓直点，按线路里程增加的方向由缓和曲线进入直线之点，为末端缓和曲线起点。

五、缓和曲线常数计算

如图 10.12 所示，在直线与圆曲线之间插入缓和曲线时，须将原有的圆曲线向内移动距离 p，才能使缓和曲线的起点位于直线方向上，这时切线增长 q。增设缓和曲线后必然会产生一系列与缓和曲线有关的量，而且当设计选配的圆曲线半径 R 和缓和曲线长度 l_0 一旦确定，这些量均为定值，故称为缓和曲线常数，计算公式如下：

$$\left.\begin{aligned}
&\text{内移距：}\ p=\frac{l_0^2}{24R}\\
&\text{切垂距：}\ m=\frac{l_0}{2}-\frac{l_0^3}{240R^2}\\
&\text{缓和曲线角：}\ \beta_0=\frac{l_0}{2R}\times\frac{180^\circ}{\pi}=\frac{90^\circ\times l_0}{\pi R}\\
&\text{缓和曲线偏角：}\ \delta_0=\frac{l_0}{6R}\times\frac{180^\circ}{\pi}=\frac{30^\circ\times l_0}{\pi R}\\
&\text{缓和曲线反偏角：}\ b_0=\frac{l_0}{3R}\times\frac{180^\circ}{\pi}=\frac{60^\circ\times l_0}{\pi R}\\
&\text{缓和曲线终点 (HY 或 YH)：}\ \begin{cases}x_0=l_0-\dfrac{l_0^3}{40R^2}\\[2ex] y_0=\dfrac{l_0^2}{6R}\end{cases}
\end{aligned}\right\}\tag{10.10}$$

缓和曲线常数计算中，线元素计算到 mm，角元素计算到秒。

六、加缓和曲线后曲线综合要素计算

$$\left.\begin{aligned}&\text{切线长}\quad T=(R+p)\tan\frac{\alpha}{2}+m\\&\text{曲线长}\quad L=2l_0+\frac{\pi R(\alpha-2\beta_0)}{180^\circ}=\frac{\pi R\alpha}{180^\circ}+l_0\\&\text{外矢距}\quad E_0=(R+p)\sec\frac{\alpha}{2}-R\\&\text{切曲差}\quad q=2T-L\end{aligned}\right\}\tag{10.11}$$

曲线综合要素计算到 mm。

七、加缓和曲线后曲线主点里程计算

曲线主要点的里程，应从里程已知点开始，按照里程增加的方向，并依 $ZH\rightarrow HY\rightarrow QZ\rightarrow YH\rightarrow HZ$ 的次序逐点推算。既有固定的格式，又要进行必要的计算检核。

【例 10.2】 已知现场实测线路右转向角 $\alpha_y=18^\circ22'00''$，设计圆曲线半径 $R=1\,000$ m，缓和曲线 $l_0=70$ m，ZH 点里程为 DK47+831.35。

求：（1）缓和曲线常数；（2）曲线综合要素；（3）曲线主点里程。

解 （1）缓和曲线常数

内移距：$p=\dfrac{l_0^2}{24R}=\dfrac{70^2}{24\times1\,000}=0.204$ m

切垂距：$m=\dfrac{l_0}{2}-\dfrac{l_0^3}{240R^2}=\dfrac{70}{2}-\dfrac{70^3}{240\times1\,000^2}=34.999$ m

缓和曲线角：$\beta_0=\dfrac{90^\circ\times l_0}{\pi R}=\dfrac{90^\circ\times70}{\pi\times1\,000}=2^\circ00'19''$

缓和曲线偏角：$\delta_0=\dfrac{30^\circ\times l_0}{\pi R}=\dfrac{30^\circ\times70}{\pi\times1\,000}=0^\circ40'06''$

缓和曲线反偏角：$b_0=\dfrac{60^\circ\times l_0}{\pi R}=\dfrac{60^\circ\times70}{\pi\times1\,000}=1^\circ20'13''$

缓和曲线终点（HY 或 YH）坐标：$\begin{cases}x_0=l_0-\dfrac{l_0^3}{40R^2}=70-\dfrac{70^3}{40\times1\,000^2}=69.991\text{ m}\\y_0=\dfrac{l_0^2}{6R}=\dfrac{70^2}{6\times1\,000}=0.817\text{ m}\end{cases}$

（2）曲线综合要素

切线长 $T=(R+p)\tan\dfrac{\alpha}{2}+m=(1\,000+0.204)\tan\dfrac{18^\circ22'00''}{2}+34.999=196.70$ m

曲线长 $L=\dfrac{\pi R\alpha}{180^\circ}+l_0=\dfrac{1\,000\times 18^\circ 22'00''\times\pi}{180^\circ}+70=390.56\ \text{m}$

外矢距 $E_0=(R+p)\sec\dfrac{\alpha}{2}-R=(1\,000+0.204)\sec\dfrac{18^\circ 22'00''}{2}-1\,000=13.19\ \text{m}$

切曲差 $q=2T-L=2\times 196.70-390.56=2.84\ \text{m}$

（3）曲线主点里程

ZH	DK 47+831.35	
$+l_0$		70
HY	DK 47+901.35	
$+\left(\dfrac{L}{2}-l_0\right)$		125.28
QZ	DK 48+026.63	
$+\left(\dfrac{L}{2}-l_0\right)$		125.28
YH	DK 48+151.91	
$+l_0$		70
HZ	DK 48+221.91	

计算检核

ZH	DK 47+831.35	
$+2T$		393.40
	DK 48+224.75	
$-q$		2.84
HZ	DK 48+221.91	

(计算无误)

七、加缓和曲线后曲线主点测设

ZH 点（或 HZ 点）及 QZ 点的测设方法与圆曲线主点测设方法相同。只是多出两个主点 HY 点 YH 点，该两点的测设是采用切线支距法，按点的坐标（ x_0， y_0 ）测设。具体测设方法如下：

（1）置镜于 JD，照准始切线上的相邻交点或直线转点标定方向，从 JD 沿视线方向量距 T，标定 ZH，再从 JD 沿视线方向量距 $T-x_0$（或从 ZH 沿切线方向向回量 x_0），标定 HY 在始切线上的垂足 x_c。

（2）置镜于 JD，瞄准末切线上相邻交点或直线转点标定方向，从 JD 沿视线方向量距 T，标定 HZ，再从 JD 沿视线方向量距 $T-x_0$（或从 HZ 沿切线方向向回量 x_0），标定 YH 在末切线上的垂足 x_c。

（3）置镜于 JD，从切线方向向曲线内侧拨角 $\dfrac{180^\circ-\alpha}{2}$，从 JD 沿视线方向量距 E_0。标定 QZ 点。

（4）置镜于始切线上 x_c 点，后视切线方向，向曲线内侧拨角 90°，沿视线方向量距 y_0，标定 HY 点。

（5）置镜于末切线上 x_c 点，后视切线方向，向曲线内侧拨角 90°，沿视线方向量距 y_0，得 YH 点。

测设曲线主点时：

① 凡标定方向和拨角设置方向，均应采用正倒镜分中；

② 凡丈量距离，均应进行往返测，并到达《规范》规定的精度要求。

第五节　加缓和曲线后曲线的详细测设

当曲线主点测设完毕后，即可进行曲线的详细设置。设置方法有偏角法和切线支距法。

一、偏角法

用偏角法测设缓和曲线时，缓和曲线与圆曲线偏角是分别计算和测设的。

1. 缓和曲线

如图 10.13 所示，设 i_0 为从 ZH（或 HZ）点测设缓和曲线上任一点 P 的偏角；i_0 为缓和曲线总偏角，即从 ZH（或 HZ）点观测 HY（或 YH）点的偏角；b_0 为从 HY（或 YH）点观测 ZH（或 HZ）点的反偏角。t 点至 ZH 点或 HZ 点的曲线长为 l，由于弦弧差很小，弦长近似与曲线长相等。

由图 10.13 根据三角形原理可得：

$\sin i=\dfrac{y}{l}$，因 δ 很小，则 $\sin i=i$。因

$$y=\frac{l^3}{6Rl_S}$$

故

$$i=\frac{l^2}{6Rl_S}$$

$$i_0=\frac{l_S}{6R} \qquad (10.12)$$

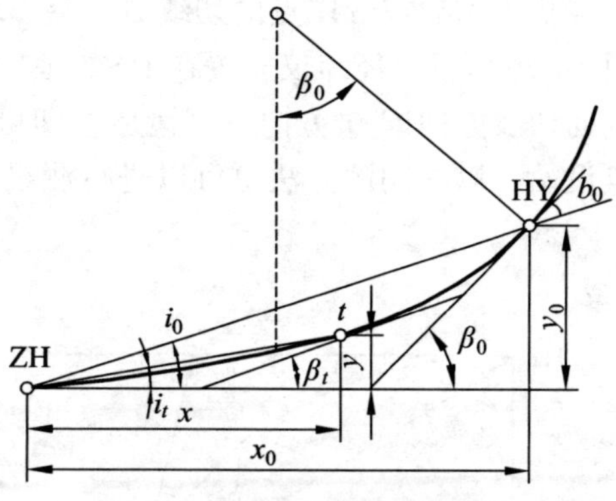

图 10.13　HY 的切线方向

已知任一点 A 的切线角：

$$\beta=\frac{l^2}{2Rl_S}$$

故

$$\beta_0=\frac{l_S}{2R}$$

$$i_0=\frac{1}{3}\beta_0$$

从图中几何关系知：

$$b_0=\beta_0-i_0=3i_0-i_0=2i_0 \qquad (10.13)$$

因此，$i_0:b_0:\beta_0=1:2:3$。

注意：以上角度值均为弧度。

缓和曲线弦长：

$$c = l - \frac{l^5}{90R^2 l_S^2} \tag{10.14}$$

近似等于相对应的弧长，因而在测设时，弦长一般以弧长代替。

2. 圆曲线详细测设

当测完缓和曲线后可测圆曲线，圆曲线上各点的测设须将仪器搬至 HY 或 YH 点上进行，找出 HY 或 YH 点的切线方向。下面以左转曲线找 HY 点和 HY 点的切线方向。

找 HY 的切线方向，如图 10.14 所示。

将经纬仪安置在 HY 点上，照准 ZH 点；将经纬仪度盘配置为 b_0；顺时针转动望远镜，当水平度盘读数变 0°00′00″时，此方向即为 HY 点的切线方向。

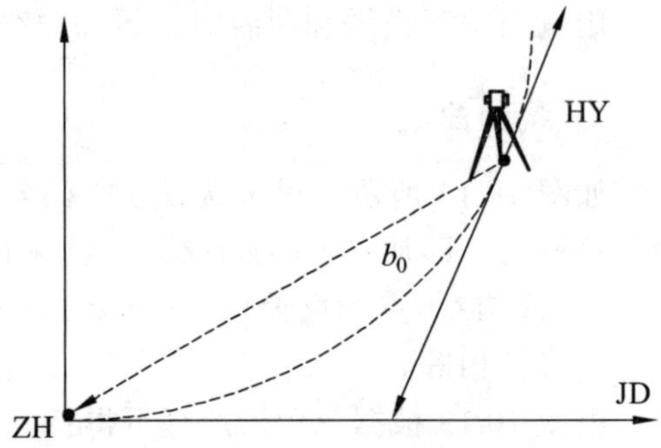

图 10.14 HY 的切线方向

找 YH 的切线方向，如图 10.15 所示。将经纬仪安置在 YH 点上，盘左照准 HZ 点；将经纬仪度盘配置为 0°00′00″；顺时针转动望远镜，当水平度盘读数变为 b_0 时，此方向即为 HY 点的切线方向。

找出 HY 或 YH 点的切线方向后，测设的方法就和前面讲的圆曲线的测设方法一样，如图 10.16 所示，经纬仪安置在 HY（或 YH）点上，将度盘上安置反偏角 b_0，后视 ZH，则 HY 点的切线方向即 0°方向。倒镜后，即可按圆曲线上曲线点的偏角测设相应的曲线点。在 YH 点设站，以相同的方法也可以进行测设。

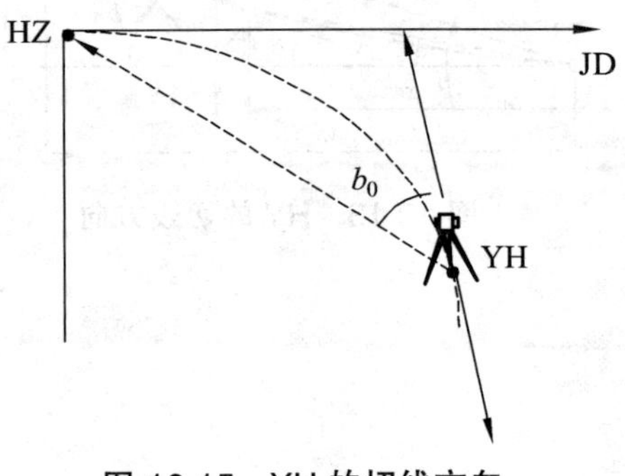

图 10.15 YH 的切线方向

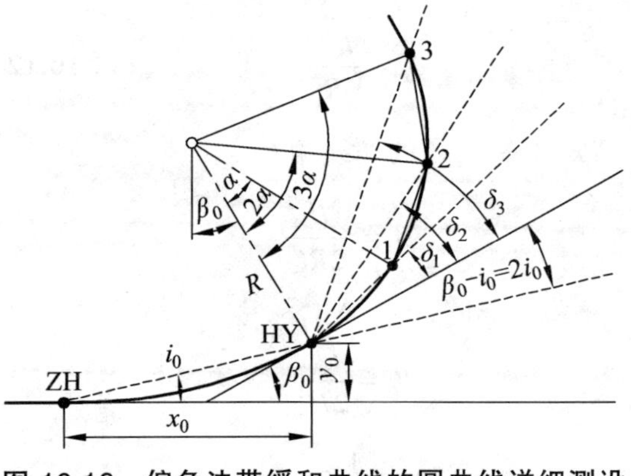

图 10.16 偏角法带缓和曲线的圆曲线详细测设

3. 放样方法

（1）置镜于 ZH（HZ），后视交点方向，将度盘配至 0°00′00″。

（2）考虑正拨和反拨的情况，拨角 i_1 或 360° − i_1，从 ZH（HZ）量取第一段弧长的第一点。

（3）然后继续拨角，当所拨偏角为 i_2 或 360° − i_2 时，从第一点量取第二段弧长与第一段弧长之差，得第二点。

（4）然后继续拨角，当所拨偏角为 i_3 或 $360°-i_3$ 时，从第二点量取第三段弧长与第二段弧长之差，得第三点。

（5）以此类推，到 HY（YH）检核。

（6）将仪器置于 HY（YH），后视 ZH（HZ），将度盘配于 $2i_0$（左偏）或 $360°-2i_0$（右偏），倒镜后按圆曲线偏角测设，或将度盘配于 $180°+2i_0$（左偏）或 $180°-2i_0$（右偏），然后按圆曲线偏角测设圆曲线至曲中点检核。

精度检核，有两种方法：

（1）将两曲中点的误差分为纵向和横向误差，其纵向误差限差为 $L/2\ 000$（L 为所测曲线段长度），横向误差限差为 ±0.1 m。

（2）丈量 QZ 点至其最邻近点的距离，看两点的实际距离是否与理论值相等。其误差限差为 $L/2\ 000$（L 为所测曲线段长度）。

偏角法是我国常用的方法。优点是迅捷方便，可以校核，适用于山区；缺点是误差积累，所以测设时要注意经常校核。

二、切线支距法

以 ZH 或 HZ 点为坐标原点，切线为 x 轴，过原点的半径为 y 轴，则可求出缓和曲线和圆曲线上各点坐标。

1. 加设缓和曲线后的坐标计算公式

（1）缓和曲线部分。

缓和曲线上各测设点坐标用公式（10.8）计算，如图 10.17 所示。

$$x=l-\frac{l^5}{40R^2l_S^2}$$

$$y=\frac{l^3}{6Rl_S}$$

$$x_0=l_S-\frac{l_S^3}{40R^2}$$

$$y_0=\frac{l_S^2}{6R}$$

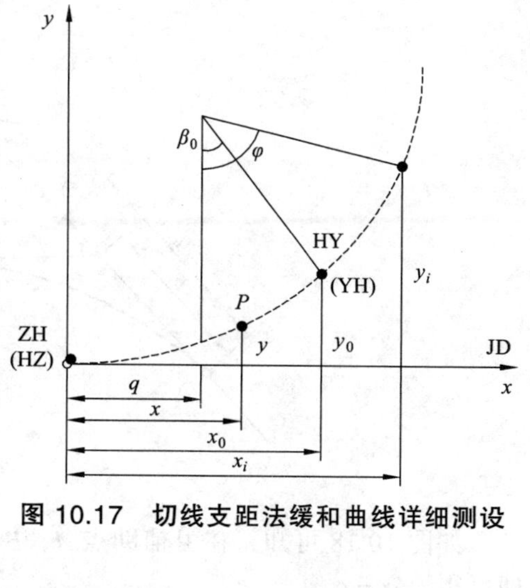

图 10.17　切线支距法缓和曲线详细测设

（2）圆曲线部分，由图 10.17 知

$$\left.\begin{aligned}x_i&=R\sin\varphi+q\\y_i&=R(1-\cos\varphi)+p\\\varphi&=\frac{l}{R}\times\frac{180°}{\pi}+\beta_0\end{aligned}\right\}\qquad(10.15)$$

式中 l——该点到 HY 或 YH 的曲线长度，仅为圆曲线部分的长度；

φ——曲线上某点半径与圆心向切线所作垂线间的夹角。

2. 放样方法

（1）从 ZH（HZ）沿交点方向分别量取 x_1，x_2，…，x_n 得各垂足点，然后自垂足点从切线方向拨角 90°，定出 y 方向，分别量取 y 坐标，即得曲线要素。

（2）x 值可连续推导，不计累加误差。

特点：误差累积小，但无法校核。故此种测设方法适用于平坦地区，而不适用于山区。

第六节　虚交与复曲线

一、虚　交

由于受地物和地貌条件的限制，在圆曲线测设中，往往遇到各种各样的障碍，使得圆曲线的测设不能按前述方法进行，此时必须针对现场的具体问题，提出解决方法。下面介绍常用的测设方法。

虚交是指路线的焦点（JD）处不能设桩，更无法安置仪器（如交点落于河中、深谷下、峭壁上或建筑物内等），此时测角、量距无法直接按前述方法进行。有时交点可以设桩和安置仪器，但因转角较大，交点远离曲线，也可以虚交处理。

如图 10.18 所示，路线交点落入河里，不能设桩形成所谓的徐交点（JD），为此在曲线外侧沿两切线方向各选择一辅助点 A 和 B，将经纬仪分别置在 A，B 两点测算 α_A 和 α_B，用钢尺往返丈量得到 A，B 两点的距离，所测角度和距离均应满足规定的限差要求。

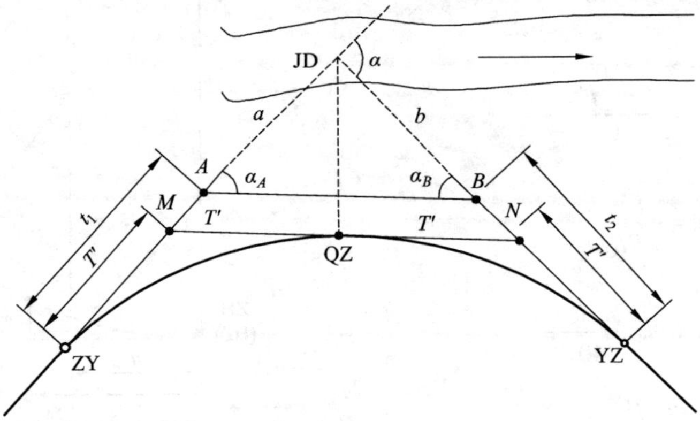

图 10.18　虚交

如图 10.18 可知，在由辅助点 A，B 和虚交点 JD 构成的三角中，应用边角关系及正弦定理可得：$\alpha=\alpha_A+\alpha_B$。

$$a=AB\frac{\sin\alpha_B}{\sin(180^\circ-\alpha)}=AB\frac{\sin\alpha_B}{\sin\alpha} \tag{10.16}$$

$$b = AB\frac{\sin\alpha_A}{\sin(180^\circ-\alpha)} = AB\frac{\sin\alpha_A}{\sin\alpha} \tag{10.17}$$

根据转角α和选定的半径 R，即可算得切线长 T 和曲线长 L，再由 a，b，T，计算辅助点 A，B 至曲线 ZY 点和 YZ 点的距离 t_1 和 t_2：

$$t_1 = T - a \tag{10.18}$$

$$t_2 = T - b \tag{10.19}$$

如果计算出 t_1 和 t_2 出现负值，说明曲线的 ZY 点、YZ 点位于辅助点与虚交点之间。根据 t_1，t_2 即可定出曲线的 ZY 点和 YZ 点。A 点的里程量出后，曲线主点的里程也可算出。

曲中点 QZ 的测设，可采用以下方法：

如图 10.18 所示，设 MN 为 QZ 点的切线，则：

$$T' = R\tan\frac{\alpha}{4} \tag{10.20}$$

测设时由 ZY 点和 YZ 点分别沿切线量出 T'得 M 点和 N 点，再由 M 点或 N 点沿 MN 或 NM 方向量出 T'即得 QZ 点。

曲线主点定出后，即可用切线支距法或偏角法进行曲线详细测设。

【例 10.3】 如图 10.18 所示，测得 $\alpha_A = 15^\circ18'$，$\alpha_B = 18^\circ22'$，$AB = 54.68$ m，选定半径 $R = 300$ m，A 点的里程桩号为 K9 + 048.53。试计算测设主点的数据及主点的里程桩号。

【解】 由 $\alpha_A = 15^\circ18' = 15.3^\circ$，$\alpha_B = 18^\circ22' = 18.367^\circ$ 得：

$$\alpha = \alpha_A + \alpha_B = 15^\circ18' + 18^\circ22' = 33^\circ40' = 33.667^\circ$$

根据$\alpha = 33^\circ40'$，$R = 300$ m，计算 T 和 L：

$$T = R\tan\frac{\alpha}{2} = 300\times\tan\frac{33.667^\circ}{2} = 90.77 \text{ m}$$

$$L = R\alpha\frac{\pi}{180^\circ} = 300\times33.667^\circ\times\frac{\pi}{180^\circ} = 176.28 \text{ m}$$

$$a = AB\frac{\sin\alpha_B}{\sin\alpha} = 54.68\times\frac{\sin18.367^\circ}{\sin33.667^\circ} = 31.08 \text{ m}$$

$$b = AB\frac{\sin\alpha_A}{\sin\alpha} = 54.68\times\frac{\sin15.3^\circ}{\sin33.667^\circ} = 26.03 \text{ m}$$

因此

$$t_1 = T - a = 90.77 - 31.08 = 59.69 \text{ m}$$

$$t_2 = T - b = 90.77 - 26.03 = 64.74 \text{ m}$$

为测设 QZ 点，计算 T'如下：

$$T' = R\tan\frac{\alpha}{4} = 300\times\tan\frac{33.667^\circ}{4} = 44.39 \text{ m}$$

计算主点里程如下：

A 点	K9 + 048.53
− ）t_1	59.69
ZY	K8 + 988.84
+ ）L	176.28
YZ	K9 + 165.12
− ）$L/2$	88.14
QZ	K9 + 076.98

二、复曲线

在路线测设中，由于地形、地物等条件限制，转向相同的相邻交点间距离较短，若各自按要求的曲线半径独立设置曲线时，相邻曲线间剩有不符合标准的短直线，甚至会出现两曲线相邻端点交错现象，因此，测设时将两个或两个以上不同半径的同向曲线连接起来，即构成复曲线。复曲线比单曲线更容易适应地形的变化，通常在布设复曲线时，必须先选定受地形、地物控制较严的那个曲线半径，该曲线称为主曲线；剩余的曲线则称为副曲线。副曲线的半径须根据主曲线半径和其他测量数据计算求出。

如图 10.19 所示，设 A（JD_1）、B（JD_2）为相邻两交点，AB 为切基线、C（GQ）为主曲线与副曲线相衔接的公切点，GQ 既是第一曲线的终点（YZ），又是第二曲线的起点（ZY），因此，无缓和曲线时的复曲线即相当于两个不同半径的同向圆曲线直接相连的曲线。测设时可按单圆曲线测设的基本方法来设置复曲线。具体步骤如下：

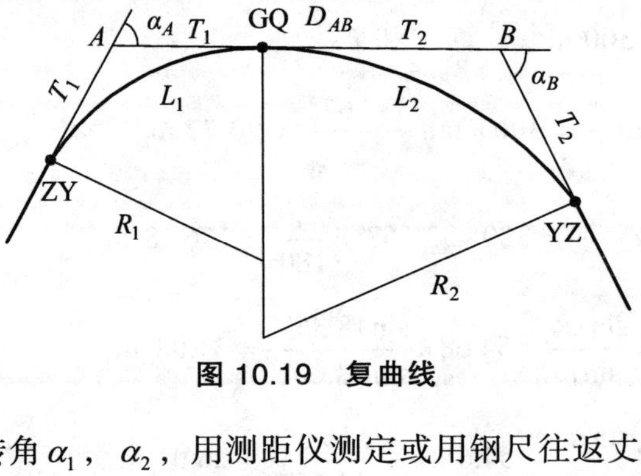

图 10.19 复曲线

（1）用经纬仪观测转角 α_1，α_2，用测距仪测定或用钢尺往返丈量 AB 基线长。

（2）根据选定的主曲线半径 R_1 和测得的 α_1，计算可得 T_1，L_1（主圆曲线长），E_1 和 D_1（纠正数）。

（3）由 R_1，T_1 和 α_2，推算 R_2。由图可知：

$$T_2 = AB - T_1 \tag{10.21}$$

则

$$R_2 = \frac{T_2}{\tan\frac{\alpha_2}{2}} \tag{10.22}$$

（4）根据 R_2，α_2 计算可得 T_2，L_2，E_2 和 D_2。

（5）主点里程计算与测设。

① 主点里程计算：

$$\begin{array}{rl}
 & JD_1 \\
-) & T_1 \\ \hline
 & ZY \\
+) & L_1/2 \\ \hline
 & QZ_1 \\
+) & L_1/2 \\ \hline
 & GQ \\
+) & L_2/2 \\ \hline
 & QZ_2 \\
+) & L_2/2 \\ \hline
 & YZ \\
-) & (L_1+L_2) \\ \hline
 & ZY \\
+) & T_1 \\ \hline
 & JD_1
\end{array}$$

（校核）

② 主点测设与单圆曲线方法相同。

第七节　坐标计算

一、直线段坐标计算

直线上一点 i 的坐标

$$\left.\begin{aligned} x_i &= x_0 + l_i\cos\alpha \\ y_i &= y_0 + l_i\sin\alpha \end{aligned}\right\} \tag{10.23}$$

式中　x_i、y_i——计算点的坐标；

x_0、y_0——直线段已知起点坐标；

α——直线的坐标方位角；

l_i——直线上起点到计算点距离。

二、缓和曲线及圆曲线段坐标计算

1. 切线坐标系坐标

（1）缓和曲线。缓和曲线上各点坐标按式（10.8）进行计算。

（2）圆曲线。圆曲线上各点按式（10.15）进行计算。

2. 路线统一坐标系坐标计算

（1）算出直缓点（ZH）和缓直点（HZ）的坐标。

（2）缓和曲线和圆曲线中线坐标计算的通用公式：

$$\left.\begin{aligned} x_{中} &= x_0 + x'\cos\alpha - y'\sin\alpha \\ y_{中} &= y_0 + x'\sin\alpha - y'\cos\alpha \end{aligned}\right\} \tag{10.24}$$

式中 x_i、y_i——计算点的坐标；

x_0、y_0——直缓点（ZH）或缓直点（HZ）的坐标，计算第一缓和曲线时用直缓点（ZH）坐标，计算第二缓和曲线时用缓直点（HZ）的坐标；

α——直缓点（ZH）或缓直点（HZ）到交点（JD）的坐标方位角。

① 缓和曲线上：

$$\left.\begin{aligned} x' &= l - l^5/(40R^2 l_S^2) \\ y' &= l^3/(6Rl_S) - l^7/(336R^3 l_S^3) \end{aligned}\right\} \tag{10.25}$$

式中 l_S——缓和曲线长；

R——圆曲线半径；

l——直缓点或缓直点到缓和曲线上所求点的曲线长，计算第一缓和曲线时是直缓点（ZH）到所求点的曲线长；计算第二缓和曲线时是缓直点（HZ）到所求点的曲线长。

注意：曲线右转，计算第二缓和曲线时 y'要反号；曲线左转，计算第一缓和曲线时 y'要反号。

② 圆曲线上：

$$\left.\begin{aligned} x' &= R\sin(180°l_n/\pi R + 90°l_S/\pi R) + (l_S/2) - (l_S^3/240R^2) \\ y' &= R[1-\cos(180°l_n/\pi R + 90°l_S/\pi R)] + l_S/24R \end{aligned}\right\} \tag{10.26}$$

式中 l_n——缓圆点到圆曲线上所求点的曲线长；

l_S——缓和曲线长；

R——圆曲线半径。

【例 10.4】 某公路 JD_4、JD_5 的坐标见表 10.2，JD_4 的半径 $R = 400$ m，缓和曲线 $l =$ 90 m，$\beta_{左} = 48°15'47''$。试计算各中桩（缓和曲线上 10 m 一个点，圆曲线上 20 m 一个点）的坐标。

表 10.2 某公路已知点坐标

交点序号	桩 号	x	y
JD_4	K2 + 771.427	$x_4 = 27\ 101.307$	$y_4 = 627\ 968.686$
JD_5	K4 + 355.566	$x_5 = 25\ 942.262$	$y_5 = 629\ 080.813$

【解】（1）计算曲线要素、常数及主点里程（表 10.3）：

表 10.3 曲线要素、常数、主点里程表

缓和曲线切线角	6°26′44.8″	切曲差 q	22.164
切垂距 m	44.981 m	直缓点（ZH）里程	K2 + 546.875
内移距 p	0.844 m	缓圆点（HY）里程	K2 + 636.875
切线长 T	224.981 m	曲中点（QZ）里程	K2 + 760.345
曲线长 L	426.940 m	圆缓点（YH）里程	K2 + 883.815
外矢距 E_0	39.228 m	缓直点（HZ）里程	K2 + 973.815

（2）方位角计算：

① 计算 $\alpha_{JD_4-JD_5}$：

$$\Delta x_{JD_4-JD_5} = x_{JD_5} - y_{JD_4} = -1\ 159.045\ \text{m} < 0$$

$$\Delta y_{JD_4-JD_5} = y_{JD_5} - y_{JD_4} = 1\ 112.127\ \text{m} > 0$$

该直线方位在第二象限。

$$\alpha_{JD_4-JD_5} = 180° - \arctan|1\ 112.127 \div (-1\ 159.045)| = 136°11'0.4''$$

② 计算 α_{JD_4-HZ}：

因为 JD_4、HZ、JD_5 三点在同一直线上，所以

$$\alpha_{JD_4-HZ} = \alpha_{JD_4-JD_5} = 136°11'0.4''$$

③ 计算 α_{ZH-JD_4}、α_{JD_4-ZH}：

$$\alpha_{ZH-JD_4} = \alpha_{JD_4-HZ} + \beta_{左} = 184°26'47.4''$$

$$\alpha_{JD_4-ZH} = \alpha_{ZH-JD_4} - 180° = 4°26'47.4''$$

（3）计算直线上中桩坐标：

① 计算 ZH 点坐标：

$$x_{ZH} = x_{JD_4} = T \times \cos\alpha_{JD_4-ZH}$$

$$= 27\ 101.370 + 224.552 \times \cos 4°26'47.4'' = 27\ 325.183\ \text{m}$$

$$y_{ZH} = y_{JD_4} + T \times \sin\alpha_{JD_4-ZH}$$

$$= 627\,968.686 + 224.552 \times \sin4°26'47.4'' = 627\,986.095\ \text{m}$$

② 计算 HZ 点坐标：

$$x_{HZ} = x_{JD_4} + T \times \cos\alpha_{JD_4-HZ}$$

$$= 27\,101.307 + 224.552 \times \cos136°11'0.4'' = 26\,939.279\ \text{m}$$

$$y_{ZH} = y_{JD_4} + T \times \sin\alpha_{JD_4-HZ}$$

$$= 627\,968.686 + 224.552 \times \sin136°11'0.4'' = 628\,124.155\ \text{m}$$

③ 计算直线上任意点中桩坐标（以 K3 + 100 为例）：
中桩 K3 + 000 到 JD_4 的距离为 L_i：

$$L_i = T + (K3 + 000) - (K2 + 973.815) = 224.552 + 26.185 = 250.737\ \text{m}$$

$$x_i = x_{JD} + L_i \times \cos\alpha_{JD_4-HZ}$$

$$= 27\,101.307 + 250.737 \times \cos136°11'0.4'' = 26\,920.385\ \text{m}$$

$$y_i = y_{JD_4} + L_i \times \sin\alpha_{JD_4-HZ}$$

$$= 627\,968.686 + 250.737 \times \sin136°11'0.4'' = 628\,142.284\ \text{m}$$

（4）计算缓和曲线上任意中桩的坐标：
① 第一缓和曲线上任意中桩坐标（以 K3 + 576.875 为例）：
在切线坐标系中的坐标为：

$$x_i = l - l^5/40C^2 = 30\ \text{m}$$

$$y_i = l^3/6C = 0.125\ \text{m}$$

式中 C——常数，称曲线半径变更率。
直缓点（ZH）到所求点的坐标方位角为：

$$\alpha_{Zi} = \alpha_{ZH-JD_4} \pm \arctan(y/x) = 184°26'47.4'' - \arctan0.125/30 = 184°12'27.9''$$

$$D = \sqrt{x^2 - y^2} = \sqrt{302^2 + 0.125\ 2^2} = 30\ \text{m}$$

$$x_i = x_{ZH} + D\cos\alpha_{Zi} = 27\,295.264\ \text{m}$$

$$y_i = y_{ZH} + D\sin\alpha_{Zi} = 627\,983.894\ \text{m}$$

② 第二缓和曲线上任意中桩坐标（以 K2 + 923.815 为例）：
在切线坐标系中的坐标为：

$$x_i = l - l^5/40C^2 = 49.994\ \text{m}$$

$$y_i = l^3/6C = 0.579\ \text{m}$$

缓直点（HZ）到所求点的坐标方位角为：

$$\alpha_{Hi}=\alpha_{JD_4-HZ}+180°\mp\arctan\frac{y}{x}$$
$$=136°11'0.4''+180°+\arctan0.579/49.994=316°50'49.1''$$

$$D=\sqrt{x^2-y^2}\sqrt{49.994\ 2^2+0.579\ 2^2}=49.997\ \text{m}$$

$$x_i=x_{HZ}+D\cos\alpha_{Hi}=26\ 975.753\ \text{m}$$

$$y_i=y_{HZ}+D\sin\alpha_{Hi}=628\ 089.960\ \text{m}$$

（5）计算圆曲线段内任一点中桩坐标（以 K2 + 700 为例）：

① 切线坐标系中：

$$\alpha_C=180°\times(L_i-L_O)/(\pi\times R)+\beta_0$$
$$=180°\times(153.125-90)/(\pi\times400)+6°26'44.8''=15°29'16''$$

$$x_i=400\times\sin15°29'16''+44.981=151.794\ \text{m}$$

$$y_i=400\times(1-\cos15°29'16'')+0.844=15.369\ \text{m}$$

② 统一坐标系中：

$$\alpha_{Zi}=\alpha_{ZH-JD_4}\pm\arctan\frac{y}{x}$$
$$=184°26'47.4''-\arctan15.369/151.794=178°39'54.2''$$

$$D=\sqrt{x^2-y^2}=\sqrt{151.794\ 2^2+15.369\ 2^2}=152.570\ \text{m}$$

$$x_i=x_{ZH}+D\cos\alpha_{Zi}$$
$$=27\ 325.183+152.570\times\cos178°39'54.2''=27\ 172.654\ \text{m}$$

$$y_i=y_{ZH}+D\sin\alpha_{Zi}$$
$$=627\ 986.095+152.570\times\sin178°39'54.2''=627\ 989.649\ \text{m}$$

三、边桩坐标的计算

1. 直线段

（1）左边桩坐标：

$$\left.\begin{aligned}x_{左}&=x_{中}+D_{左}\cos(\alpha-90°)\\y_{左}&=y_{中}+D_{左}\sin(\alpha-90°)\end{aligned}\right\}\qquad(10.27)$$

（2）右边桩坐标：

$$\left.\begin{aligned}x_{右}&=x_{中}+D_{右}\cos(\alpha-90°)\\y_{右}&=y_{中}+D_{右}\sin(\alpha-90°)\end{aligned}\right\}\qquad(10.28)$$

式中 $x_{左}$、$y_{左}$——左边桩坐标；

$x_{右}$、$y_{右}$——右边桩坐标；

$D_{左}$——左边桩到中桩距离；

$D_{右}$——右边桩到中桩距离；

α——直线（切线）的坐标方位角。

2. 缓和曲线

（1）左边桩坐标：

$$\left.\begin{aligned} x_{左} &= x_{中} + D_{左}\cos[\alpha + 90°l^2/(\pi R) - 90°] \\ y_{左} &= y_{中} + D_{左}\sin[\alpha + 90°l^2/(\pi R) - 90°] \end{aligned}\right\} \tag{10.29}$$

（2）右边桩坐标：

$$\left.\begin{aligned} x_{右} &= x_{中} + D_{右}\cos[\alpha + 90°l^2/(\pi R) + 90°] \\ y_{右} &= y_{中} + D_{右}\sin[\alpha + 90°l^2/(\pi R) + 90°] \end{aligned}\right\} \tag{10.30}$$

式中 $D_{左}$——左边桩到中桩距离；

$D_{右}$——右边桩到中桩距离；

α——第一缓和曲线上直缓点（ZH）到交点（JD）的坐标方位角，第二缓和曲线上为缓直点（HZ）到交点（JD）的坐标方位角；

l——缓和曲线上任一点到直缓点（ZH）或缓直点（HZ）的曲线长；

l_S——缓和曲线长度；

R——圆曲线半径。

注意：右偏第一缓和曲线和左偏第二缓和曲线取“+”；左偏第一缓和曲线和右偏第二缓和曲线取“-”。

3. 圆曲线

（1）左边桩坐标：

$$\left.\begin{aligned} x_{左} &= x_{中} + D_{左}\cos\left[\alpha \pm \left(\frac{90°l_S}{\pi R} + \frac{180°l}{\pi R}\right) - 90°\right] \\ y_{左} &= y_{中} + D_{左}\sin\left[\alpha \pm \left(\frac{90°l_S}{\pi R} + \frac{180°l}{\pi R}\right) - 90°\right] \end{aligned}\right\} \tag{10.31}$$

（2）右边桩坐标：

$$\left.\begin{aligned} x_{右} &= x_{中} + D_{右}\cos\left[\alpha \pm \left(\frac{90°l_S}{\pi R} + \frac{180°l}{\pi R}\right) + 90°\right] \\ y_{右} &= y_{中} + D_{右}\sin\left[\alpha \pm \left(\frac{90°l_S}{\pi R} + \frac{180°l}{\pi R}\right) + 90°\right] \end{aligned}\right\} \tag{10.32}$$

式中　$D_{左}$——左边桩到中桩距离；

$D_{右}$——右边桩到中桩距离；

α——直线（切线）的坐标方位角；

l——圆曲线上任一点到缓圆点（HY）或圆缓点（YH）的曲线长；

l_S——缓和曲线长度；

R——圆曲线半径。

注意：右偏曲线取“+”；左偏曲线取“-”。

第十一章　线路纵横断面测量

初测完成后，在初测的带状地形图上定出线路中线，这一工作称为纸上定线。定测的基本任务是将初测后的线路测设于实地，然后根据定测后的线路进行纵、横断面测量，为线路的技术施工设计提供资料。

线路纵断面测量又称为中线水准测量，它的任务是在道路中线测定之后，测定中线上各里程桩（简称中桩）的地面高程，并绘制线路纵断面图，来表示沿线路中线位置的地形起伏状态，主要用于线路纵坡设计。横断面测量是测定中线上各里程桩处垂直于中线方向的地形起伏状态，并绘制横断面图，供路基设计、施工放边桩使用。

中线测量是定测的重要工作，它的主要任务是把在带状地形图上设计好的线路中线，结合现场具体条件，测设于实地，并用木桩标定。中线测量工作分放线和中桩测设两步进行。

放线是把纸上定线所确定的交点间的直线测设于地面上，可以用支距法、拨角法、极坐标法及 GPS RTK 技术；中桩测设是实地进行丈量距离、量测转向角、测设曲线，并按规定钉设中桩（公里桩、加桩）。中桩桩位误差按《测规》要求不超过下列限差：

横向为 ± 10 cm，纵向为 $\left(\dfrac{s}{2\,000}+0.1\right)$ m。s 为转点至桩位的距离，以米计。

第一节　线路纵断面测量

中线测量后的线路纵断面测量包括线路水准测量和线路纵断面绘制两项内容。其中线路水准测量分两步进行，首先是沿线路方向设置若干个水准点，按等级水准测量的精度要求测定其高程，称为基平测量；然后以基平测量所得各水准点高程为基础，按等外水准测量的精度要求分段进行中线各里程桩地面高程的水准测量，称为中平测量。

一、基平测量

1. 路线水准点的布设

定测阶段水准点的布设应在初测水准点布设的基础上进行，埋在距中线 50 ~ 100 m，不易破坏之处。水准点的设置应根据需要和用途的不同，设置在坚固的基础上或埋设混凝土标桩，以 BM 表示并统一编号。水准点密度应根据地形和工程需要而定，在丘陵和山区每隔 1 km 设置一个，在平原地区每隔 2 km 设置一个，长度在 300 m 以上的桥梁和 500 m 以上的隧道两端和大型车站范围内，也应设置水准点。

2. 基平测量方法

（1）路线——附合水准路线。
（2）仪器——不低于 DS_3 精度的水准仪或全站仪。
（3）测量要求：
水准测量——一般按三、四等水准测量规范进行。要进行往返测，闭合差不超过 $6\sqrt{n}$（mm）；
三角高程测量——一般按全站仪电磁波三角高程测量（四等）规范进行。

二、中平测量

测定中线上各控制桩、百米桩、加桩处的地面高程，为绘制线路纵断面提供资料。

1. 水准仪法

从一个水准点出发，按普通水准测量的要求，用“视线高法”测出该测段内所有中桩地面高程，最后附合到另一个水准点上。

中桩水准采用一台水准仪单程测量，水准路线应起闭合于水准点，限差为 $\pm 50\sqrt{L}$（mm）（L 为水准路线长度，以 km 计）。中桩高程宜观测两次，其不符值不应超过 10 cm，取位至 cm。

如图 11.1 所示，将水准仪安置于 I，读取水准点 BM_{13} 上的尺读数作为后视读数。然后依次读取各中线桩的尺读数，由于这些尺读数是独立的，不传递高程，故称为中视读数。最后读取转点 Z_1 的读数作为前视读数。再将仪器搬至Ⅱ，后视转点 Z_1，重复上述方法，直至闭合于 BM_{14}。中视读数读至 cm，转点读数读至 mm。

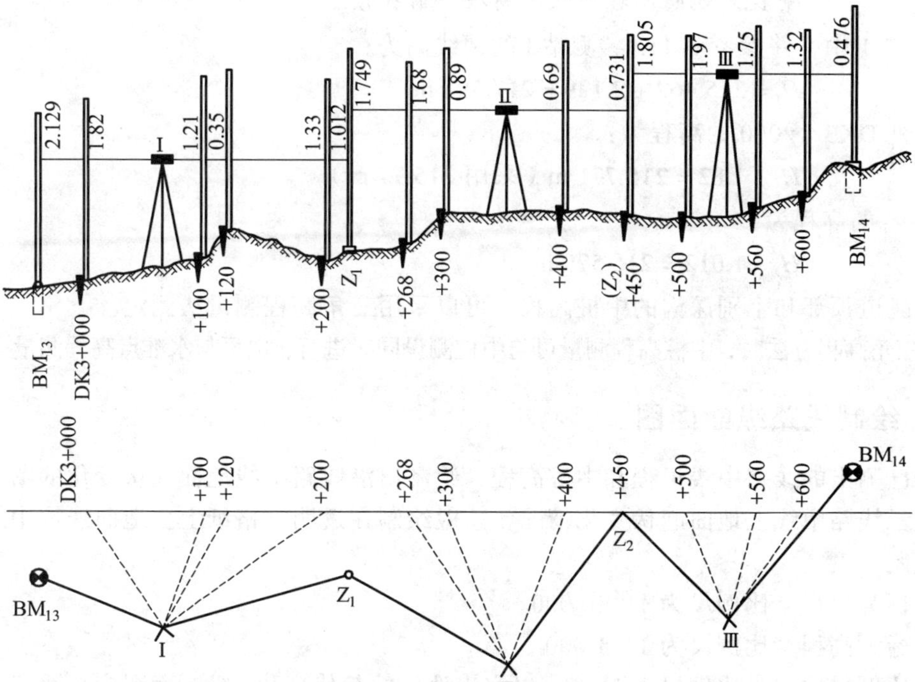

图 11.1　中平测量

记录、计算见表 11.1。

表 11.1 中桩水准测量记录

测点	水准尺读数			仪器高程 /m	高程 /m	备注
	后视	中视	前视			
BM_{13}	2.129			217.591	215.462	水准点高程： $BM_{13}=215.462$ m $BM_{14}=218.917$ m 实测闭合差： $f_h=218.926-218.917$ $=+9$ mm 容许闭合差： $F_h=\pm 50\sqrt{0.6}$ $=\pm 39\ \text{mm} > f_h$ 精度合格
DK3＋000		1.82			215.77	
＋100		1.21			216.38	
＋120		0.35			217.24	
＋200		1.33			216.26	
（Z_1）	1.749		1.012	218.328	216.579	
＋268		1.68			216.65	
＋300		0.89			217.44	
＋400		0.69			217.64	
（Z_2）	1.805		0.731	219.402	217.597	
＋450		1.97			217.43	
＋500		1.75			217.65	
＋560		1.32			218.08	
＋600（BM_{14}）			0.476		218.926	
$\sum$	＋5.683 -2.219				218.926 −215.462	
	＋3.464				＋3.464	

仪器高程＝后视点高程＋后视读数

中视点地面高程＝仪器高程－中视读数

前视点地面高程＝仪器高程－前视读数

在表 11.1 中，并参考图 11.1，测站 I 的视线高为：

$$H_i=215.462+2.129=217.591\ \text{m}$$

中线桩 DK3＋000 的高程为：

$$H_i-1.82=215.771\ \text{m}（采用 215.77 m）$$

转点 Z_1 的高程为：

$$H_i-1.012=216.579\ \text{m}$$

对于隧道顶部和个别深沟的中桩高程，可以采用三角高程测量法测定。

采用三角高程方法时，中桩高程测量可与中桩测设同时进行，也可与水准点高程测量一并进行。

三、绘制线路纵断面图

根据已测出的线路中线里程和中桩高程，绘制出沿线路中线地面起伏变化的图，称纵断面图。表示线路中线上地面起伏变化情况，一般绘制在透明方格纸上。地面线按中线桩里程和高程绘制：

横坐标为里程　比例尺为 1∶10 000

纵坐标为高程　比例尺为 1∶1 000

高程比例尺比水平比例尺大 10 倍，以突出地面的起伏变化。纵断面图应按线路里程增加方向从左向右绘制，如图 11.2 所示。

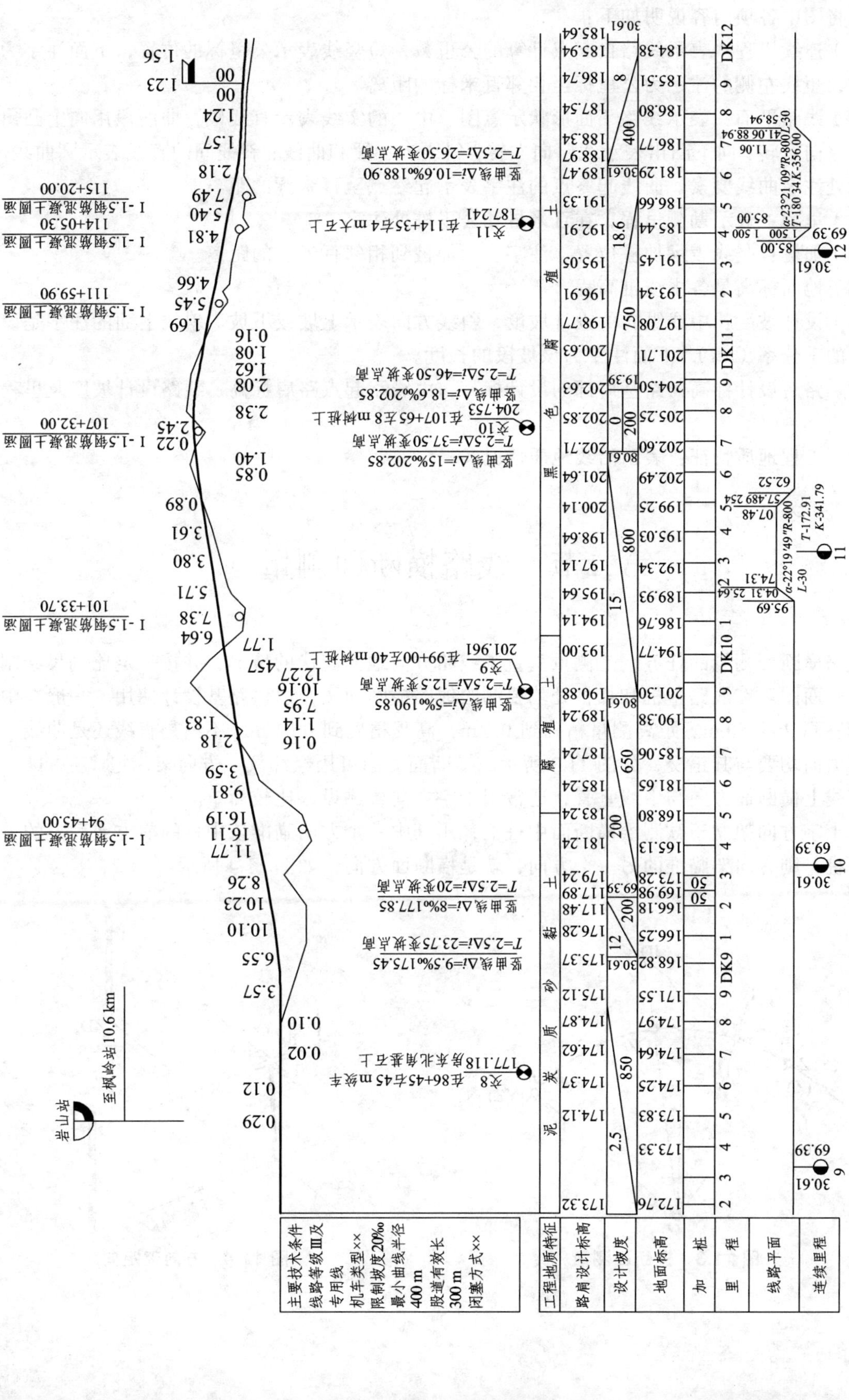
主要技术条件
线路等级Ⅲ级
专用线
机车类型××
限制坡度20‰
最小曲线半径
400 m
股道有效长
300 m
闭塞方式××
工程地质特征
路肩设计标高
设计坡度
地面标高
加桩
里程
线路平面
连续里程
岩山站
至枫岭站10.6 km

图 11.2　线路纵断面图

现将图中各项内容说明如下：

（1）连续里程：表示线路自起点计算的公里数，短竖线表示公里标的位置，下面注字为公里数，短线左侧的注字为公里标至相邻百米标的距离。

（2）线路平面：表示线路平面形状示意图。中央的实线表示直线段，曲线段用向上凸出表示线路向右转；向下凸出表示线路向左转；斜线表示缓和曲线；斜线间的直线表示圆曲线。在曲线处注名曲线要素。曲线起终点的注字表示起终点至百米标的距离。

（3）里程：表示勘测里程，在百米桩和公里桩处注字。

（4）加桩：竖线表示加桩位置，注字表示加桩到相邻百米桩的距离。

（5）地面标高是各中线桩高程。

（6）设计坡度：中线纵向的设计坡度，斜线方向表示上坡或下坡。斜线上面的注字是设计坡度的千分率（‰），下面注字为该坡段的长度。

（7）路肩设计标高：路基肩部的设计标高，由线路起点路肩标高、线路设计坡度及里程计算得出。

（8）工程地质特征：表示沿线地质情况。

第二节　线路横断面测量

线路横断面测量的任务，是测量垂直于线路方向地面起伏的情况，并按一定比例尺绘制线路横断面图。在线路整桩和加桩处均要测绘线路横断面图，以供路基设计使用。一般在中线两侧各测 20 ~ 50 m。距离测量精确到 0.1 m，高程精确到 0.01 m。不论是直线还是曲线，横断面力向均要与其正交，如图 11.3 所示。横断面方向可用经纬仪、方向架标定。

直线上横断面方向与中线垂直，通常用十字方向架测设，比较简单。

将十字方向架立于欲测绘横断面中桩上，用其中一个方向瞄准该中桩的前方或后方的另一个中桩，则方向架瞄准的另一个方向，就是横断面方向，如图 11.4 所示。

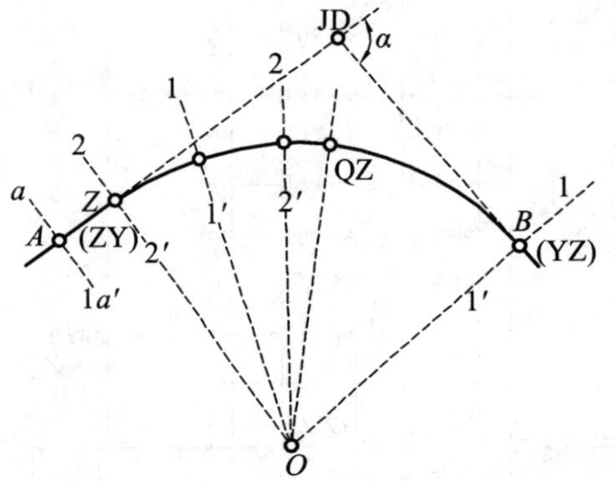

图 11.3　横断面测量

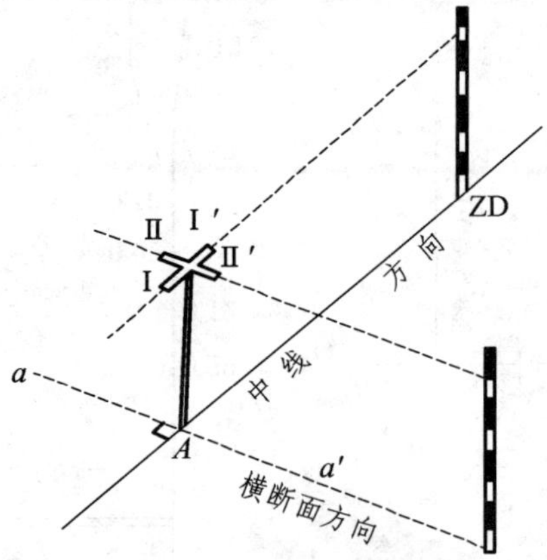

图 11.4　方向架定向

曲线上的横断面方向应与中线在该桩的切线方向垂直，即指向圆心方向。如图 11.5 所示，欲定出曲线上 B 点的横断面方向，将仪器（方向架、经纬仪等）置于点 B，先瞄准分弦点 A，测定弦线 AB 的垂直方向 BD'，并标出点位 D'；再瞄准另一侧分弦点 C（要求 $BC=AB$），测设弦线 BC 的垂直方向 D''，标出点位 D''（应使 $BD''=BD'$）。最后分中 $D'D''$得 D 点，则 BD 方向就是横断面方向。

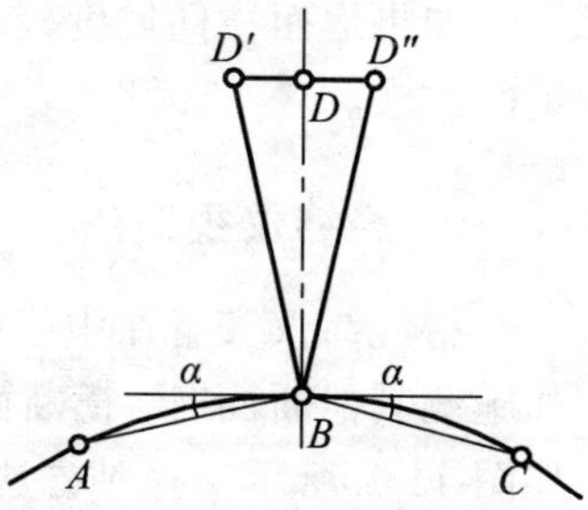

图 11.5　曲线横断面方向与切线方向关系图

一、横断面的测量方法

根据线路横断面数量多、工作量大，但测量精度要求不高的特点，在实际工作中，可根据仪器装备情况及地形条件，在保证测量精度的前提下，选择适当的测量方法，以提高工作效率。

表 11.2 是横断面测量记录表格，按线路里程增加方向的左、右侧分别记录测量成果：分母是测点间的平距，分子是两点间高差。在绘制横断面图时，再统一换算成各测点到中桩的距离和与中桩的高程差。

表 11.2　横断面测量记录表格

左　侧	桩　号	右　侧
$\frac{+2.1}{12.0}$　$\frac{-1.9}{8.7}$　$\frac{+2.6}{18.5}$	DK4 + 111	$\frac{-1.4}{14.5}$　$\frac{+1.8}{10.5}$　$\frac{-1.4}{16.0}$

1. 水准仪皮尺法

当地势平坦、通视良好，或横断面精度要求较高时，可用水准仪测量横断面上各测点的高程。横断面用方向架定向，皮尺（或钢尺）量距。测量方法与中桩水准测量相同，即后视转点取得仪器高程后，将断面上的坡度变化点（测点）作为中间点观测。若仪器安置适当，置一次镜可观测一个或几个横断面，如图 11.6 所示。

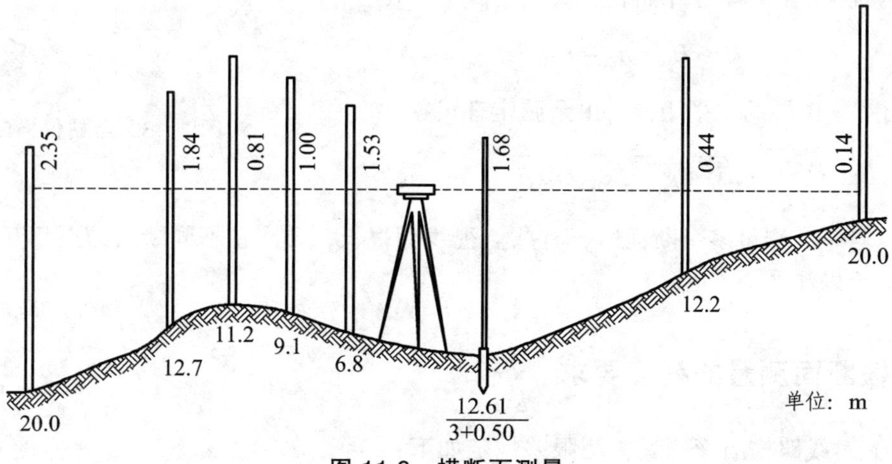

图 11.6　横断面测量

如果地面横向坡度较大，为了减少置镜数，可以采取以两台水准仪分别沿线路左右侧测量的方法。

2. 经纬仪视距法

将经纬仪安置在中线桩上，定出横断面方向后，即可较快地测出各测点的距离和高差。如施测其他断面时，横断面方向可用方向架测定，测点距离可用皮尺丈量，高差由视距测量，如图 11.7 所示。这种方法既能保证精度，效率又高，可适用于各种地形。

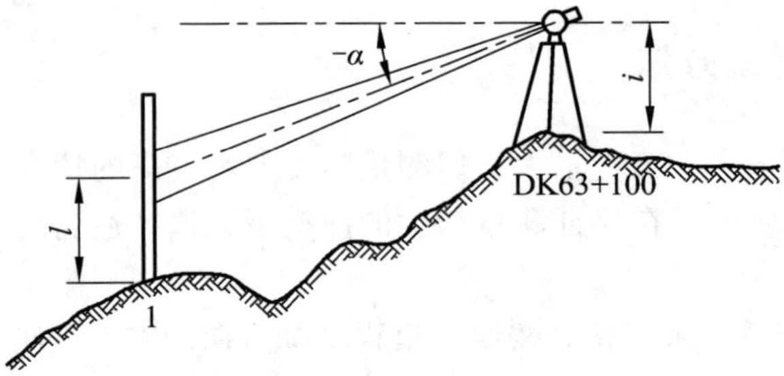

图 11.7 经纬仪视距法

3. 全站仪法

用全站仪测横断面速度快、精度高，一个测站可测多个断面。但由于全站仪视线长，全站仪与其他断面的测站距离较远，故应有妥善的联系方法，以便协调工作，充分发挥仪器的作用。为防止差错，出现混乱，应做好记录，画好草图。

如图 11.8 所示，安置仪器于点 T，将棱镜安置在中线桩 O 点，照准后将水平度盘设置为 0°00′00″，测定 T 到 O 的水平距离 s_0 和高差 h_{TO}；再将棱镜安置在横断面方向上的 i 点，测定水平角 β_i、水平距离 s_i、高差 h_{Ti}。设棱镜高为 v，仪器高为 i，测站高程为 H_T，则

断面点高程 $H_i = H_T + h_{Ti} + i - v$

中桩高程 $H_0 = H_T + h_{TO} + i - v$

两式相减得观测点 i 相对于中桩的高差：

$$h_i = H_i - H_0 = h_{Ti} - h_{TO}$$

而测点 i 相对于中桩的水平距离 l_i 由余弦定理可得：

$$l_i = \sqrt{s_0^2 + s_i^2 - 2s_0 s_i \cos\beta_i}$$

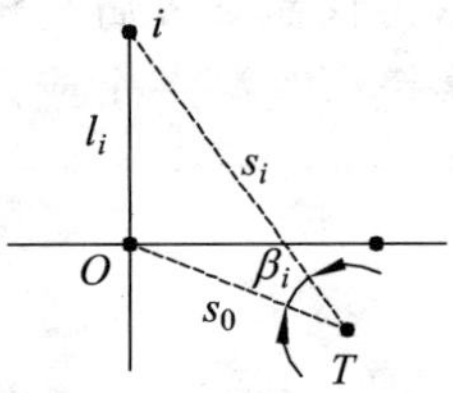

图 11.8 全站仪横断面测量

注意：当一次测量多个断面时，有些点视线会很长，要防止不同断面的点相互混淆，最好绘制草图予以注明。

二、横断面测量的精度要求

《测规》对线路横断面测量检测限差规定如下：

高程　$\pm\left(\frac{h}{100}+\frac{L}{200}+0.1\right)$ m

明显地物点的距离　$\pm\left(\frac{L}{100}+0.1\right)$ m

式中　h——检查点至线路中桩的高差（m）；

L——检查点至线路中桩的水平距离（m）。

三、横断面图的绘制

横断面图是根据各测点至中桩的距离和测点的高程来绘制的。它绘在厘米方格纸上。为了设计方便，其纵坐标表示高程、横坐标表示距离，绘制比例尺一般采用 1∶200，如图 11.9 所示。

绘制的线路横断面图按桩号先后顺序，在图幅内自下而上，自左而右地均匀布置，且每行的横断面中线应排在一条线上。绘图时一般先将中桩标在图中央，再分左右侧按平距为横轴，高差为纵轴，展出各个变坡点，绘出横断面图。

横断面图最好在现场绘制，以便及时复核测量结果，检查绘图质量，也省去了室内绘图时所需要的一系列复核工作。

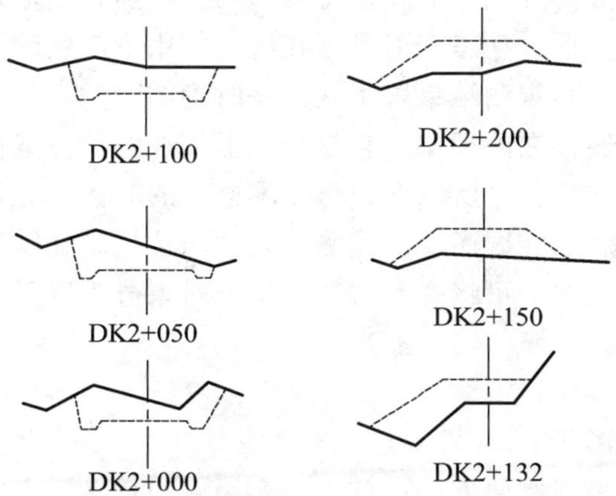

图 11.9　横断面图

第十二章　建筑物的变形监测

第一节　概　述

建筑物和构筑物的变形监测，目前在我国和世界上已受到高度重视。随着社会主义建设的蓬勃发展，各种大型建筑物，如大坝、高层建筑、大型桥梁、隧道及各种大型设备的出现，特别是高速铁路的修建，因为变形监测不到位而发生的工程事故屡屡发生，因此变形监测的重要性不言而喻。所谓变形监测，就是利用测量与专用仪器和方法对变形体的变形现象进行监视观测的工作。其目的和任务是确定在各种荷载和外力的作用下，变形体的形状、大小及其位置变化的空间状态和时间特征。变形监测工作是人们通过变形现象获得科学知识、检验理论和假设的必要手段。

根据变形的性质，可分为静态变形和动态变形两类。静态变形是时间的函数，观测的结果只表示在某一时间内的变形；动态变形是指在应力作用下产生的变形，它是以外力为函数表示的，对于时间的变化，其观测结果表示在某一时刻的瞬时变化。

所谓变形是自然界普遍存在的现象，它是指变形体在各种荷载作用下，其形状、大小及位置在时间域和空间域中的变化。所以在进行变形监测的时候，必须以稳定点作为依据。这些稳定点称为基准点或控制点。因而变形监测也是遵循从控制到细部的原则。

根据变形监测的研究范围，可将变形监测的研究对象分为以下三类：

（1）全球性变形研究。

（2）区域性变形研究。

（3）工程和局部性变形研究。

变形监测的意义重点表现在两方面：首先是实用上的意义，主要掌握各种建筑物和地质构造的稳定性，为安全性诊断提供必要的信息，以便及时发现问题并采取积极的措施；其次是科学上的意义，包括更好地理解变形的机理，验证有关工程设计的理论和地壳运动的假说，进行反馈设计以及建立有效的变形预报模型。

第二节　变形监测的精度和频率

建筑物变形监测的精度，视变形监测的目的及变形值的大小而异，很难有一个明确的规定。原则上，变形监测的目的是为了判断出建筑物的安全，精度要求满足预警即可。在 1971 年的国际测量师工作者联合会（FIG）上，建议观测的中误差应小于容许值的 1/10 ~ 1/20；如果目的是判断建筑物的变形趋势，则要求更高的精度。

观测频率的确定，与荷载的变化及变形速率有关。不同的建筑物周期略有不同，如高层建筑物在施工过程中，最好是每 1 ~ 2 层做一次沉降观测；大坝的变形监测，则随着水位的高低，而确定观测周期。在建筑物建成初期，相应的周期增加，而后面趋于稳定，则周期变长。对于不是很稳定的建筑物和构筑物，如即将产生滑坡、崩塌的地段，则可以适当地缩短观测周期。

观测的精度和频率两者是相关的，只有在一个周期内的变形值远大于观测误差，则所得结果才正确。

第三节 垂直位移观测

建筑物受地下水位的升降、荷载的作用，以及地震、地壳运动的影响，会产生竖向的位置变化。一般来说，在没有其他的外力作用时候，一般会产生下沉的现象，对它的观测称为沉降观测。图 12.1 为隔河岩大坝监测网的示意图。

隔河岩水库泄洪图

隔河岩大坝 GPS 监测网图

隔河岩水库蓄水现状图

图 12.1 隔河岩变形监测示意图

一、水准基点的布设和监测网的建立

水准基点是固定不动的且作为沉降观测高程基点的水准点，如图 12.2 为水准基点埋设后的示意图。水准基点应埋设在建筑物变形影响范围之外，一般距基坑开挖线 50 m 左右，选在不受施工影响的地方。可按二、三等水准点标石规格埋设标志，也可在稳固的建筑物上设

立墙上水准点。点的个数不少于 3 个，以便相互检核。沉降监测网一般是将水准基点布设成闭合水准路线，采用独立高程系。常使用 DS_1 及以上精度的精密水准仪，按国家二等水准技术要求施测。对精度要求较低的建筑物也可按三等水准施测，监测网应经常进行检核。

图 12.2　水准基点布设示意图

二、观测点的布设

观测点是设立在变形体上、能反映其变形特征的点。点的位置和数量应根据地质情况、支护结构形式、基坑周围环境和建筑物（或构筑物）荷载等情况而定。通常由设计部门提出要求，具体位置由测量工程师和结构工程师共同确定。点位埋设合理，就可全面、准确地反映变形体的沉降情况。

深基坑支护的沉降观测点应埋设在锁口梁上，一般 20 m 左右埋设一点，在支护结构的阳角处和原有建筑物离基坑很近处加密设置观测点。

建筑物上的观测点可设在建筑物四角，或沿外墙间隔 10 ~ 15 m 布设，或在柱上布点，每隔 2 ~ 3 根柱设一点。烟囱、水塔、电视塔、工业高炉、大型储藏罐等高耸建筑物可在基础轴线对称部位设点，每一构筑物不得少于 4 点。

此外，在建筑物不同的分界处，人工地基和天然地基的接壤处，裂缝或沉降缝、伸缩缝两侧，新旧建筑物或高低建筑物的交接处以及大型设备基础等处也应设立观测点，即在变形大小、变形速率和变形原因不一致的地方设立观测点。

观测点应埋设稳固，不易遭破坏，能长期保存。点的高度、朝向等要便于立尺和观测。锁口梁、设备基础上的观测点，可将直径 20 mm 的铆钉或钢筋头（上部锉成半球状）埋设于混凝土中作为标志。墙体上或柱子上的观测点，可将直径 20 ~ 22 mm 的钢筋按图 12.3 所示的形式设置。观测点的布设标准如图 12.3 所示。

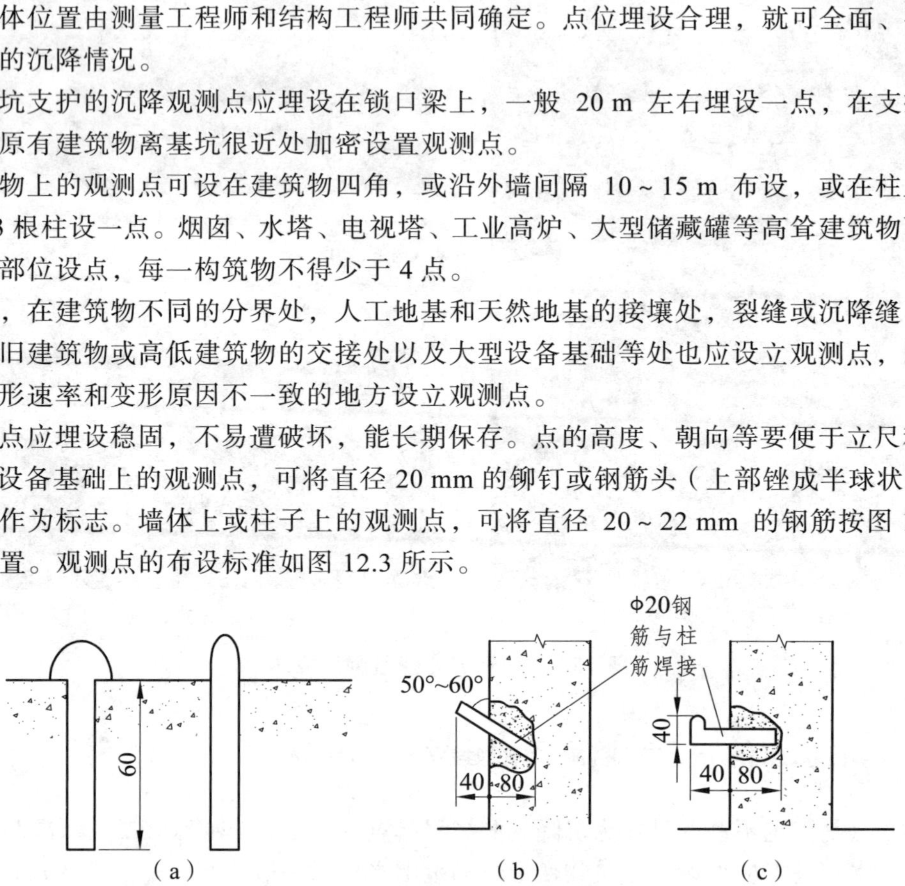

图 12.3　观测点的布设标准

三、沉降观测

沉降观测应先根据建筑物的特征、变形速率、观测精度和工程地质条件等因素综合考虑，确定沉降观测的周期，并根据沉降量的变化情况适当调整。深基坑开挖时，锁口梁会产生较大的水平位移，沉降观测周期应较短，一般每隔 1～2 天观测一次；浇筑地下室底层后，可每隔 3～4 天观测一次，至支护结构变形稳定。当出现暴雨、管涌、变形急剧增大时，要增加观测次数。

建筑物主体结构施工时，每 1～2 层楼面结构浇筑完之后观测一次，楼面结构浇筑完之后观测一次；结构封顶之后每 2 个月左右观测一次；建筑物竣工投入使用之后，观测周期视沉降量的大小而定，一般可每 3 个月左右观测一次，至沉降稳定。如遇停工时间过长，停工期间也要适当观测。无论何种建筑物，沉降观测次数不能少于 5 次。

一般性高层建筑和深基坑开挖的沉降观测，通常用精密水准仪，按国家二等水准技术要求施测，将各观测点布设成闭合环或附合水准路线联测到水准基点上。为提高观测精度，观测时前、后视宜使用同一根水准尺，视线长度小于 50 m，前、后视距大致相等；或采用测站数为偶数的方法提高测量精度。每次观测宜使观测条件尽量相同，即相同的观测路线，使用同一台仪器和水准尺，同一观测员，同一立尺员，甚至是相同的转点和相同的测站位置等，总之，要尽可能使每次的观测条件一致，使观测结果便于消除系统误差、削弱偶然误差。为了正确分析变形原因，观测时还应记录荷载变化和气象条件。

二等水准测量高差闭合差容许值参照表 12.1。

表 12.1　水准测量限差要求（mm）

水准测量等　级	测段往返测高差不符值	附合路线或环线闭合差		检测已测测段高差之差
		平原	山区	
一等	$\pm1.8\sqrt{K}$	$\pm2\sqrt{L}$	$\pm2\sqrt{L}$	$\pm3\sqrt{R_i}$
二等	$\pm4\sqrt{K}$	$\pm4\sqrt{L}$	$\pm4\sqrt{L}$	$\pm6\sqrt{R_i}$
三等	$\pm12\sqrt{K}$	$\pm12\sqrt{L}$	$\pm15\sqrt{L}$ 或 $\pm4\sqrt{n}$	$\pm20\sqrt{R_i}$
四等	$\pm20\sqrt{K}$	$\pm20\sqrt{L}$	$\pm25\sqrt{L}$ 或 $\pm6\sqrt{n}$	$\pm30\sqrt{R_i}$
五等	$\pm30\sqrt{K}$	$\pm30\sqrt{L}$	$\pm30\sqrt{L}$	$\pm40\sqrt{R_i}$

注：K 为测段水准路线长度，单位为 km；L 为水准路线长度，单位为 km；R_i 为检测测段长度，以千米计。

每次观测结束后，应及时整理观测记录。先根据基准点高程计算出各观测点高程，然后分别计算各观测点相邻 2 次观测的沉降量（本次观测高程减上次观测高程）和累计沉降量（本次观测高程减首次观测高程）。并将计算结果填入成果表中。为了更形象地表示沉降、荷重和时间之间的相互关系，可绘制荷重-时间沉降量关系曲线图，简称沉降曲线图，如图 12.4 所示。

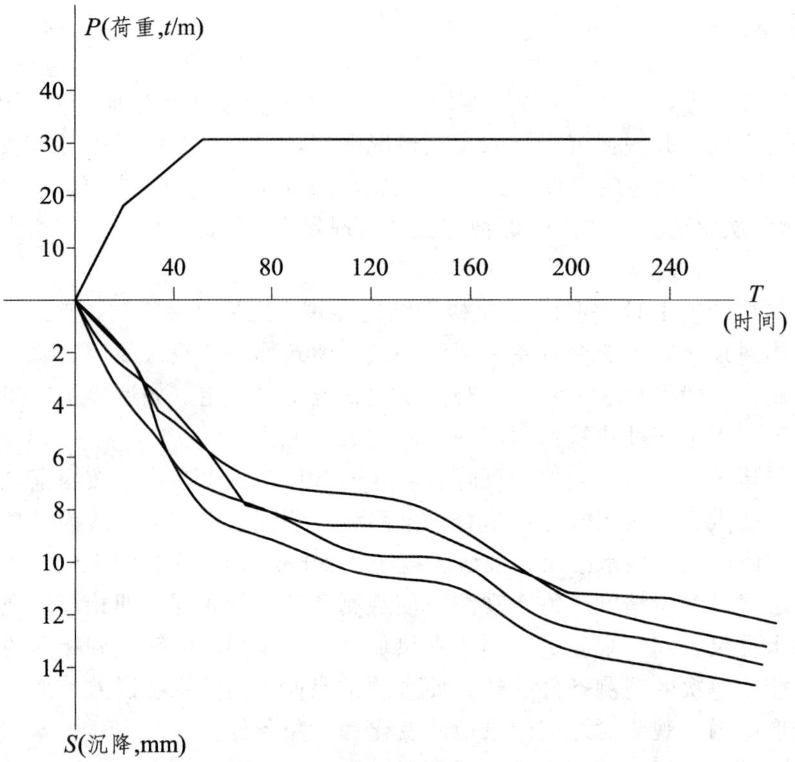

图 12.4 沉降观测曲线图

对观测成果的综合分析评价是沉降监测一项十分重要的工作。在深基坑开挖阶段，引起沉降的主要原因是支护结构产生大的水平位移和地下水位降低。沉降发生的时间往往比水平位移发生的时间滞后 2～7 天。地下水位降低会较快地引发周边地面大幅度沉降。在建筑物主体施工中，引起其沉降异常的因素较为复杂，如勘察提供的地基承载力过高，导致地基剪切破坏；施工中人工降水或建筑物使用后大量抽取地下水，地质土层不均匀或地基土层厚薄不均，压缩变形差大，以及设计错误或打桩方法、工艺不当等都可能导致建筑物异常沉降。

由于观测存在误差，有时会使沉降量出现正值，应正确分析原因。判断沉降是否稳定，通常当三个观测周期的累计沉降量小于观测精度时，可作为沉降稳定的限值。观测示例如表 12.2 所示。

表 12.2 建筑物沉降观测成果表

工程名称		××工业大学文教大楼													
观测点		CT-1			CT-2			CT-3			CT.4			施工进展	荷重 /(t/m²)
次数	观测日期	高程 /m	本次沉降 /mm	累计沉降 /mm	高程 /m	本次沉降 /mm	累计沉降 /mm	高程 /m	本次沉降 /mm	累计沉降 /mm	高程 /m	本次沉降 /mm	累计沉降 /mm		
1	04-9-1	21.538 6	0.0	0.0	21.562 3	0.0	0.0	21.547 2	0.0	0.0	21.584 6	0.0	0.0	1 层楼完	3.0
2	04-9-16	21.537 3	−1.3	−1.3	21.560 7	−1.6	−1.6	21.545 7	−1.5	−1.5	21.583 2	−1.4	−1.4	3 层楼完	8.0
3	04-10-1	21.535 2	−2.1	−3.4	21.558 9	−1.8	−3.4	21.543 3	−2.4	−3.9	21.581 5	−1.7	−3.1	5 层楼完	13.0
4	04-10-16	21.531 9	−3.3	−6.7	21.556 2	−2.7	−6.1	21.540 5	−2.8	−6.7	21.578 1	−3.4	−6.5	7 层楼完	18.0
5	04-11-1	21.526 2	−5.7	−12.4	21.551 6	−4.6	−10.7	21.535 8	−4.7	−11.4	21.573 9	−4.2	−10.7	9 层楼完	23.0

续表 12.2

工程名称		××工业大学文教大楼													
观测点		CT-1			CT-2			CT-3			CT.4			施工进展	荷重/(t/m²)
次数	观测日期	高程/m	本次沉降/mm	累计沉降/mm	高程/m	本次沉降/mm	累计沉降/mm	高程/m	本次沉降/mm	累计沉降/mm	高程/m	本次沉降/mm	累计沉降/mm		
6	04-11-16	21.521 8	−4.4	−16.8	21.547 2	−4.4	−15.1	21.531 9	−3.9	−15.3	21.569 1	−4.1	−14.8	11 层楼完	28.0
7	04-12-1	21.518 6	−3.2	−20.0	21.542 9	−4.3	−19.4	21.527 8	−4.1	−19.4	21.566 2	−3.6	−18.4	13 层楼完	33.0
S	04-12-16	21.515 6	−3.0	−23.0	21.539 7	−3.2	−22.6	21.524 9	−2.9	−22.3	21.563 5	−2.7	−21.1	15 层楼完	38.0
9	05-1-1	21.513 5	−2.1	−25.1	21.537 8	−1.9	−24.5	21.522 7	−2.2	−24.5	21..561	−2.5	−23.6	17 层楼完	43.0
10	05-1-16	21.511 7	−1.8	−26.9	21.535 9	−1.9	−26.4	21.520 8	−1.9	−26.4	21.559 4	−1.6	−25.2	18 层封顶	47.0
11	05-3-15	21.509 8	−1.9	−28.8	21.533 8	−2.1	−28.5	21.518 5	−2.3	−28.7	21.556 8	−2.6	−27.8	2 个月后	47.0
12	05-5-15	21.507 6	−2.2	−31.0	21.532	−1.8	−30.3	21.516 7	−1.8	−30.5	21.555 5	−I.3	−29.1	4 个月后	47.0
13	05-7-15	21.506 3	−1.3	−32.3	21.530 5	−1.5	−31.8	21.515 1	−1.6	−32.1	21.553 7	−1.8	−30.9	6 个月后	47.0
14	05-9-15	21.505 3	−1.0	−33.3	21.529 4	−1.1	−32.9	21.514 6	−0.5	−32.6	21.552 7	−1.0	−31.9	8 个月后	47.0
15	05-10-15	21.504 9	−0.4	−33.7	21.519 1	−0.3	−33.2	21.514 2	−0.4	−33.0	21.552 5	−0.2	−32.1	竣工	47.0

在变形观测时，不可能对建筑物或构筑物的每个点都进行监测，只能找一些有代表性的点进行监测，这些点叫做监测点或变形点。

目前比较普遍的做法是用电子水准仪，用二等水准测量的方法（二等水准成果如表 12.3 所示）对于整个变形监测区域进行观测，对于高速铁路、高层建筑物和地铁等均进行此类方法的监测，完成之后用沉降观测后处理软件进行数据处理，得到相应的沉降监测结果，对建筑物或构筑物的安全性有一个科学的评价。

表 12.3　二等水准测量成果表

电子水准测量记录手簿									
测自：	JH20-108	至	JH20-108	日期：	2010.08.26	观测顺序：		后前前后，前后后前	
天气：	晴	呈像：	清晰	土质：	坚硬		仪器：	Leica DNA 03	
	视准点	视距读数		标尺读数					
	后视	后距 1	后距 2	后尺读数 1	后尺读数 2				
	前视	前距 1	前距 2	前尺读数 1	前尺读数 2				
测站		视距差/m	累积差/m	高差 1/m	高差 2/m	读数差/mm	高差/m	高程/m	备注
	JH20-108	42.972	42.969	2.760 43	2.760 36	0.07		0.000 00	
	920700L1	43.332	43.349	1.124 42	1.124 36	0.06	1.636 01	1.636 01	
1		− 0.370	− 0.370	1.636 01	1.636 00	0.01			
	920700L1	43.354	43.340	1.124 34	1.124 36	− 0.02			
	JH20-108	42.987	42.959	2.760 58	2.760 54	0.04	− 1.636 21	− 0.000 21	
2		0.374	0.005	− 1.636 24	-1.636 18	− 0.06			
	测段起点	JH20-108							
	测段终点	JH20-108		累计视距差	-0.004 57	m			
	累计前距	0.086 31	km	测段高差	-0.000 21	m			
测段计算	累计后距	0.086 32	km	测段距离	0.172 63	km			
测量负责人：		王海生		检核：	肖利		监理：		

由水准基点组成的水准网称为垂直位移监测网，其布网形式多样，可以布设成闭合水准路线、附和水准路线和结点水准路线等形式。变形监测的等级和精度指标要求见表 12.4、12.5。

表 12.4　垂直位移监测网的主要技术指标

等级	相邻基准点高差中误差/mm	每站高差中误差/mm	往返较差、附合或环线闭合差/mm	检测已测高差较差/mm	使用仪器、观测方法及要求
一等	±0.3	±0.07	0.15	0.2	$DS_{0.5}$ 型仪器，视线长度≤15 m，前后视距差≤0.3 m，视距累计差≤1.5 m，宜按国家一等水准测量的技术要求施测
二等	±0.5	±0.13	0.30	0.5	$DS_{0.5}$ 型仪器，宜按国家一等水准测量的技术要求施测
三等	±1.0	±0.30	0.60	0.8	$DS_{0.5}$ 或 DS_1 型仪器，宜按国家二等水准测量的技术要求施测
四等	±2.0	±0.70	1.40	2.0	$DS_{0.5}$ 或 DS_1 型仪器，宜按国家三等水准测量的技术要求施测

表 12.5　变形点垂直位移观测的精度要求

等级	高程中误差/mm	相邻点高差中误差/mm	观测方法	往返较差、附合或环线闭合差/mm
一等	±0.3	±0.15	除按国家一等水准测量的技术要求施测外，尚需设双转点，视线≤15m，前后视距差≤0.3m，视距累计差≤1.5m	$\leqslant 0.15\sqrt{n}$
二等	±0.5	±0.30	按国家一等水准测量的技术要求施测	$\leqslant 0.30\sqrt{n}$
三等	±1.0	±0.50	按国家二等水准测量的技术要求施测	$\leqslant 0.40\sqrt{n}$
四等	±2.0	±1.00	按国家三等水准测量的技术要求施测	$\leqslant 1.40\sqrt{n}$

注：n 为测段的测站数，引用于现行的《变形监测规范》。

如果设置有工作基点，则每年应进行一至两次与水准基点的联测，以检查工作基点是否产生变动。联测工作的目的是为了检测工作基点的可靠性，所以应尽量选择稳定的月份，稳定的仪器，稳定的观测人员。

对于变形监测，为了提高精度，要注意以下几点：

（1）相同的图形或观测路线和观测方法。

（2）使用同一仪器和设备。

（3）固定观测人员。

（4）在基本相同的环境和观测条件下工作。

对于沉降观测的成果处理，应注意以下几点：

（1）采用专用记录手簿——逐步检查。
（2）每次观测当日计算成果，分析成果。
（3）及时上报沉降结果。
（4）绘制沉降曲线图。
（5）沉降观测总结报告。

第四节　水平位移观测

水平位移观测的平面位置是依据水平位移监测网，根据建筑物的结构形式及已有设备各具体条件，可采用三角网、导线网、边角网、三边网和 GPS 网等网型形式。

为了方便，一般采用独立坐标系统，例如大坝、桥梁等往往以它的轴线方向作为 x 轴，而 y 坐标的变化，即是它的侧向位移。为使各控制点的精度一致，都采用一次布网。

监测网的精度，应能满足变形点观测精度的要求。在设计监测网时，根据变形点的观测精度要求，预估对监测网的精度要求，并选择适宜的观测等级与方法。

水平位移监测网的等级和技术指标见表 12.6。

表 12.6　水平位移监测网的技术指标

等级	相邻基准点的点位中误差 /mm	平均边长 /m	测角中误差 /（″）	最弱边相对中误差	作业要求
一等	1.5	<300	0.7	≤1/250 000	按国家一等三角要求施测
		<150	1.0	≤1/120 000	按国家二等三角要求施测
二等	3.0	<300	1.0	≤1/120 000	按国家二等三角要求施测
		<150	1.8	≤1/70 000	按国家三等三角要求施测
三等	6.0	<350	1.8	≤1/70 000	按国家三等三角要求施测
		<200	2.5	≤1/40 000	按国家四等三角要求施测
四等	12.0	<400	2.5	≤1/40 000	按国家四等三角要求施测

变形点的水平位移监测有多种方法，最常用的有测角前方交会、后方交会、极坐标法、导线法、视准线法、引张线法等，宜根据条件，选用适当的方法。

一、测角前方交会

在变形点上不便于架设仪器时，多采用这种方法，如图 12.5 所示。

基准点：A 与 B。

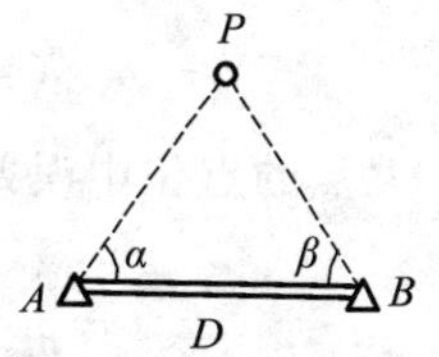

图 12.5　测角前方交会

观测量：分别为 A 点和 B 点的角度 α 与 β。

前方交会的点位坐标计算如下面公式：

$$\left.\begin{aligned} x_P &= \frac{x_A \cot\beta + x_B \cot\alpha - y_A + y_B}{\cot\alpha + \cot\beta} \\ y_P &= \frac{y_A \cot\beta + y_B \cot\alpha - x_A + x_B}{\cot\alpha + \cot\beta} \end{aligned}\right\} \tag{12.1}$$

测角前方交会适用于标志上不宜架设棱镜，只适合摆放定向标志的情况，测量角度的测回数严格按照测量规范执行。

P 点点位中误差的估算公式：

$$m_P = \frac{m''_\beta D\sqrt{\sin^2\alpha + \sin^2\beta}}{\rho''\sin^2(\alpha+\beta)} \tag{12.2}$$

式中 D——两点间的水平距离；

m''_β——测角中误差；

ρ''——206 265″。

交会角过大或过小，都会影响 P 点位置测定精度，要求交会角一般应大于 60°并小于 150°，此时的点位精度才能达到要求。

二、后方交会

如果变形点 P 上可以架设仪器，且与三个平面基准点 A、B、C 通视时，可采用这种方法，如图 12.6 所示。

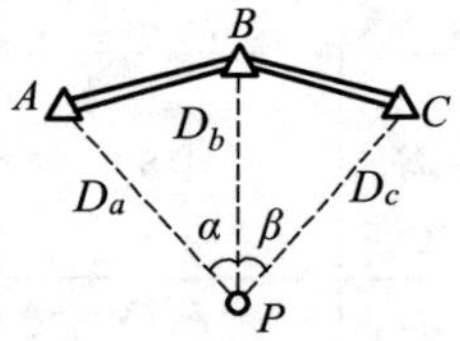

图 12.6 边角后方交会

基准点：A、B 与 C。

观测量：P 点的角度 α 与 β。

点 P 的平面坐标：

$$\left.\begin{aligned} x_P &= x_B + \Delta x_{BP} = x_B + \frac{a - Kb}{1+K^2} \\ y_P &= y_B + \Delta y_{BP} = y_B + K\cdot\Delta x_{BP} \end{aligned}\right\} \tag{12.3}$$

其中：

$$a = -(x_A - x_B) + (y_A - y_B)\cot\alpha$$

$$b = -(y_A - y_B) + (x_A - x_B)\cot\alpha$$

$$c = -(x_C - x_B) + (y_C - y_B)\cot\beta$$

$$d = (y_C - y_B) + (x_C - x_B)\cot\beta$$

$$K = \frac{a+c}{b+d}$$

P 点的点位中误差的估算公式：

$$m_P = \frac{m''_\beta}{\rho''}\sqrt{\frac{D_{AB}^2 D_c^2 + D_{BC}^2 D_a^2}{[D_c \sin\alpha + D_a \sin\beta + D_b \sin(\alpha+\beta)]^2}}$$

式中　D——两点间的水平距离；

m''_β——测角中误差；

ρ''——206 265″。

注意：观测点 P 和基准点 A、B 与 C 这四点禁止共圆，否则解不固定。

三、极坐标法

在全站仪普及的今天，只要在变形点可以安置反光镜，且与基准点通视即可，如图 12.7 所示。

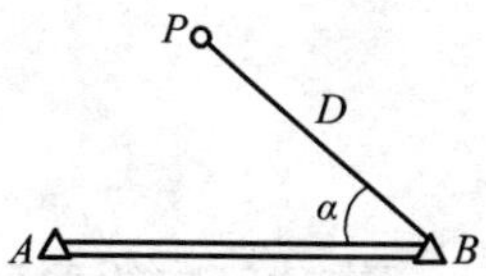

图 12.7　极坐标法

基准点：A 与 B。

观测量：角度α与水平距离 D。

点 P 的平面坐标：

$$\alpha_{BP}=\alpha_{AB}+\alpha-180° \tag{12.4}$$

$$\left.\begin{aligned}x_P=x_B+D\cos\alpha_{BP}\\ y_P=y_B+D\sin\alpha_{BP}\end{aligned}\right\} \tag{12.5}$$

P 点点位中误差的估算公式：

$$m_P=\pm\sqrt{m_D^2+\left(\frac{m_\alpha}{\rho}D\right)^2} \tag{12.6}$$

式中　m_D——测距中误差；

m_α——测角中误差；

ρ''——206 265″。

四、导线法

当相邻的变形点间可以通视，且在变形点上可以安置仪器进行测角、测距时，可采用这种方法。通过各次观测所得的坐标值进行比较，便可得出点位位移的大小和方向。这种方法多用于非直线型建筑物的水平位移观测，如对弧形拱坝和曲线桥的水平位移观测。

此外，还有视准线法和引张线和测小角法，进行水平位移变形监测。

五、引张线法

引张线法的工作原理与视准线法类似，但要求在无风及没有干扰的条件下工作，所以在大坝廊道里进行水平位移观测采用较多。所不同的是在两个端点间引张一根直径为 0.8 ~ 1 mm 的钢丝，以代替视准线。采用这种方法的两个端点应基本等高，上面要安置控制引张线位置的 V 形槽及施加拉力的设备。中间各变形点与端点基本等高，在上面与引张线垂直的方向上水平安置刻划尺，以读出引张线在刻划尺上的读数。不同周期观测时尺上读数的变化，即为变形点与引张线垂直方向上的位移值。

此外，还有视准线法、测小角法以及高铁测量 CPIII 等方法，均可进行水平位移的变形监测。

第五节　挠度与裂缝观测

在建筑物的垂直面内各不同高程点相对于底点的水平位移称为挠度，如图 12.8 所示。

对于高层建筑物，由于它们相当高，故在较小的面积上有很大的集中荷载，从而导致基础与建筑物的沉陷，其中不均匀沉陷将导致建筑物倾斜，局部构件产生弯曲和引起裂缝。这种倾斜和弯曲又将导致建筑物的挠曲，对于塔式建筑物，在风力和温度的作用下，其挠曲会来回摆动，从而就需要对建筑物进行动态观测。建筑物的挠度不应超过设计允许值，否则会危及建筑物的安全。挠度可由观测不同高度处的倾斜量来换算求得。对于地基基础的挠度，则由观测不同位置处的沉降量来换算求得：

$$F_e=(s_B-s_A)-\frac{L_A}{L_A+L_B}(s_C-s_A) \tag{12.7}$$

式中　L_A、L_B——观测点间的距离；

s_A、s_B、s_C——观测点的沉降量。

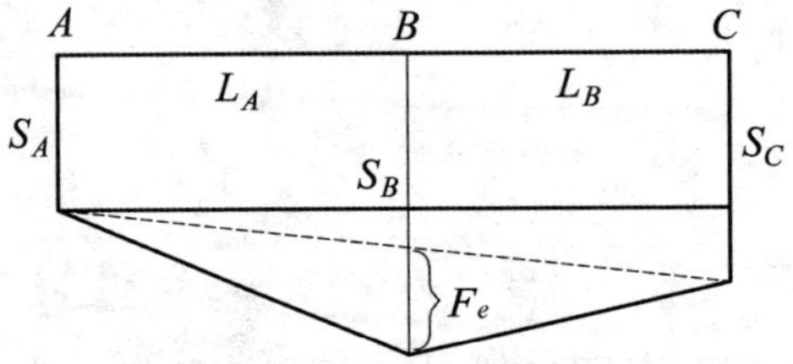

图 12.8　挠度示意图

当基础挠度过大时，建筑物可能出现剪切破坏而产生裂缝。建筑物出现裂缝时，除了要增加沉降观测、位移观测外，还应立即进行裂缝观测，以掌握裂缝发展情况。裂缝观测就是测定建筑物上裂缝发展情况的观测工作。在裂缝两侧埋设观测标志，如图 12.9（a）所示，准备两片带刻划的小钢尺，一片固定在裂缝一侧，另一片固定在另一侧，并使其中一部分紧贴在相邻，然后，读出两小钢尺上的初始读数。当裂缝继续发展时，两片小钢尺将逐渐拉开，再读数，其读数差即为裂缝增大的宽度。观测装置也可沿裂缝布置成图 12.9（b）所示的形式，随时检查裂缝发展的程度。还可直接在裂缝两侧墙面上分别作标志（画细“+”字线），然后用尺子量测两侧“+”字标志的距离变化，即可得到裂缝的变化。

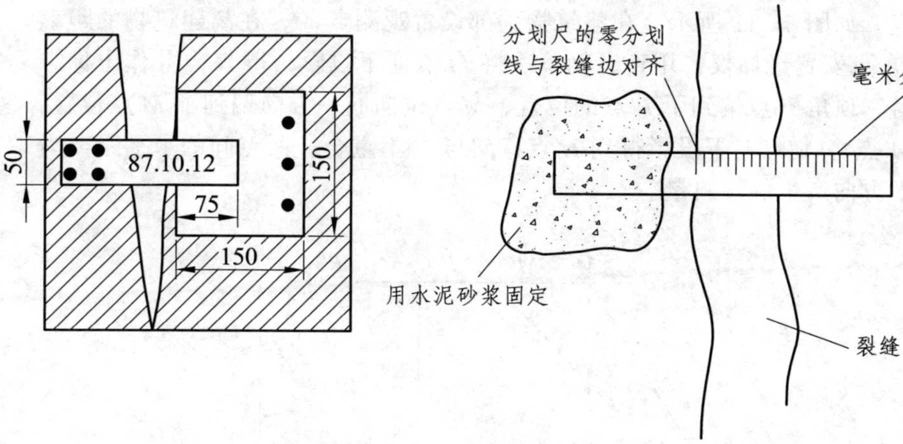

图 12.9　裂缝观测示意图

第六节　倾斜观测

一些高耸的建（构）筑物，如电视塔、烟囱、高桥墩、高层楼房等，往往会发生倾斜。如图 12.10 所示，根据建筑物的设计，M 点与 N 点位于同一铅垂线上。当建筑物因不均匀沉陷而倾斜时，M 点相对于 N 点移动了一段距离 D，即位于 M' 上。这时建筑物的倾斜度为：

$$i = \tan\alpha = \frac{D}{H} \tag{12.8}$$

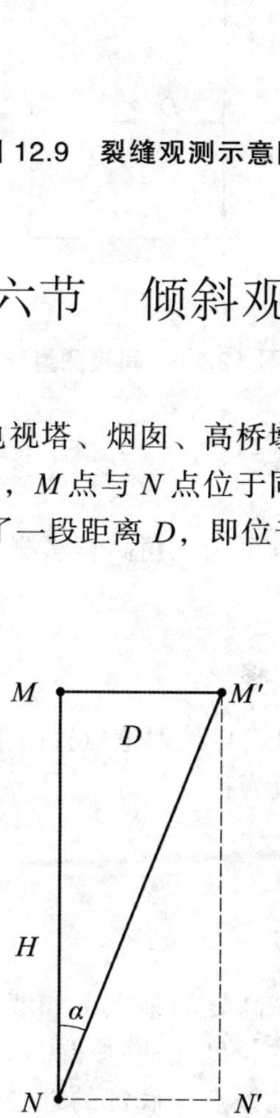

图 12.10　倾斜示意图

一、测量 *H* 和 *D* 的一般方法

H 为建筑物的高度。由式（12.8）可知，倾斜观测已转化为平距 D 和高度 H 的观测。然后运用前面章节的知识，直接测量 H 和 D。很多时候，直接测量 D 和 H 是困难的，可采用

间接测量的方式。如图 12.11 所示，在建筑物顶部设置观测点 M，在离建筑物的距离大于高度 H 的地方如 A 点安置经纬仪，用正、倒镜法将 M 点向下投影，得 N 点并作出标志。当建筑物发生倾斜时，顶角 P 点偏到了 P'点的位置，M 点也向同一方向偏到了 M'点位置，这时，经纬仪安置在 A 点将 M'点向下投影得到 N'点，N'与 N 不重合，两点间的水平距离为 D，表示建筑物在水平方向产生的倾斜量。

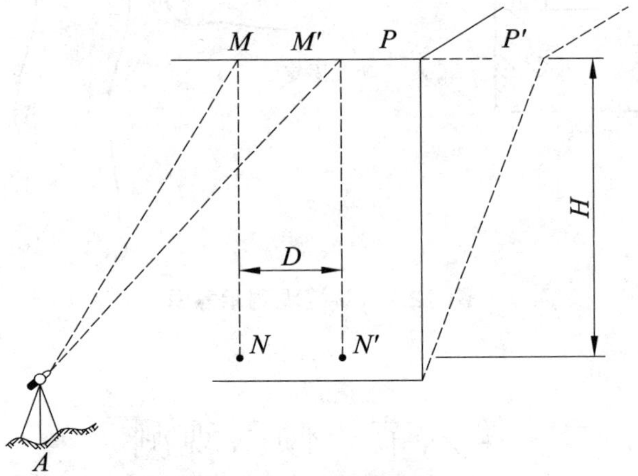

图 12.11　间接测量法

二、测量 H 和 D 的其他方法

高度 H 也可用悬吊钢尺测出，也可用三角高程法测出。顶部点的水平位移值 D，也可用前方交会及建立垂准线的方法测出。

1. 前方交会法测定顶点水平位移

采用前方交会法时，则高处观测点与其理论位置的坐标差Δx、Δy，即为在 x，y 方向上的位移值，其最大位移方向上的位移值为：

$$D=\sqrt{\Delta x^2+\Delta y^2} \qquad (12.9)$$

2. 垂准线法测定顶点水平位移

垂球线法——利用垂球时，是在高处的某点，如墙角、建筑物的几何中心处悬挂垂球，垂球线的长度应使垂球尖端刚刚不与底部接触，用尺子量出垂球尖至高处该点在底部的理论投影位置的距离，即为高处该点的水平位移值。

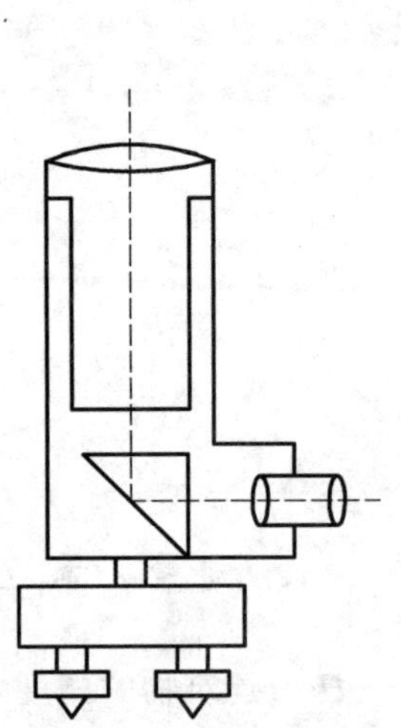

图 12.12　铅垂仪构造图

铅垂仪法——铅垂仪构造如图 12.12 所示，当仪器整平后，即形成一条铅垂视线。如果在目镜处加装一个激光器，则形成一条铅垂的可见光束，称为激光铅垂线。观测时，在底部安置仪器，而在顶部量取相应点的偏移距离。

对于高速铁路路基变形监测，采用的是剖面沉降管，采用专用塑料硬管，其抗弯刚度应适应被测土体的竖向位移要求，导管内十字导槽应顺直，管端接口密合，剖面沉降测量是将剖面沉降仪（又称测斜仪，见图 12.13）的探头预埋在剖面沉降管十字导槽内，从一端按一定间距依次读数。

图 12.13　剖面沉降仪

路基基底剖面沉降管，其埋设示意图如图 12.14 所示，在地基加固及垫层施工完毕后，填土至 0.6 m 高度碾压密实后开槽埋设，开槽宽度 20～30 cm，开槽深度至地基加固垫层顶面，槽底回填 0.2 m 厚的中粗砂，在槽内敷设沉降管（沉降管内穿入用于拉动测头的镀锌钢丝绳），其上夯填中粗砂至与碾压面平齐。Ⅳ型断面中剖面管在涵顶填土 0.6 m 厚开槽施工埋设，原则同基底剖面管埋设方法。沉降管埋设位置挡土墙处应预留孔洞。沉降管敷设完成后，在两头设置 0.5 m × 0.5 m × 0.95 m C20 素混凝土保护墩。并于一侧管口处设置监测桩，监测桩采用 C20 素混凝土灌注，断面采用 0.5 m × 0.5 m × 1.6 m，并在桩顶预埋半圆形不锈钢耐磨测头，监测桩用钢筋混凝土保护盒保护。待上部一层填料压实稳定后，连续监测数日，取稳定读数作为初始读数。

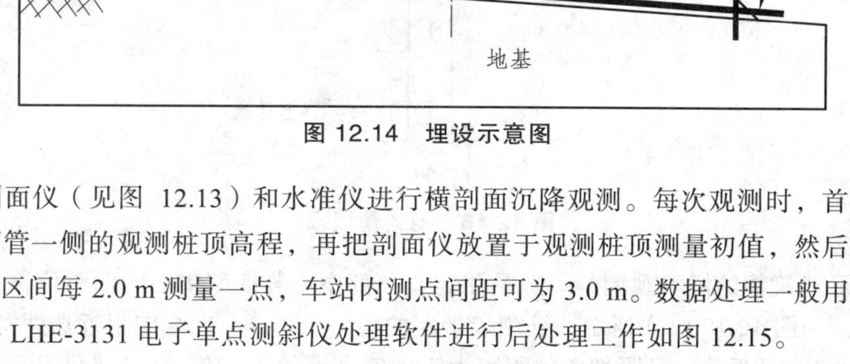

图 12.14　埋设示意图

采用剖面仪（见图 12.13）和水准仪进行横剖面沉降观测。每次观测时，首先用水准仪测出横剖面管一侧的观测桩顶高程，再把剖面仪放置于观测桩顶测量初值，然后用剖面仪测量各测点。区间每 2.0 m 测量一点，车站内测点间距可为 3.0 m。数据处理一般用随机配套的后处理软件 LHE-3131 电子单点测斜仪处理软件进行后处理工作如图 12.15。

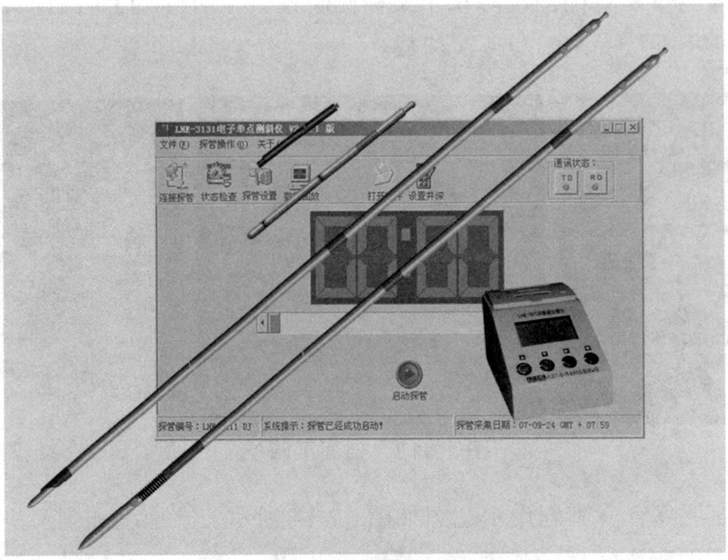

图 12.15 处理软件 LHE-3131

对于挖孔或钻孔的倾斜观测，也常采用埋设测斜管的办法。如图 12.16 所示，在支护桩后 1 m 范围内，将直径 70 mm 的 PVC 测斜管埋设在 100 mm 的垂直孔内，管外填细砂与孔壁结合。观测时，将探头定向导轮对准测斜管定向槽放入管内，再通过绞车用细钢丝绳控制探头到达的深度，测斜观测点竖向间距为 1 ~ 1.5 m。打开测斜系统开关，孔斜顶角和方位角的参数以及图像会显示在监视器上，埋设示意图如与微机相连接，则直接可得到探头深度测点的坐标。通过比较前、后两次同上测点的坐标值的变化可求得水平位移量。测点坐标可以在任意坐标系中，我们主要是为了得到水平位移量。

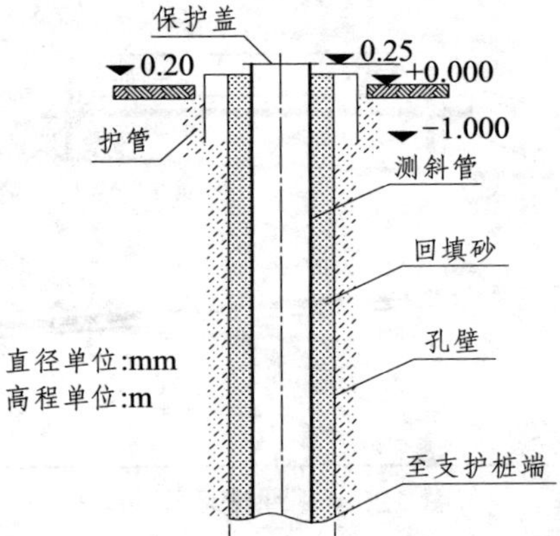

图 12.16 测斜管埋设

对于圆形建筑物的倾斜观测，一般是测定其顶部中心与底部中心的偏心位移量，并将其作为倾斜量。如图 12.17（a）所示，欲测量烟囱的倾斜量 OO'，在烟囱附近选两测站 A 和 B，要求 AO 与 BO 大致垂直，且距烟囱的距离大于烟囱高度的 1.5 倍。将经纬仪安置在 A 点，用

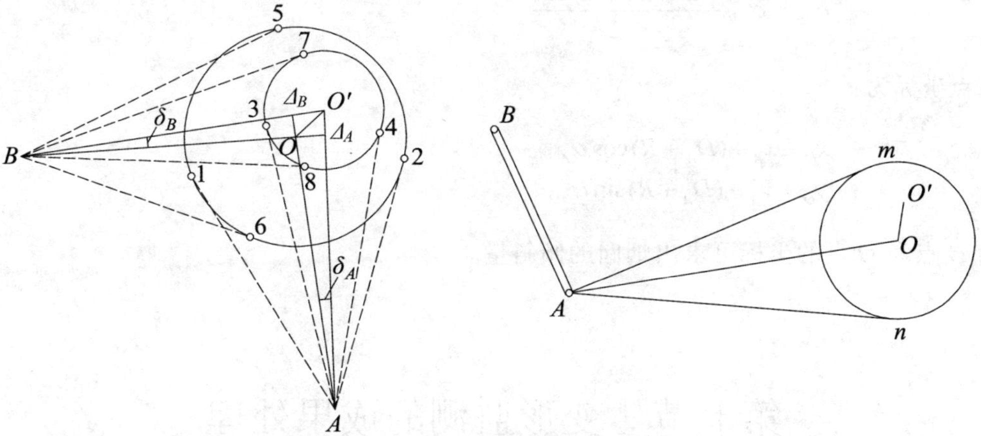

图 12.17　烟囱倾斜观测

方向观测法观测与烟囱底部断面相切的两个方向 $A1$、$A2$ 和与顶部断面相切的两个方向 $A3$、$A4$，得方向观测值分别为 a_1、a_2、a_3、a_4，则∠$1A2$ 的角平分线与∠$3A4$ 的角平分线的夹角为：

$$\delta_A = \frac{(a_1 + a_2) - (a_3 + a_4)}{2} \qquad (12.10)$$

式中，δ_A 即为 AO 与 AO' 两方向的水平角，则 O' 点对 O 的倾斜位移分量为：

$$\varDelta_A = \frac{\delta_A (D_A + R)}{\rho} \qquad (12.11)$$

$$\varDelta_B = \frac{\delta_B (D_B + R)}{\rho} \qquad (12.12)$$

式中　D_A、D_B——AO、BO 方向 A、B 至烟囱外墙的水平距离；

R——底座半径，由其周长计算得到。

烟囱的倾斜量为：

$$\varDelta = \sqrt{\varDelta_A^2 + D_B^2} \qquad (12.13)$$

烟囱的倾斜度为：

$$i = \frac{\varDelta}{H} \qquad (12.14)$$

O' 的倾斜方向由 δ_A、δ_B 的正负号确定。当 δ_A 或 δ_B 为正时，O' 偏向 AO 或 BO 的左侧，当 δ_A 或 δ_B 为负时，O' 偏向 AO 或 BO 的右侧。

还可用坐标法来测定，图 12.17（b）中，在测站 A 点安置经纬仪，瞄准烟囱底部切线方向 Am 和 An，测得水平角∠BAm 和∠BAn。将水平度盘读数置于二者的平均值位置，得 AO 方向。沿此方向在烟囱上标出 P 点的位置，测出 AP 的水平距离 DA。AO 的方位角为：

$$\alpha_{ao} = \alpha_{AB} + \frac{\angle BAm + \angle BAn}{2} \tag{12.15}$$

O 点坐标为：

$$\begin{aligned} x_O + x_A + (D_A + R)\cos\alpha_{AO} \\ y_O + y_A + (D_A + R)\sin\alpha_{AO} \end{aligned} \tag{12.16}$$

由 O 点和 O'点的坐标可求出烟囱的倾斜量。

第七节　变形监测的成果处理

变形监测的外业工作结束后，应及时对观测手簿进行整理和检查。如有错误或误差超限，须找出原因，及时进行补测。

由于观测变形点的依据是监测网点，首要的是监测网点必须稳定可靠。为能判定其是否稳定，也要定期复测。

结果要进行较差的比较，如果某一点超限则证明该点已经发生变形。

一、变形量的计算

变形量的计算是以首期观测的成果作为基础，即变形量是相对于首期的结果而言的，所以要特别注意首期观测的质量，因为它是作为基准存在的。

（1）变形观测的外业工作结束后，应及时对观测手簿进行整理和检查。

（2）由于观测变形点的依据是监测网点，首要的是监测网点必须稳定可靠。为能判定其是否稳定，也要定期进行复测。

（3）变形量的计算，是以首期观测的成果作为基础，即变形量是相对于首期的结果而言的，所以要特别注意首期观测的质量。

（4）从多次观测的成果中，发现变形的规律和大小，进而分析变形的性质和原因，以便采取措施。所以成果的表现形式应直观、清晰。

二、列　表

表 12.7 是一个沉降观测的例子。表中列出了每期观测各点的高程 H，与上一期相比较的沉降量 s，累积的沉降量 $\sum s$，还有平均沉降量及平均沉降速度，使得分析起来一目了然。

表 12.7　沉降观测成果记录表

点号	首期成果 1995-03-04	第二期成果 1995-05-08			第三期成果 1995-07-02			备　注
	H_0 /m	H /m	s /mm	$\sum s$ /mm	H /m	s /mm	$\sum s$ /mm	
1	17.596	17.591	5	5	17.588	2	7	
2	17.585	17.580	6	6	17.546	3	9	第二期观测为暴雨后
3	17.581	17.575	6	6	17.563	2	8	
4	17.601	17.598	3	3	17.600	1	4	
静荷载 P	3.0 t/m^2	4.5 t/m^2			8.1 t/m^2			
平均沉降量		5.0 mm			2.0 mm			
平均沉降速度		0.078 mm/d			0.037 mm/d			

三、作　图

图 12.18 是一个表示荷载、时间与沉降量的关系曲线图。图中横坐标为时间 T，可以十天或一月为单位，纵坐标向下为沉降量 s，向上为荷载 P。所以横坐标轴以下是随着时间变化的沉降量曲线，即 s-T 曲线；横坐标轴以上则是荷载随时间而增加的曲线，即 P-T 曲线。施工结束后，荷载不再增加，则 P-T 曲线呈水平直线。从这个图上，可以清楚地看出沉降量与荷载的关系及变化趋势是渐趋稳定。

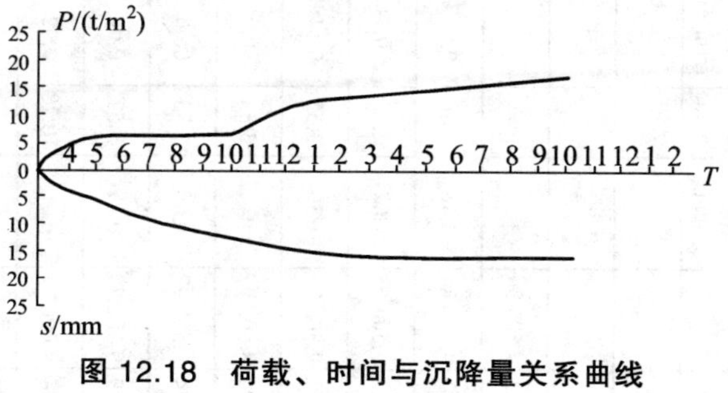

图 12.18　荷载、时间与沉降量关系曲线

需要指出的是，基准点和工作点也不是没有一点变形，只是相对于变形点来说很小，我们可以理解为它没有变形。

附：某地铁项目地表沉降观测

1. 断面 1 地表沉降观测原始记录（见表 12.8）

表 12.8　断面 1 地表沉降观测原始记录

时间	DM1-1						DM1-2						DM1-3						备注
	左尺 /m	右尺 /m	标高 /m	本次沉降 /mm	累计沉降 /mm	沉降速率 /(mm/d)	左尺 /m	右尺 /m	标高 /m	本次沉降 /mm	累计沉降 /mm	沉降速率 /(mm/d)	左尺 /m	右尺 /m	标高 /m	本次沉降 /mm	累计沉降 /mm	沉降速率 /(mm/d)	
2009-4-1 14：00							9.319 50	9.319 75	9.319 63				9.432 42	9.432 55	9.432 49				初测
2009-4-4 14：00							9.319 84	9.319 85	9.319 85	−0.22	−0.22	−0.07	9.433 05	9.433 03	9.433 04	−0.56	−0.56	−0.19	
2009-4-7 14：00	9.506 28	9.506 32	9.506 30				9.320 21	9.320 27	9.320 24	−0.39	−0.61	−0.13	9.433 10	9.433 16	9.433 13	−0.09	−0.65	−0.03	
2009-4-10 14：00	9.503 84	9.503 83	9.503 84	2.46	2.46	0.82	9.318 87	9.318 86	9.318 87	1.37	0.76	0.46	9.432 29	9.432 31	9.432 30	0.83	0.19	0.28	
2009-4-12 14：00	9.503 97	9.504 12	9.504 05	−0.21	2.25	−0.11	9.316 73	9.316 86	9.316 80	2.07	2.83	1.04	9.432 39	9.432 49	9.432 44	−0.14	0.05	−0.07	
2009-4-21 14：00	9.502 78	9.502 72	9.502 75	1.30	3.55	0.14	9.319 60	9.318 54	9.319 07	−2.28	0.56	−0.25	9.432 73	9.432 32	9.432 53	−0.09	−0.04	−0.01	
2009-4-25 14：00	9.503 00	9.502 94	9.502 97	−0.22	3.33	−0.06	9.320 60	9.320 53	9.320 57	−1.50	−0.94	−0.37	9.433 42	9.433 41	9.433 42	−0.89	−0.93	−0.22	
2009-4-28 14：00	9.503 00	9.502 94	9.502 97	0.00	3.33	0.00	9.320 60	9.320 53	9.320 57	0.00	−0.94	0.00	9.433 42	9.433 41	9.433 42	0.00	−0.93	0.00	
2009-5-2 22：00	9.502 78	9.502 79	9.502 79	0.19	3.52	0.04	9.321 07	9.321 05	9.321 06	−0.49	−1.43	−0.11	9.433 58	9.433 56	9.433 57	−0.15	−1.08	−0.04	
2009-5-13 19：00	9.496 01	9.496 04	9.496 03	6.76	10.28	0.62	9.318 73	9.318 77	9.318 75	2.31	0.87	0.21	9.432 07	9.432 15	9.432 11	1.46	0.38	0.13	
2009-5-19 23：00	9.501 90	9.501 90	9.501 90	−5.87	4.40	−0.95	9.320 33	9.320 35	9.320 34	−1.59	−0.71	−0.26	9.432 79	9.432 78	9.432 79	−0.67	−0.30	−0.11	
测量项目负责人：		王海生				复核：	肖利					监理：							

2. 断面 1 的沉降曲线图（见图 12.19）

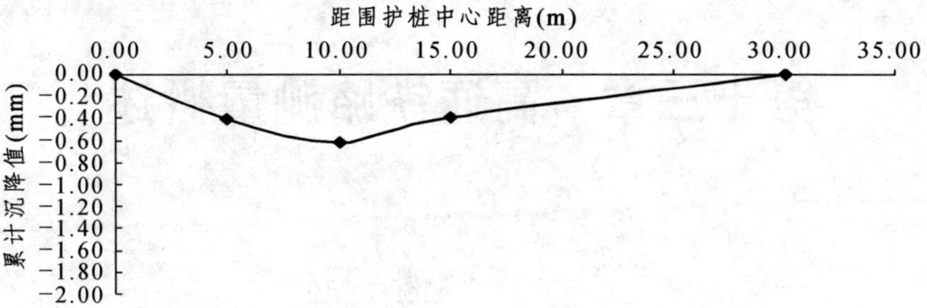

图 12.19　沉降曲线图

第十三章　高速铁路测量概述

第一节　概　述

无砟轨道是以钢筋混凝土或沥青混凝土道床取代散粒体道床的整体式轨道结构，与有砟轨道相比，无砟轨道主要有以下特点：

（1）良好的轨道稳定性、连续性和平顺性。

（2）良好的结构耐久性和少维修性。

（3）工务养护、维修设施减少。

（4）减少客运专线特级道砟的要求。

（5）免除高速行车条件下有砟轨道的道砟飞溅。

（6）有利于适应地形选线，减少线路的工程投资。

（7）可减轻桥梁的二期恒载，降低隧道净空。

（8）一旦基础变形沉降，修复困难，要求有坚实、稳定的基础。

近年来，测量工作在工程建设中的地位日益显著，德国睿铁公司（RailOne）执行副总裁巴哈曼先生在总结无砟轨道铁路建设经验时说：要成功地建设高速铁路，就必须有一套完整、高效且非常精确的测量系统——否则必定失败。这句话也充分说明了精密工程测量在无砟轨道工程建设中的重要作用，也同时肯定了高速铁路测量的重要地位。

第二节　高铁工程独立坐标系

工程独立坐标系：为满足铁路工程建设要求采用的以任意中央子午线和高程投影面进行投影而建立的平面直角坐标系。

基础框架平面控制网 CP0：为满足线路平面控制测量起闭联测的要求，沿线路每 50 km 左右建立的卫星定位测量控制网，作为全线勘测设计、施工、运营维护的坐标基准。

基础平面控制网 CPⅠ：在基础框架平面控制网（CP0）或国家高等级平面控制网的基础上，沿线路走向布设，按 GPS 静态相对定位原理建立，为线路平面控制网起闭的基准。在勘测阶段按静态 GPS 相对定位原理建立。点间距为 4 km 左右，测量精度为 GPS B 级网。

线路平面控制网 CPⅡ：在基础平面控制网（CPⅠ）上沿线路附近布设，为勘测、施工阶段的线路平面控制和轨道控制网起闭的基准。可用 GPS 静态相对定位原理测量或常规导线网测量，在勘测阶段建立。点间距为 400 ~ 800 m，测量精度为 GPS C 级网或三等导线。

轨道控制网 CPⅢ：沿线路布设的三维控制网，起闭于基础平面控制网（CPⅠ）或线路控制网（CPⅡ），一般在线下工程施工完成后进行施测，为轨道施工和运营维护的基准。CPⅢ网按自由设站边角交会方法测量。点间距为纵向 60 m 左右、横向为线路结构物宽度，测量精度为相邻点位的相对点位中误差小于 1 mm。

精密水准测量：高速铁路无砟轨道工程施工测量中，用于测量轨道控制网 CPⅢ各标志点高程的等级水准测量，其精度介于二等和三等水准测量之间，每公里高差测量的偶然中误差为 2 mm/km 和全中误差为 4 mm/km。

自由设站后方交会：在靠近线中线位置架设全站仪，测量线路两侧多对轨道控制网 CPⅢ的方向和距离，以确定仪器中心点的平面和高程位置。常用于无砟轨道板的粗调、轨道的精调和轨道线形的检测。

三网合一：为保证控制网的测量成果质量满足高速铁路勘测、施工、运营维护三个阶段测量的要求，适应客运专线无砟轨道铁路工程建设和运营管理的需要，要求三阶段的平面、高程控制测量必须采用统一的基准。即勘测控制网、施工控制网、运营维护控制网均采用 CP0 控制网为基础平面控制网，二等水准基点网为基础高程控制网，简称为三网合一。

第三节　CPⅢ控制网

一、平面控制网测量网形

（1）测站间距为 120 m 时，CPⅢ平面控制网测量网形示意图如图 13.1 所示。

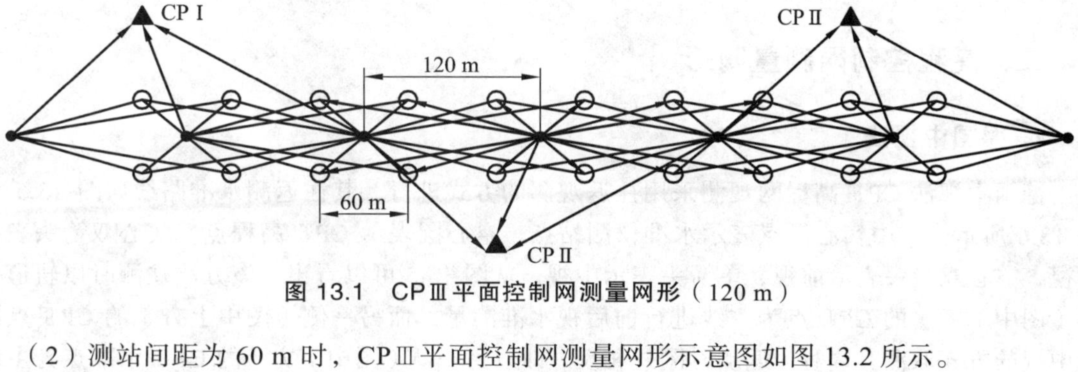

图 13.1　CPⅢ平面控制网测量网形（120 m）

（2）测站间距为 60 m 时，CPⅢ平面控制网测量网形示意图如图 13.2 所示。

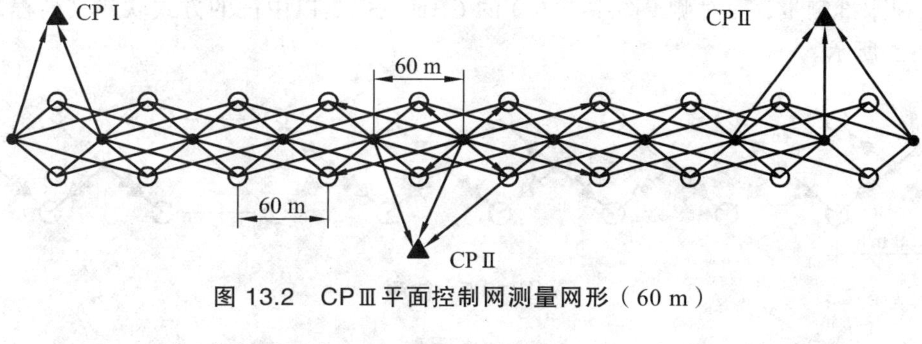

图 13.2　CPⅢ平面控制网测量网形（60 m）

（3）采用测站间距 120 m 的标准网形测量过程中，如某 CPⅢ点由于障碍物被挡，可以考虑采用由测站间距 120 m 转测站间距 60 m 的测量网形，如图 13.3 所示。

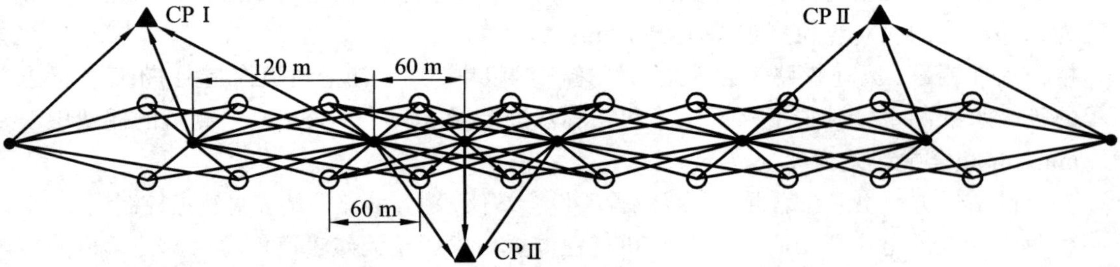

图 13.3　CPⅢ平面控制网测量网形（120 m 转 60 m）

在实际测量过程中，如果 CPⅠ或者 CPⅡ点离线路较远，可以在线路外合适位置设置辅助点，在辅助点上架设仪器，观测邻近的 CPⅢ点和 CPⅠ或者 CPⅡ点。此时其测量网形示意图如图 13.4 所示。

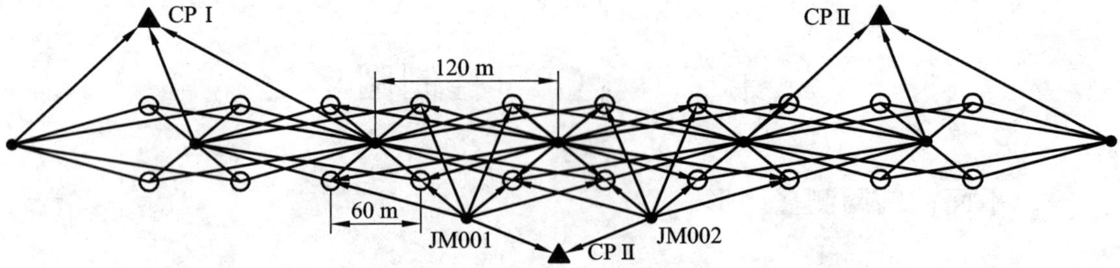

图 13.4　加辅助点的 CPⅢ平面控制网测量网形

二、高程控制网测量网形

1. 德国中视法

德国中视法 CPⅢ高程网观测采用往返观测的方式进行，其往返测水准路线如图 13.5 和图 13.6 所示。图中实心黑点表示水准仪测站点，空心圆表示 CPⅢ高程点，实心双箭头表示后视，空心双箭头表示前视，单箭头表示中视。从图 13.5 可以看出，该方法往测时以轨道一侧（图中下方）的 CPⅢ点为主线进行前后视水准测量，而另一侧（图中上方）的 CPⅢ点则以中视的方式联测其高程。返测时刚好相反，即以另一侧（图中上方）的 CPⅢ水准点为主线进行前后视水准测量，而对侧（图中下方）的 CPⅢ点也是以中视的方式联测其高程，返测示意如图 13.6 所示。

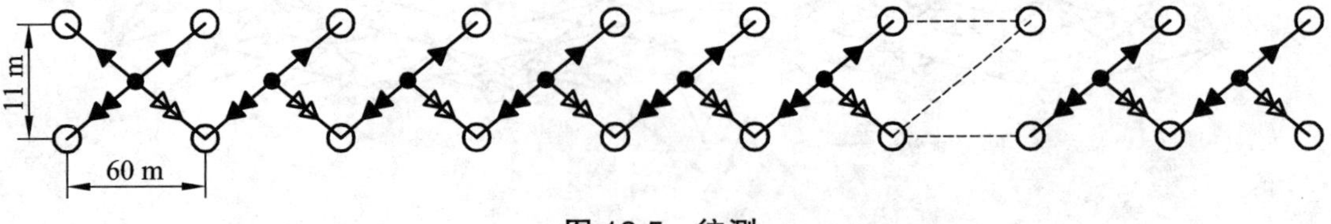

图 13.5　往测

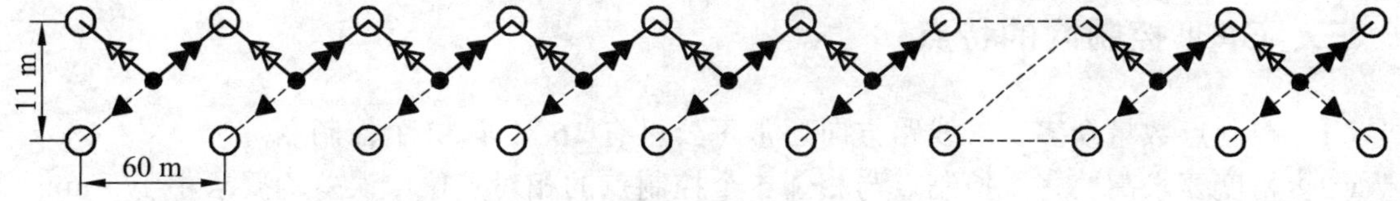

图 13.6　返测

德国中视法往返测高差及其所形成的闭合环情况如图 13.7 所示。其中单箭头为往测高差，双箭头为返测高差，箭头方向为高差的传递方向。

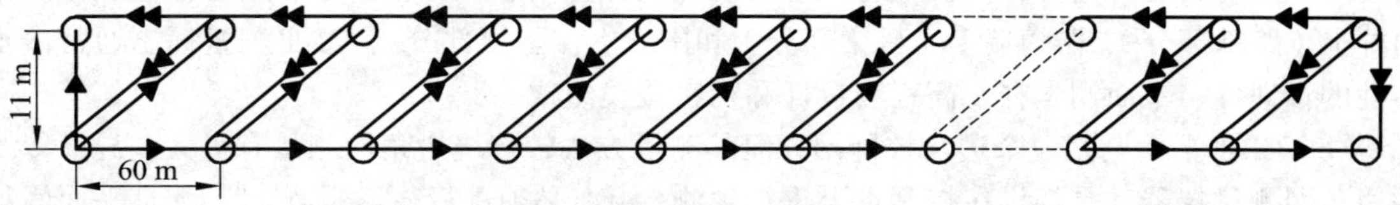

图 13.7　往返测

2. 矩形法

矩形法观测的水准路线如图 13.8 所示，其中实心黑点表示水准仪测站点，空心圆表示 CPⅢ高程点，空心箭头表示高差传递方向。假设 CPⅢ网的高程测量从左侧推向右侧，则在最左侧四个 CPⅢ点中间设置测站，测量四个 CPⅢ点间的四段高差。考虑到这四段高差所组成四边形闭合环的独立性，这四段高差至少应该设置两个测站完成测量（如在第一测站完成前三段高差的测量，第四段高差测量时应稍微挪动仪器或在原地改变仪器高后再测量）；随后水准仪搬迁至紧邻的四个 CPⅢ点中间，进行第二个四边形闭合环的高差测量，由于此闭合环中有一个测段的高差在第一个闭合环中已经观测，此时只需设置一个测站完成第二个四边形闭合环中三个测段高差的测量。因为第二个四边形中的四个测段高差是由不同测站测量的，因此其闭合差是独立的。其他四边形各测段高差测量的方法与第二个四边形相同，依此类推一直把所有四边形的测段高差观测完。

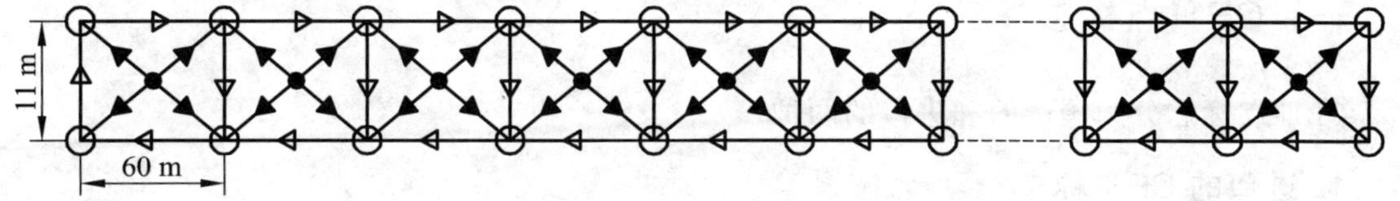

图 13.8　矩形法

由于上述 CPⅢ高程网测量方法形成的四边形闭合环（图中空心箭头组成的图形）为规则的矩形，因此简称此方法为矩形法。矩形法 CPⅢ高程网测量可只进行单程观测。

矩形法水准测量闭合环的情况如图 13.9 所示。其中，箭头方向为高差传递方向。由图可知，每相邻两对 CPⅢ点均构成独立的矩形闭合环，方便形成闭合差检核，可靠性高。

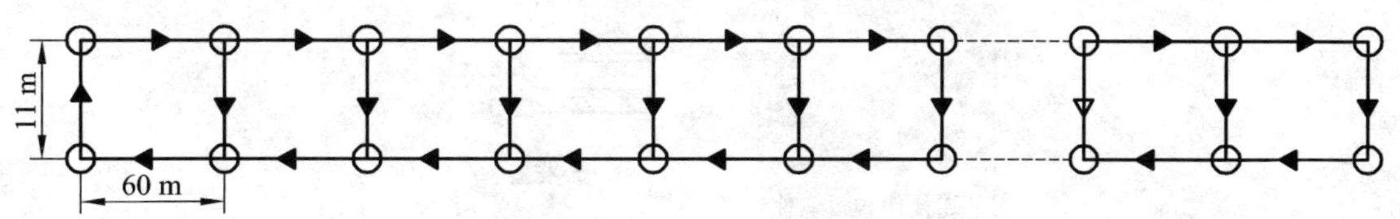

图 13.9　矩形法水准测量闭合环

三、CPⅢ控制网的特点

（1）控制点数量众多。沿线路方向通常每公里有 16 对即 32 个控制点。

（2）精度要求高。每个控制点与相邻 5 个控制点的相对点位中误差均要求小于 1 mm。

（3）控制的范围长。线路有多长，控制网的长度就有多长。

（4）是一个平面位置和高程位置共点的三维控制网。目前 CPⅢ三维网平面和高程是分开测量后合并形成共点的三维网，但其使用时却是平面和高程同时使用的。

（5）控制点的位置。CPⅢ测量标志较传统控制测量有很大不同。控制点通常设置在接触网杆上（路基部分）、防撞墙上（桥梁部分）和围岩上（隧道部分）。CPⅢ测量标志通常由永久性的预埋件、平面测量杆、高程测量杆和精密棱镜组成。

（6）CPⅢ平面网是一个边角控制网，但其测量方法较传统边角网测量有很大差异。传统的边角网测量仪器都是架设在控制点上进行观测，距离必须进行往返观测，但 CPⅢ平面网却采用自由设站进行边角交会测量，而其距离只能进行单程观测。

（7）CPⅢ控制网测量的仪器均采用高精度和自动化程度高的电子测量仪器。其平面网测量要求全站仪具有电子驱动、目标自动搜索和操作系统功能的测量机器人（如 Leica TCA2003 和 TCRA1201、Trimble S6 和 S8 系列全站仪等）；高程测量一律采用电子水准仪（如 Trimble DiNi12、Leica DNA03 等）。

（8）测站和测点均强制对中，测点标志要求具有互换性和重复安装性。

（9）图形规则对称，多余观测数多，可靠性强。

（10）是一个标准的带状控制网，其纵向精度高、横向精度略差。

第四节　CPⅢ点标志

一、CPⅢ点标志

CPⅢ点标志分为国产的和进口的两种。

1. 进口的 CPⅢ标志

图 13.10 所示为德国 CPⅢ专用测量标志。

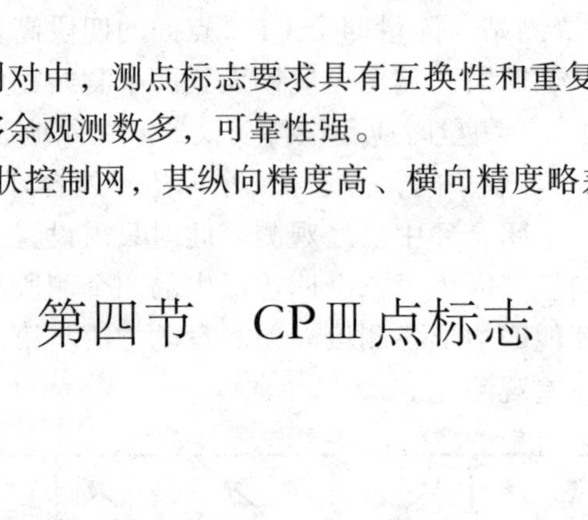

预埋件

连接杆

连接件和棱镜件

图 13.10　德国 CPⅢ专用测量标志

2. 国产的部分 CPⅢ标志

（1）西南交通大学研制的 CPⅢ测量标志以及各标志的使用方法，见图 13.11、13.12、13.13。

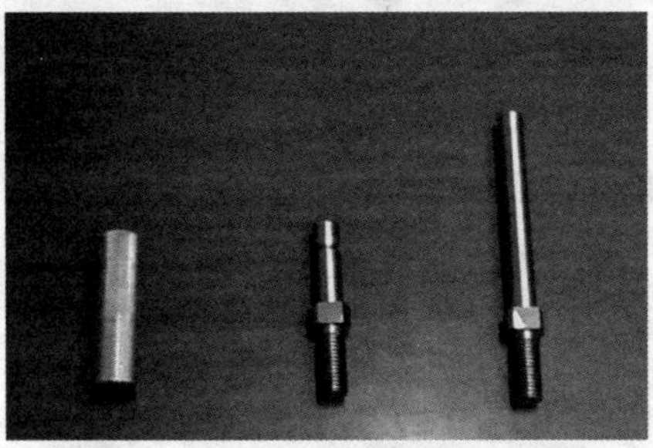

Ⅱ型精密三维测量标志实物照片

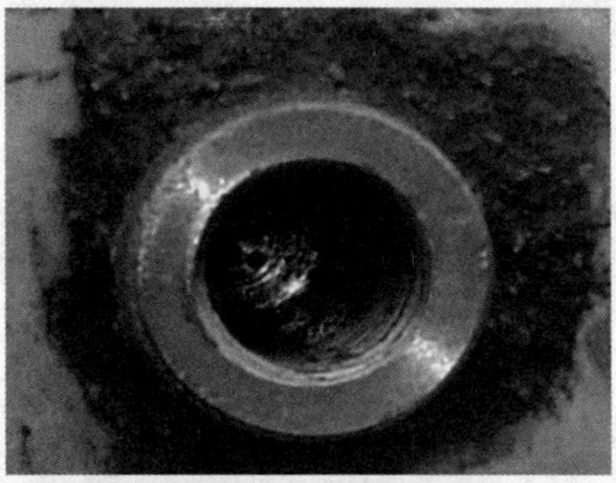

安装筒已经安装到墙面后的实物照片

图 13.11　西南交通大学研制的 CPⅢ测量标志

棱镜连接杆安装到安装筒后的实物照片

完整的CPIⅢ点平面测量标志安装照片

图 13.12　西南交通大学 CPⅢ测量标志的使用方法（1）

水准测量杆安装到安装筒后的实物照片

水准尺在水准测量杆上立尺的实物照片

图 13.13　西南交通大学 CPⅢ测量标志的使用方法（2）

（2）成都普罗米新公司的球棱镜，见图 13.14。

图 13.14　球棱镜

第五节　CPⅢ所用的测量仪器

一、高程控制测量

（1）CPⅢ高程控制网的测量仪器——电子水准仪，如图 13.15 所示。

美国天宝公司的DINI系统电子水准仪

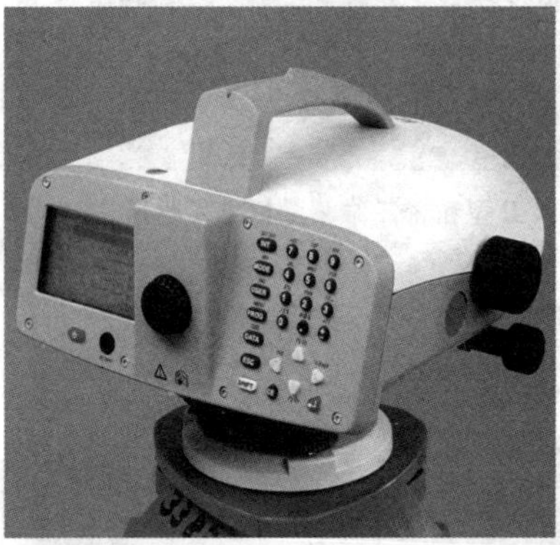

瑞士徕卡公司的DNA系统电子水准仪

图 13.15　CPⅢ用得较普遍的两款电子水准仪

（2）CPⅢ高程控制网的测量仪器——条码水准尺，如图 13.16 所示。

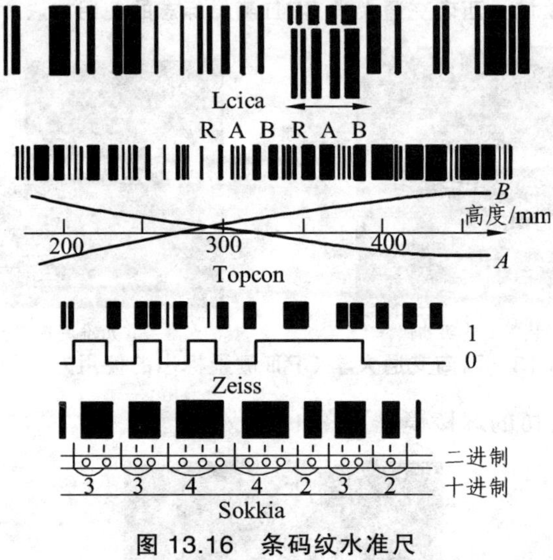

图 13.16　条码纹水准尺

二、平面控制测量

1. 测量机器人所要达到的六个基本要求

（1）激光对中，如图 13.17 所示。

（2）电子气泡，如图 13.18 所示。

图 13.17　激光对中

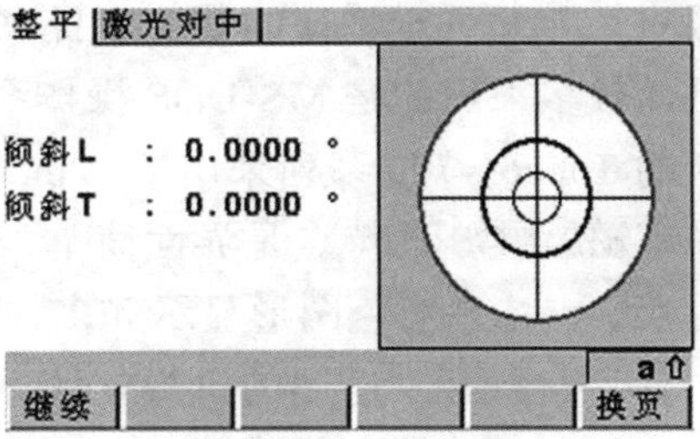

图 13.18　电子气泡

（3）无棱镜测距，如图 13.19 所示。
（4）导向光装置，如图 13.20 所示。

图 13.19　无棱镜测距

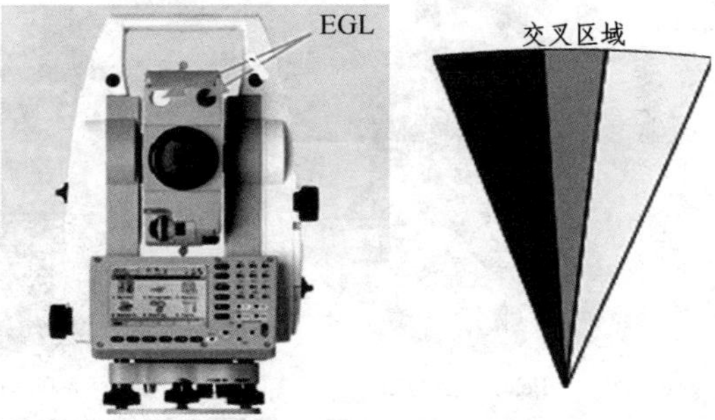

图 13.20　导向光装置

（5）马达驱动自动照准功能，如图 13.21 所示。

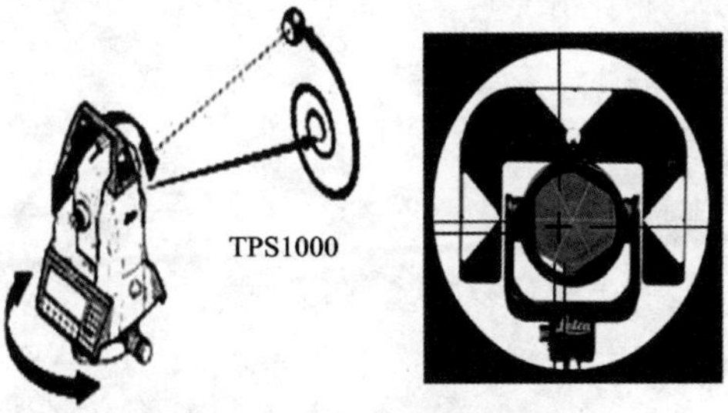

图 13.21　马达驱动自动照准

（6）遥控测量，如图 13.22 所示。

图 13.22　遥控测量

2. 测量机器人的特点

全站仪从本质上来说就是一台带有多种传感器的计算机，具有观测、记录、计算、传输的能力。为了进一步增强全站仪的功能，提高全站仪使用的方便性，新型全站仪中开始嵌入操作系统。目前较多采用的是 MS-DOS 操作系统，如 Topcon、Nikon、Zeiss 等全站仪的中高端产品，最新的 Topcon-700 系列采用了 Windows CE，而 Leica 的 1200 系列则采用了 Vax 嵌入式操作系统。MS-DOS 的特点是界面简单，运行速度较快；而 Windows CE 是 Windows 操作系统的简化版，支持真彩色图形显示和多种工业标准配件（如蓝牙设备等），与通用计算机的兼容性强，易于自行开发适用的机载软件。

3. CPⅢ平面控制网的测量仪器

CPⅢ平面控制网的测量仪器——带马达驱动、自动目标照准 ATR 功能和操作系统的智能型全站仪，见图 13.23。

Leica TCA2003　　Leica TCA1201　　Trimble S6

图 13.23　平面高速铁路测量几款常用的机器人

第四篇

测量仪器的维护和检校

第十四章　测量仪器的维护与检校

第一节　测量仪器的维护

测量仪器是复杂而又精密的光学仪器，在野外和矿井坑道内进行作业时，经常遭受风雨、日晒和煤尘、湿气等许多有害因素的影响。因此，正确地使用，妥善地保养，对于保证仪器的精度，延长仪器的使用寿命具有极其重要的作用。

一、仪器在室内的保存

（1）存放仪器的房间，应清洁、干燥、明亮而通风良好，室内温度不宜剧烈变化，最适宜的温度在 10 °C ~ 16 °C。在冬季，仪器不宜放在暖气设备附近。室内应配备消防设备，但一般不用酸碱式灭火器，宜用二氧化碳或四氯化碳及新型的灭火设备。室内也不宜存放可能腐蚀测量设备的如酸碱性等腐蚀性液体。

（2）存放仪器的库房，应该采取严格的防潮措施。库房相对湿度应保持在 60% 以下，特别是南方的梅雨季节，更应采取专门的防潮措施。有条件的地方可以安装空气调节器，以控制温度和湿度。一般可用氯化钙或氧化钙吸潮。对一般放于室内的仪器设备，必须在仪器箱内存放防潮剂，主要成分是硅胶和钴盐。钴盐必须与硅胶相配合，因为钴盐是指示剂，主要是看硅胶的吸潮性是否失去，判断的标准为深蓝色表明有效，而粉红色表明已经失效，必须采用加热的方法让硅胶重新得到吸湿性。将硅胶（每袋 40 ~ 60 g）放入仪器箱内作为干燥剂使用。

（3）仪器应放在木柜内或柜架上，不要直接放在地上。三角架应平放或竖直放置，不应随便斜靠，以防挠曲变形。存放三脚架时，应先把活动腿退回并将腿收拢。

二、仪器的安全运送

仪器受震后会使机械或光学零件松动、位移或损坏，以致造成仪器各轴系间的几何关系的变化，光学系统成像不清晰或像差增大，机械部分转动失灵或卡死。轻则使用不便，影响观测精度；重则不能使用甚至报废。因此，在运送过程中应注意防震。

（1）仪器长途运送时，应装入特制的木箱中。木箱中装入可以用以防震的刨花、纸卷、泡沫塑料等弹性物体，箱外标以“光学仪器，不许倒置，小心轻放，怕潮怕压”等警示性话语。

（2）短途运输时，应有专人看护。严禁直接放入机动车、畜力车或井下矿车上，以防受震。仪器在运输过程中，均要防晒、防雨。放置地更是要安全稳妥、干燥和清洁。

三、仪器在作业过程中的维护

1. 从仪器箱内取、存放仪器时的注意事项

从箱内取出仪器时，应注意仪器在箱内安放的位置，以便于使用完后按原位放置。拿取经纬仪、全站仪、GPS 时，不能用一只手将仪器提出，应一手握住仪器支架，另一只手托住仪器基座慢慢取出仪器。取出后，随即将仪器竖立抱起并放置在三脚架上，安置好后，再关闭仪器箱，并将箱子置于安全且不易碰撞的地方。

作业完毕后将所有的微动脚螺旋旋转至中心位置，并将仪器的灰尘、煤尘用软毛刷刷去，并且按取出的位置放置。放置好后要稍微拧紧制动螺旋，以免携带时仪器在箱内摇晃受损。关闭箱盖时要缓慢妥善，不可强压或猛烈冲击。最后再将仪器箱上锁。

在井下作业的仪器，带出之后不要放任不管，应随即打开箱盖并晾在通风的地方。待晾干后再放回箱内。

2. 在测站上架设仪器的注意事项

安置经纬仪、全站仪、GPS 等需要对中的仪器时，首先将三角架架头大致对中、整平。在山坡或井下作业时必须把两条架腿放置在下坡方向，一条腿位于上坡方向，禁止与此相反放置。三角架的架尖应要用脚顺着架腿方向均匀地踩入地内，不要顺铅垂方向踩，也不要用冲力往下猛踩。

3. 仪器在施测过程中的注意事项

在整个施测过程中，观察员不得离开仪器。如确实因为特殊原因需要离开时，应委托旁人看管，以防止发生意外事件。

仪器在野外作业时，必须用伞遮住太阳。在井巷内作业时，应注意避开仪器上方的淋水或可能掉下的石块等坠落物，以免影响观测精度和人生仪器安全。

仪器箱上禁止坐人。

仪器的任一转动部分发生旋转困难时，不可强行旋转，必须检查并找出原因，消除之后再操作。

仪器发生故障后，不要勉强继续使用，否则会使仪器的损坏程度加剧。但不要在野外或坑道内任意拆卸仪器，必须带回室内，由专业人员修理。

不准用手指触及望远镜及其他的光学零件的抛光面。对于物镜外表面上的尘土，可用干净的驼毛刷轻轻拂去；而对较脏的污秽面，不得已时也可用透镜纸轻轻擦拭。

在野外作业突然遇到雨、雪天气时，应将仪器立即装箱内。不要擦拭落在仪器上的雨滴，以免损伤仪器。须先将仪器搬到干燥的地方让它自行晾干，然后用软布擦拭仪器，再放入箱内。

4. 仪器在搬站时的注意事项

仪器在搬站时是否要装箱，可根据仪器的性质、大小、重量和搬站的距离，以及道路情况，周围环境等具体情况而定。当搬站距离较远、道路复杂，要通过小河、沟渠、围墙等障碍物时，仪器最好装入箱内。在进行三角测量时，一般距离较远，仪器又精密，必须装箱背运。在进行地面或井下导线测量时，一般距离较近，可以不装箱搬站，但经纬仪、全站仪、GPS必须从三角架上卸下，由一人抱在身上携带；当通过沟渠、围墙等障碍物时，仪器必须由一人传给另一人，不要直接携带仪器跳越，以免震伤或摔坏仪器。

水准测量搬站时，水准仪不必从架头上卸下。这时可将仪器连同三角架一起夹在腋下，仪器在前上方，并用一手托住其重心部分，脚架尽量不要过于倾斜，要近于竖直地夹稳行走。在任何情况下，仪器切不可横扛在肩上。

搬站时，应把仪器的所有制动螺旋略微拧紧。但也不必太紧，以备仪器万一受碰撞时，尚有活动的余地。

5. 其他应注意的事项

（1）仪器遇到气温变化剧烈时，必须采取专门措施。例如冬季，仪器由地面背到井下后，由于井下温度高，湿度大，仪器上面会立即凝结很多水珠。严重时，水还会顺着仪器表面往下淌，密封性能稍差的仪器，内部光学零件也会凝有水珠，以致在短时间内无法观测。另外，日子一长，引起霉菌繁殖，使光学零件表面长霉起雾，严重影响观测系统的亮度及其成像质量，以致报废不能使用。因此，必须采取适当的措施。

（2）三角架的维护决不能忽视，要防止暴晒、雨淋、碰撞。由井下扛出地面后，要将其脏污擦拭干净，放在阴凉处晾干，不要放在太阳下晒干。三角架的伸缩滑动部分，经常擦以白腊，这不但可以防止水分腐蚀木质而引起脚架变形，而且还可以增加滑动部分的光滑度，以利使用。架头及其他连接部分，要经常检查、调整，防止松动。

第二节　普通测量仪器的检校

一、水准仪的检验与校正

1. 水准仪轴线的几何关系

水准作业前必须对水准仪及水准尺进行检验，只有各轴线间满足《工程测量规范》规定的技术标准才能用于作业。

水准仪轴线应满足的几何条件是：

（1）水准管轴 LL//视准轴 CC，如图 14.1 所示。

（2）圆水准轴 $L'L'$//竖轴 VV，如图 14.1 所示。

（3）横丝要水平（即：⊥竖轴 VV）。

2. 水准仪的检验与校正

1）圆水准器的检验与校正

（1）检验：气泡居中后，再将仪器绕竖轴旋转 180°，看气泡是否居中。

（2）校正：用脚螺旋使气泡向中央移动一半，再用拨针拨动三个“校正螺旋”，使气泡居中，如图 14.2 所示。

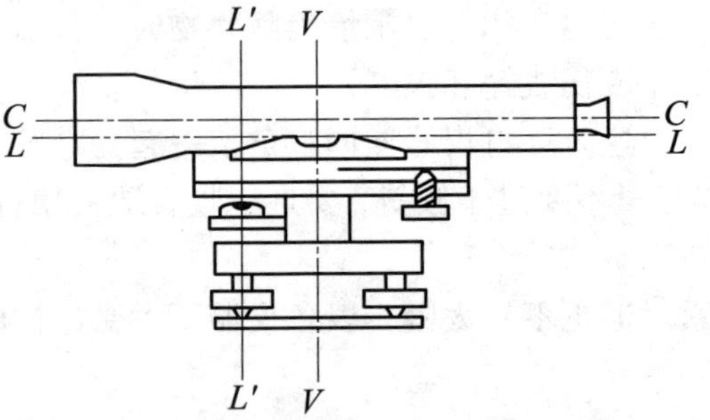

图 14.1 水准仪的几何关系示意图

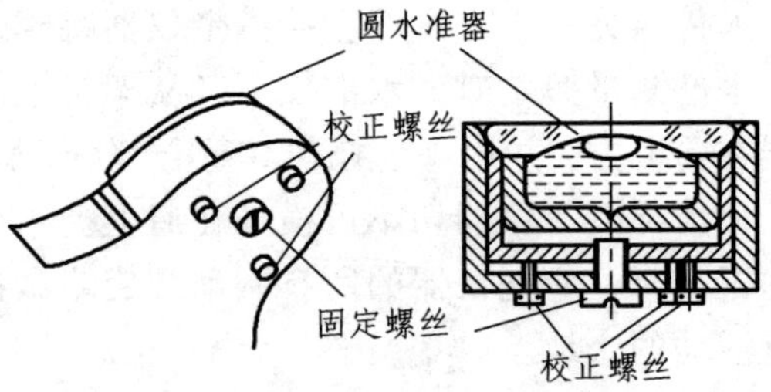

图 14.2 水准仪的校正

（3）圆水准器的检校原理。

如图 14.3 所示，设 $L'L'$与 VV 不平行而存在一个交角α。

仪器粗平气泡居中后，$L'L'$处于铅垂，VV 相对与铅垂线倾斜α角，如图 14.3（a）所示；望远镜绕 VV 转 180°，$L'L'$保持与 VV 的交角α绕 VV 旋转，于是 $L'L'$相对于铅垂线倾斜 2α 角，如图 14.3（b）所示。校正时，用脚螺旋使气泡退回偏离值的一半，此时 VV 处于铅垂，消除一个α角，如图 14.3（c）所示。而后拨校正螺丝使气泡居中，则 $L'L'$也处于铅垂位置，再消除一个α角。于是 $L'L'$ // VV 的目的就达到了，如图 14.3（d）所示。

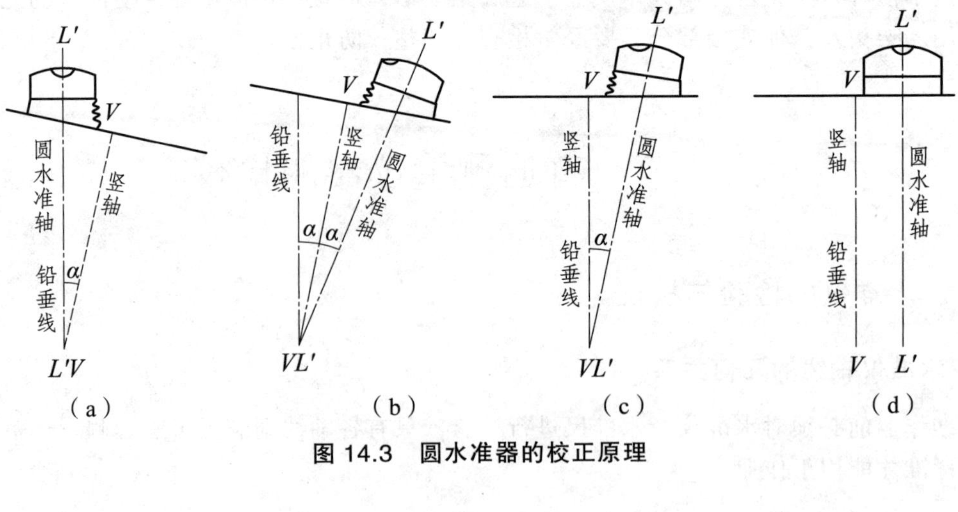

图 14.3 圆水准器的校正原理

2）十字丝横丝的检验与校正

（1）检验：整平后，用横丝的一端对准一固定点 P，转动微动螺旋，看 P 点是否沿着横丝移动，如图 14.3 所示。

（2）校正：旋下目镜处的十字丝环外罩，转动左右 2 个“校正螺丝”，如图 14.3 所示。

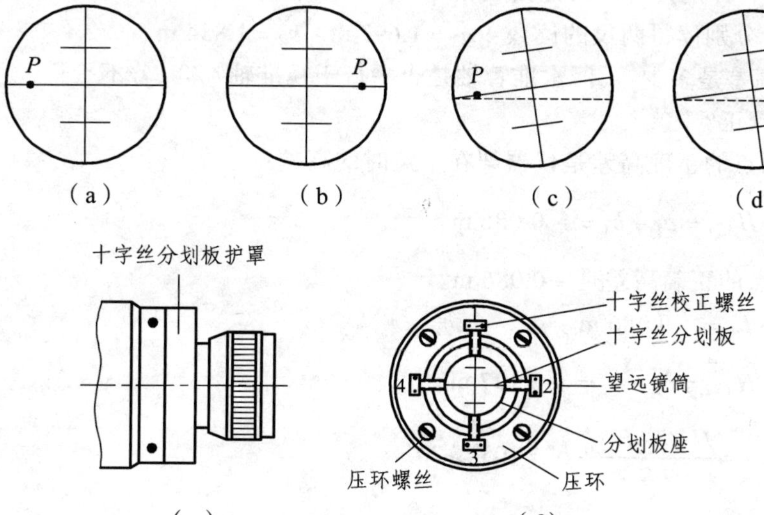

图 14.3　十字丝的检验与校正

3）水准管轴平行于视准轴（i 角）的检验与校正

当水准管轴在空间平行于望远镜的视准轴时，它们在竖直面上的投影是平行的，若两轴不平行，则在竖直面上的投影不平行，其交角 i 称为 i 角误差。

（1）检验。

① 平坦地上选 A、B 两点，约 80 ~ 100 m。

② 在中点 C 架设仪器，读取 a_1、b_1，得 $h_1 = a_1 - b_1$。

③ 在距 B 点约 2 ~ 3 m 处架设仪器，读取 a_2、b_2，得 $h_2 = a_2 - b_2$。

④ 若 $h_2 \neq h_1$，则水准管轴不平行于视准轴，i 角由图 14.4 可知：

$$i = \frac{h_2 - h_1}{S}\rho'' \tag{14.1}$$

对于 DS_3 水准仪，若 i 角大于 20″时，需校正。

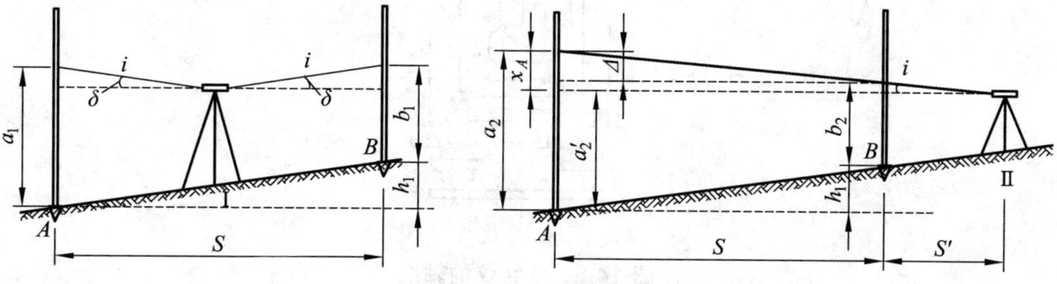

图 14.4　i 角检验

（2）校正。

校正水准管：旋转微倾螺旋，使十字丝横丝对准 a_2'（$a_2' = h_1 + b_2$），拨动水准管“校正螺丝”，使水准管气泡居中。

【例 14.1】 在对 DS_3 微倾式水准仪进行 i 角差检校时，先将水准仪安置在 A、B 两点的中间处，整平之后，分别读得两尺的读数：$a_1 = 1.451$ m，$b_1 = 1.537$ m，然后将仪器搬到 B 尺附近，整平之后，分别读得两尺的读数：$a_2 = 1.697$ m，$b_2 = 1.834$ m。

问：① 正确高差是多少？② 水准管轴是否平行于视准轴？③ 若不平行，是向上倾斜还是向下倾斜?如何校正?

【解】 ① 两点的正确高差是仪器架在中点时的高差：

$$H_{AB1} = a_1 - b_1 = -0.086 \text{ m}$$

因此，AB 两点的正确高差是 -0.086 m。

② $H_{AB1} = a_1 - b_1 = -0.086$ m

$$H_{AB2} = a_2 - b_2 = -0.137 \text{ m}$$

$$i = \frac{H_{AB2} - H_{AB1}}{S}\rho'' = 105'' > 20''$$

水准管轴不平行于视准轴，需要校正。

③ a_2 的读数失真，计算：

$a_2' = a_1 - b_1 + b_2 = 1.748 \text{ m} > a_2 = 1.697$ m，因此向下倾斜。

校正方法：旋转微倾螺旋，使十字丝横丝对准 a_2' 的读数变为 1.748 m，拨动水准管“校正螺丝”，使水准管气泡居中。

经纬仪有视准轴（C-C）、横轴（H-H）、竖轴（V-V）、照准部水准管轴（L-L）、圆水准器轴（L'-L'）、光学对中器视准轴（C'-C'）等轴线，如图 14.5 所示。根据角度测量原理，经纬仪要测得正确的角度，必须具备水平度盘水平、竖盘铅直、望远镜转动时视准轴的轨迹为铅垂面。观测竖直角时，读数指标应处于正确位置。

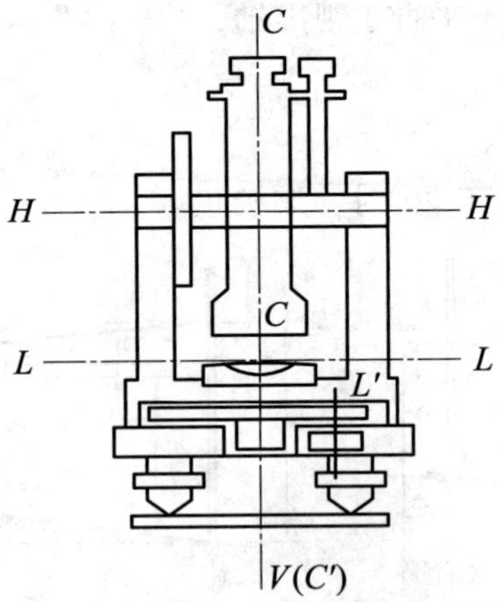

图 14.5 经纬仪的轴线

二、经纬仪的检验与校正

1. 经纬仪应满足的轴线关系

（1）水准管轴垂直于竖轴（$LL \perp VV$）。

（2）十字丝纵丝垂直于横轴。

（3）望远镜视准轴垂直于横轴（$CC \perp HH$）。

（4）横轴垂直于竖轴（$HH \perp VV$）。

（5）竖盘读数指标处于正确位置（$x = 0$）。

（6）光学对中器视准轴与仪器竖轴重合（$C'C'$与 VV 共轴）。

2. 经纬仪的检校

1）照准部水准管的检校

（1）检验方法。安置经纬仪，在一个方向将水准管气泡居中，然后旋转 180°，观察气泡是否居中，若仍居中，则轴线关系正确。若气泡偏离超过了 1/4 格，则需校正。

（2）校正方法。在检验的基础上，用脚螺旋将气泡向水准管中心方向移动偏离值的一半，然后用校正针拨动水准管一端的校正螺丝使气泡居中。

注意：水准管气泡居中以后，仪器在精平的状态下，若圆水准气泡未居中，则说明圆水准器有问题，此时，可用校正针拨动圆水准器下面的三颗校正螺丝，使气泡完全居中即可。

2）十字丝的检校

（1）检验方法。经纬仪整平后，用十字丝的一端瞄准一固定点，竖直制动，转动竖直微动螺旋，使望远镜上下微动，观察固定点是否一直在竖丝上移动，如偏离则需校正。

（2）校正方法。拧下目镜前面的十字丝护盖，松开十字丝的压环螺丝，移动十字丝环，使竖丝竖直，拧紧压环螺丝。

3）视准轴的检校

（1）检验方法。

① 以盘左位置瞄准远处水平方向的一个目标 P，读取水平度盘读数 M_1（注：P 点应与仪器大致等高）。

② 倒镜成盘右，仍瞄准目标点 P，使水平度盘读数为 M_2。如果视准轴垂直于横轴，则 $M_1 - M_2 = \pm 180°$，若不等，则不垂直。计算 $2C = M_1 - (M_2 \pm 180°)$。

（2）校正方法。

① 盘右时的正确读数为 $M_2' = 1/2(M_1 + M_2 \pm 180°)$。

② 在盘右位置微动照准部，使水平度盘读数变为正确读数 (M_2')。

③ 此时，十字丝交点偏离 P 点，拨动十字丝环的左右两个校正螺丝，使其交点重新对准 P 点即可。

4）横轴的检校

（1）检验方法。安置好经纬仪，在墙上选择一高目标 P，先用盘左瞄准该目标，水平固定照准部，放平望远镜，在墙面上定出十字丝交点位置 P_1，再用盘右瞄准目标 P，水平固定照准部，放平望远镜，在墙面上定出十字丝交点位置 P_2，若 P_1 和 P_2 不重合，则需校正。

（2）校正方法。

在墙面上连接 P_1P_2 指出其中点 m，旋转照准部水平微动螺旋，使其照准 m 点，抬高望远镜，此时十字丝交点不在 P 点；然后用拨针拨动支架上的校正螺丝，抬高或降低横轴，使十字丝交点对准 P 点，如图 14.6 所示。

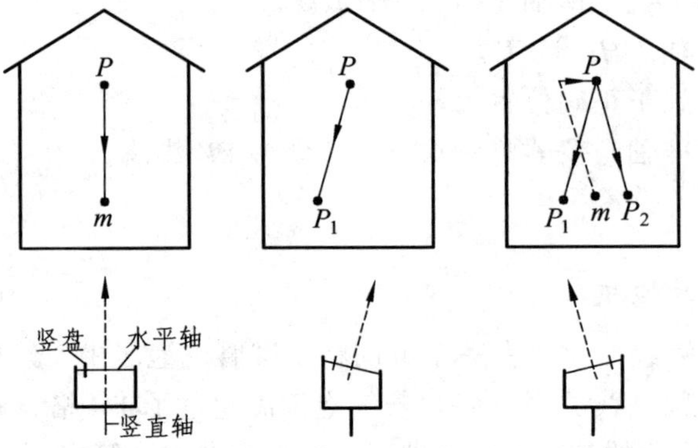

图 14.6　横轴校正

5）竖盘指标差的检验与校正

（1）检验方法。经纬仪安置好后，用盘左、盘右观测同一观测点，根据竖盘读数 L 和 R，可计算出指标差 $X = 1/\{2(L + R - 360°)\}$，若指标差偏大，则需校正。

（2）校正方法。校正时，先计算出正确读数 $L' = L - X$ 或 $R' = R - X$，此时保持照准目标不变，然后转动竖盘指标水准管微动螺旋使指标线对准正确读数，此时，指标水准管气泡偏离中央，用校正针拨动水准管校正螺丝，使气泡居中。若仪器安装的是自动补偿装置，则需专业人员校正。

6）光学对中的检验与校正

（1）检验方法。在平坦的地面上安置仪器，精平后在脚架的中央固定一白纸板，调节好光学对中器，并在白纸板上标注光学对中器的中心，得 a 点然后转动照准部 180°，观察 a 点是否仍在光学对中器的中心位置，若 a 点在中心位置，则条件满足，否则需校正。

（2）校正方法。在检验的基础上，在白纸板上定出旋转后光学对中器中心的位置 b，可得 ab 的中点 c，此时用校正针调节光学对中器的校正螺丝，使对中器的中心对准 c 点即可。

第三节　全站仪使用的注意事项与维护

一、全站仪保管的注意事项

（1）仪器的保管由专人负责，每天现场使用完毕带回办公室，不得放在现场工具箱内。

（2）仪器箱内应保持干燥，要防潮防水并及时更换干燥剂。仪器须放置在专门架上或固定位置。

（3）仪器长期不用时，应一月左右定期通风防霉并通电驱潮，以保持仪器良好的工作状态。

（4）仪器放置要整齐，不得倒置。

二、使用时应注意的事项

（1）开工前应检查仪器箱背带及提手是否牢固。

（2）开箱后提取仪器前，要看准仪器在箱内放置的方式和位置，装卸仪器时，必须握住提手，将仪器从仪器箱取出或装入仪器箱时，请握住仪器提手和底座，不可握住显示单元的下部。切不可拿仪器的镜筒，否则会影响内部固定部件，从而降低仪器的精度。应握住仪器的基座部分，或双手握住望远镜支架的下部。仪器用毕，先盖上物镜罩，并擦去表面的灰尘。装箱时各部位要放置妥帖，合上箱盖时应无障碍。

（3）在太阳光照射下观测仪器，应给仪器打伞，并带上遮阳罩，以免影响观测精度。在杂乱环境下测量，仪器要有专人守护。当仪器架设在光滑的表面时，要用细绳（或细铅丝）将三脚架三个脚联起来，以防滑倒。

（4）当架设仪器在三脚架上时，尽可能用木制三脚架，因为使用金属三脚架可能会产生振动，从而影响测量精度。

（5）当测站之间距离较远，搬站时应将仪器卸下，装箱后背着走。行走前要检查仪器箱是否锁好，检查安全带是否系好。当测站之间距离较近，搬站时可将仪器连同三脚架一起靠在肩上，但仪器要尽量保持直立放置。

（6）搬站之前，应检查仪器与脚架的连接是否牢固，搬运时，应把制动螺旋略微关住，使仪器在搬站过程中不致晃动。

（7）仪器任何部分发生故障，不要勉强使用，应立即检修，否则会加剧仪器的损坏程度。

（8）元件应保持清洁，如沾染灰沙必须用毛刷或柔软的擦镜纸擦掉。禁止用手指抚摸仪器的任何光学元件表面。清洁仪器透镜表面时，请先用干净的毛刷扫去灰尘，再用干净的无线棉布沾酒精由透镜中心向外一圈圈地轻轻擦拭。除去仪器箱上的灰尘时切不可用任何稀释剂或汽油，而应用干净的布块沾中性洗涤剂擦洗。

（9）湿环境中工作，作业结束，要用软布擦干仪器表面的水分及灰尘后装箱。回到办公室后立即开箱取出仪器放于干燥处，彻底凉干后再装箱内。

（10）冬天室内、室外温差较大时，仪器搬出室外或搬入室内，应隔一段时间后才能开箱。

三、电池的使用

全站仪的电池是全站仪最重要的部件之一，现在全站仪所配备的电池一般为Ni-MH（镍氢电池）和Ni-Cd（镍镉电池），电池的好坏、电量的多少决定了外业时间的长短。

（1）建议在电源打开期间不要将电池取出，因为此时存储数据可能会丢失，因此在电源关闭后再装入或取出电池。

（2）可充电电池可以反复充电使用，但是如果在电池还存有剩余电量的状态下充电，则会缩短电池的工作时间，此时，电池的电压可通过刷新予以复原，从而改善作业时间，充足电的电池放电时间约需 8 h。

（3）不要连续进行充电或放电，否则会损坏电池和充电器，如有必要进行充电或放电，则应在停止充电约 30 min 后再使用充电器。

不要在电池刚充电后就进行充电或放电，有时这样会造成电池损坏。

（4）超过规定的充电时间会缩短电池的使用寿命，应尽量避免电池剩余容量显示级别与当前的测量模式有关，在角度测量的模式下，电池剩余容量够用，并不能够保证电池在距离测量模式下也能用，因为距离测量模式耗电高于角度测量模式，当从角度模式转换为距离模式时，由于电池容量不足，不时会中止测距。

总之，只有在日常的工作中，注意全站仪的使用和维护，注意全站仪电池的充放电，才能延长全站仪的使用寿命，使全站仪的功效发挥到最大。

第四节　电子水准仪的检校与维护

电子水准仪器属于精密测量仪器，一般都是用来从事精密水准测量或等级较高的水准测量，因此使用之前必须经过严密的检校。

一、检　校

检校的内容分为圆水准器的检校和十字丝的检校。

1. 圆水准器的检校

（1）检验：气泡居中后，再将仪器绕竖轴旋转 180°，看气泡是否居中。

（2）校正：用脚螺旋使气泡调回偏移量的一半，再用六角扳手拨动三个“校正螺旋”，使气泡居中，参见图 14.2。

（3）将望远镜旋转 180°，若气泡仍保持居中，则校正结束，否则重复步骤（2）继续校正。

2. 十字丝检校

当十字丝的位置不正确的时候需要对其进行校正。以 SOKKIA 的 SDL30 十字丝的校正为例，首先要在读取标尺 RAB 码时设置 CCD 线阵传感器的参考值，然后再进行机械校正完成整个十字丝的校正工作。任何电子水准仪的十字丝校正均参考其出厂说明书，按照说明书的具体步骤操作，结合机械校正完成其校正工作。

二、维　护

电子水准仪电池的维护分以下两点：

1. 新电池

为了电池能达到最佳效能，新电池只有在两三次完全充电放电的循环后才能达到最佳容量，每次充电时间 12 ~ 14 h。储存超过一个月未使用的镍氢电池和三个月未使用的锂电池也有相似的特性。

镍氢电池在首次使用或者储存超过一个月后充电时，在完全充满前 20 min 左右充电器将自行停止充电，指示灯显示充电已完成，此时须将电池从充电器中取出 2 ~ 3 s 后放回继续充电，直至指示再次显示充电完成。

2. 日常保养

锂电池和镍氢电池在使用时，不要在电池完全耗尽后才充电。否则电池会因电量过低，造成不可逆的损坏，影响电池电量。

日常使用中不要对刚充好电的电池，马上再次充电。否则会影响电池性能。

不使用仪器时，务必将电池取出保存。

不要弄湿电池。

请在 0 ~ 45 °C 的温度范围内对电池充电。

不要用金属等导电体连接电池两极，不要将电池放入口袋或与其他物品混杂置放，以免造成短路，损害电池，甚至造成危险。

不要敲击、针刺、踩踏、改装、日晒电池。不要将电池放置在微波、高压等环境下。

不要将任何物体焊接到电池上。

3. 注意事项

电池必须充电后储存，且至少 3 个月应该为电池充电一次。如果放电后储存或者超过期限不充电，电池会因自动放电导致电量过低，造成不可逆的损坏，影响电池电量。

电池的自动放电受温度的影响，高温及高湿会加速电池的自放电，推荐将电池储存在 0 ~ +20 °C 的温度范围以及干燥的环境下。

其他注意事项：

当电池使用寿命结束，无法使用时，请在处理前，用胶布等物体对电池两级绝缘。

如果电池在使用、储存、充放电过程中发生异常现象，请立刻终止使用，并与经销商和厂商联系。

如果电池内渗的液体不慎流入眼睛，请不要揉搓，应该立即用水冲洗并寻求医生的帮助。

参考文献

[1] 覃辉．土木工程测量[M]．上海：同济大学出版社，2004.
[2] 王兆祥．铁道工程测量[M]．北京：中国铁道出版社，2001.
[3] 周小安．工程测量[M]．成都：西南交通大学出版社，2007.
[4] 王洪章．工程测量[M]．北京：中国交通出版社，2008.
[5] 潘松庆．建筑测量[M]．北京：中央广播电视大学出版社，2006.
[6] 赵雪云，李峰．测量学基础[M]．北京：化学工业出版社，2008.
[7] 李天文．现代测量学[M]．北京：科学出版社，2007.
[8] 杨正尧．测量学[M]．北京：化学工业出版社，2009.
[9] 谷达华．测量学[M]．北京：中国林业出版社，2004.
[10] 王洪章．工程测量[M]．北京：人民交通出版社，2008.
[11] 张志刚．线桥隧测量[M]．成都：西南交通大学出版社，2008.
[12] 过静君．土木工程测量[M]．武汉：武汉工业大学出版社，2000.
[13] 宋文．公路施工测量[M]．北京：人民交通出版社，2001.
[14] 罗斌．道路工程测量[M]．北京：机械工业出版社，2005.
[15] 邱国屏．铁路测量[M]．北京：中国铁道出版社，2004.